识别龙头股、捕获龙头股，跑赢大盘

一本书搞懂龙头股战法

曹明成　谭文◎著

立信会计出版社
LIXIN ACCOUNTING PUBLISHING HOUSE

图书在版编目（CIP）数据

　　一本书搞懂龙头股战法/曹明成，谭文著.-- 上海：立信会计出版社，2017.2（2024.11重印）
　　（擒住大牛）
　　ISBN 978-7-5429-5260-8
　　Ⅰ.①一… Ⅱ.①曹… ②谭… Ⅲ.①股票投资—基本知识 Ⅳ.①F830.91
　　中国版本图书馆CIP数据核字(2016)第281446号

策划编辑　蔡伟莉
责任编辑　徐小霞
封面设计　久品轩

一本书搞懂龙头股战法
YIBENSHU GAODONG LONGTOUGU ZHANFA

出版发行	立信会计出版社		
地　　址	上海市中山西路2230号	邮政编码	200235
电　　话	（021）64411389	传　　真	（021）64411325
网　　址	www.lixinaph.com	电子邮箱	lxaph@sh163.net
网上书店	www.shlx.net	电　　话	（021）64411071
经　　销	各地新华书店		

印　　刷	三河市龙大印装有限公司		
开　　本	787毫米×1092毫米	1/16	
印　　张	14	插　　页	1
字　　数	192千字		
版　　次	2017年2月第1版		
印　　次	2024年11月第4次		
书　　号	ISBN 978-7-5429-5260-8/F		
定　　价	59.00元		

如有印订差错，请与本社联系调换

序一　我为什么不讲价值投资[①]

《理财一周报》记者/林奇

> 对于中国的资本市场，我从来不讲价值投资。所谓的价值，不过是给庄家炒作的理由而已。我选股思路是跟庄，操作理论讲究趋势为先。
>
> ——曹明成

私募大鳄曹明成是私募圈内资深的操盘手，曾在多家咨询公司及投资机构任职，多次直接参与大资金的操盘。

1999年"5·19"行情中，曹明成因成功狙击网络科技股而一战成名。

在互联网行情中，曹明成亲身领教了亿安科技的庄家李彪、海虹控股的庄家蔡明等人的狠辣操盘手法。

在股海中摸爬滚打十年的老曹，博客名为"十年股灰"，在东方财富网的财经博客中排名第十四位。

从湘财证券的一名普通经纪人做起，再到操盘手、主操盘手、私募基金经理，曹明成经过十多年的实战，总结出"曹氏八线"，并著有《吃定庄家》《擒庄实战技法》《庄家内幕揭秘》《K线实战技术精要》和《庄股经典出货模式》等书。

"11月还有两本书出版，今年可能还有两本书稿，有出版社约稿了，但还没写完。"曹明成如是介绍。

2009年10月26日，曹明成接受《理财一周报》专访，揭露了许多不为人知的坐庄、跟庄内幕。

[①] 2009年11月7日，《东方早报》旗下《理财一周报》对曹明成先生的人物专访，刊登在"资本大亨"版面。原文标题为《私募大鳄曹明成：坐庄岁月里的那些往事》。

狙击网络股一战成名

《理财一周报》：像许多私募基金经理一样，您也是从经纪人做起的？

曹明成：差不多，早年和李华（第二代操盘手）是一批，最早是在湘财证券，离开湘财证券后，跟老板做操盘手，后来干脆出来单干了。

《理财一周报》：是不是因为操盘手的待遇都不太高？

曹明成：操盘手要看是什么样级别的，资深的主操盘手负责决策，与老板有分成，待遇还可以。

《理财一周报》：当时您做操盘手都经历过哪些比较大的战役？

曹明成：最早是狙击网络科技股的那一年了，狙击网络科技股不是自己坐庄，是跟庄。当时发现有大批私募资金成堆地扎入了网络科技概念类的股票，不少同类题材的股票都在底部放量，大资金入注明显，就开始关注这个题材。

《理财一周报》：发现此类股票后，您是直接跟进吗？还是后来跟进的？

曹明成：先是试探性跟进。后来网络科技概念股开始成为当时的热点。与以往的概念炒作不同，这次很意外的是：炒作之后，入驻的庄家资金不见撤退，这在以往的概念炒作中是很少见的。当时经过考虑之后，就把所有的资金全部投入该类题材股。

《理财一周报》：您这样追题材股会不会很冒险？

曹明成：这是很大胆的做法，当时受到其他辅助操盘手的非议。因为这样做风险大，概念股炒作成热点后，一般都开始进入高位，这个时候介入，弄不好就成了庄家出货的牺牲品。

《理财一周报》：那为什么您还决定满仓追进，当时是怎么考虑的？

曹明成：当时我是依据庄家的操盘手法判断的。大量的庄家资金注入了该类题材股，而在第一轮炒作之后，还在高位加仓。显而易见，目标不在短期。

《理财一周报》：当时网络科技股您跟的是哪只？

曹明成：做了很多只，蔡明的海虹控股就是其中的一只。

《理财一周报》：这波互联网炒作海虹控股也是龙头，您觉得这波互联

网会不会像当初的互联网一样爆炒起来？

曹明成：这波互联网入驻的庄家资金还远远不够，暂时没有那种可能。但庄家的炒作计划可能会因为行情的变化而变化。就像当年的网络科技股，开始并不是大家都看好的，后来"5·19"井喷，人气被完全带动，大量的私募资金也进入了。因此，就出现了炒作一波后新资金大量入驻的情况，造就了一轮两年的行情。

亲身领教李彪跌停板洗盘法

《理财一周报》：当时最有名的应该是罗成操控下的亿安科技，您跟的是这只吗？

曹明成：网络科技股的行情从1999年5月开始，直到2001年，经历了1年多时间，这轮题材股的炒作，只要与网络科技挂边的都被炒作起来了。其中的龙头亿安科技、海虹控股、四川湖山都被炒作到了非理性的高度。亿安科技是第一个百元股，由罗成坐庄，主要由郑伟和李彪负责操盘。海虹控股是蔡明坐庄。去年李彪去世的时候我知道消息的。

《理财一周报》：李彪总感觉对不起自己的弟弟，您知道具体是为什么吗？

曹明成：他弟弟是李彬，当时坐庄亿安科技的是金易投资公司，郑伟是控制人，法人代表写的是李彬的名字，但李彬是圈外人，后来被牵扯进去了，被搞得很惨。据说李彪没有办法救无辜的弟弟，导致了李彬的破产，并且差点入狱。

《理财一周报》：李彪是什么样的人？

曹明成：现实中的李彪长得比较斯文，光头戴眼镜，但行事泼辣，脾气有些暴躁。郭庆、李彪、蔡明，这些都算是第一代操盘手，他们比我早一代，我那时候是小字辈。李彪操盘非常凶悍，他当时发明了跌停板洗盘法，鬼神莫测。

《理财一周报》：连续跌停，只要是看盘操作的无一幸免，当时亿安科技启动前就是连续3个跌停板。

曹明成：这种手法在当时很难判断。

《理财一周报》：为什么很多早年的庄家都不得善终？

曹明成：早年的操盘手生活都不太好，心理压力大，真正功成名就的极少。一部分人是被查了或逃亡了，另一部分人在后来的4年熊市（2001年至2005年）中又赔进去了。

《理财一周报》：那4年熊市够惨的，2008年也很惨。

曹明成：2008年的大熊市也是套了很多的庄家。

《理财一周报》：当时为什么没有跟进亿安科技？

曹明成：亿安科技不敢跟。开始完全是逼空。强势股就是这样，一开始逼空，散户不跟进，继续逼空，开始震荡，散户眼红了，进去了，再拔高，出货了。亿安科技当年也是被逼上去的，前期的计划肯定没想要炒那么高。股价拉到40元的时候，没有人敢买了，怎么办，接着拉。亿安科技控盘最后达到90%以上。其实玩到那个时候已经算失败了，最后出货比较艰难。

《理财一周报》：有个庄家跟我讲过，说很多筹码是在跌破100元后卖给了抢反弹的人。

曹明成：平均没有那么高。出货的平均价格，我们那时候判断应该在40元左右。60元左右制造假反弹，结果还是很少有人买。市场信心没有了，下跌趋势形成了。最大的抢反弹成交价在27元左右。平均出货价位在40元至50元。

《理财一周报》：庄家要出货一般都要先跌很多吧？

曹明成：一般庄家拉到离谱的位置，出货的价位定在下跌一半的位置，通过做假反弹出货。

信奉自己的操盘理念

《理财一周报》：您信奉价值投资吗？

曹明成：在中国的资本市场，我从来不讲价值投资。所谓的价值，不过是给庄家炒作的理由而已。我选股的思路是跟庄，操作理论讲究趋势为先。

《理财一周报》：看来您是趋势派。

曹明成：我自己有一套操盘理念，即在趋势形成、形势明朗之后才操作。但这又不等同于右侧交易，我的买入点在次低点或次次低点，卖出位在次高点或次次高点。

《理财一周报》：那您的这些东西是跟谁学的呢，还是自己悟的？

曹明成：自己悟出来的。早年是受一位老股民的启发，一位比较执着的老股民。他完全依据10日线买卖，获利很稳定。

《理财一周报》：线上持股，线下持币？

曹明成：是的。简单地说，可以用这八个字来概括。

《理财一周报》：这方法最厉害，化繁为简了，但很多人不经过多年的实战可能永远不理解。可是只看一个10日线会不会有点片面？

曹明成：我当时研究这个10日线很长时间，也发现很多弊端。首先，如果不判断趋势，依据10日线买卖会在平衡市里不知所措。其次，10日线经常被庄家当作洗盘的工具。实战中操作纪律最重要，比如下降通道就是线下持币，需要放弃所有的诱惑和机会。

《理财一周报》：您现在主要看些什么指标？

曹明成：都是一些我自己的指标。帮我写指标的有一个工作室，我提供我的思路，他们帮我完成。我有个学生叫谭文，他是这方面的高手。现在计算机信息技术太发达了，把传统技术分析与计算机分析相结合，真的是事半功倍。我们原来为了总结一个形态，要自己画图，花大量的时间统计，再分析和总结，现在计算机可以在很短的时间内全部做完。

序二 我认识的"小曹"与"老曹"

李 华[①]

近年来，市场上的股票类书籍渐有泛滥之势，且良莠不齐，多有鱼目混珠之作，真正能指导投资者实战应用的作品可谓少之又少。然最近读曹明成先生主笔的"擒住大牛"系列丛书，感觉甚好。细读之下，书中不乏作者多年实战的经验心得与"不传之密"，实为"用心之作"，相信读者阅后当有所裨益。

我与曹明成先生相识已久。初识其人，还是1997年在湘财证券的营业部。当时因本人虚长几岁，故称他为"小曹"。那时的"小曹"瘦瘦小小，貌不惊人，书生气十足，亦没有什么名气。后常有散户打听"曹明成"，又逐渐发展到不断有大户托我的关系来约"曹先生"吃饭，这才让我刮目相看。再到其1999年的狙击网络科技股一战成名，早年的"小曹"已经成为当时湘楚一带赫赫有名的"老曹"。

几年后，我们也相继开始了单干，都有了自己的事业，与曹明成先生联系渐少。偶闻他的消息也只是在报纸杂志上见到他的跟庄理论文章。这次，接到他的电话让我为丛书写序，颇感意外。在我的印象中，他身体并不太好，甚至可用"体弱多病"四个字来形容，又常沉溺于股票实战之中，写书这种耗时耗力之事，以他一人之力怎能办到？

见面后我才知道，原来他这几年收了一个得意门生——谭文。谈论间他的得意之色溢于言表："已得我九成功力。"

小谭属于新时代的复合型人才，精通计算机编程，自行钻研了传统技术分析与计算机海量数据模拟测试相结合的分析方式，丛书在写作过程中就曾

[①] 作者原为湘财证券高层管理人员，现为广东某私募基金总裁。

大量使用计算机模拟测试，纠正了许多人力所无法发现的错误，使书中的理论更趋于完美，大有"青出于蓝胜于蓝"之势，真是后生可畏！"曹氏八线理论"是曹明成与谭文师徒两人多年实战理论研究的结晶，曾被股民朋友冠以"零风险操作理论"的美誉。该理论我个人觉得至少有两点值得推崇：一是最大限度地回避了风险，二是几乎不会错过任何一波有价值的行情。炒股不是纸上谈兵，能在实战中真正做到稳定获利的理论才是好理论。我了解曹明成先生的实力，更了解曹明成先生的为人。他不会忽悠人，他主笔的丛书更不会忽悠人！

　　鉴于此，我愿为此丛书作序，并向全国的广大股民朋友们推荐。

前　言

在一轮行情中，龙头股的表现无疑是最耀眼的，它的涨跌往往对同行业板块股票的涨跌起着引导和示范作用，具有一呼百应的影响力和号召力。龙头股的涨幅，要远远大于其他股票，即便在同期上涨过程的回调调整中，跌幅也通常小于其他的股票。而其他跟涨股，通常也要看龙头股的脸色来行事。

龙头股通常有大资金介入背景，以实质性题材或业绩提升为依托。本书从市场面、题材面和技术面多重着手，以识别龙头股、捕获龙头股为目标，力图帮助读者实现利润最大化。

本书第一章从龙头股的实战基础入手，对龙头股的特征、形成原因、前期准备、实战要点等做了详细阐述。第二章开始阐述的龙头股操作技法是本书的重点，从题材面、盘面形态、市场环境等要素讲解龙头股的诞生、成长轨迹，从K线形态、量价配合、每笔均量、涨停形态等多种盘面信息综合探讨，对如何运用龙头股构建独到高效的操作系统做了详细阐述，以帮助投资者敏锐捕捉热点龙头，快速抓住超级龙头股，并有效躲避庄家陷阱，制胜盈利。

笔者在编写过程中力求做到难易适中，容易掌握。为了使读者能更轻易、熟练地发现和驾驭龙头股，书中通过大量的图示，配用了大量的经典案例，结合精练浅显的点评，深度剖析了捕捉龙头股技术，使读者能直观了解龙头股走势的实战情形。

不管您是一位初学者，还是正在寻求技术上突破的晋级者，相信这本书都会对您有所启发。希望投资者通过阅读本书，在投资技术与技巧上能更进一步，获取更多和更稳定的收益。书中介绍的操作技术主要针对股票市场讲解，并且大部分内容是针对近期的行情走势进行图解分析，它们对于期货、权证、外汇等投资品种同样具有借鉴作用。

本书在编撰的过程中借鉴了许多专家、学者的观点和方法，参考了大量的文献和资料，同时也得到了读者朋友们的支持。由于时间仓促，难免会有一些错误和纰漏，欢迎读者朋友们将宝贵的意见和建议反馈给笔者，笔者的邮箱caomingcheng@yeah.net，QQ150610568。同时我们也接收大资金的理财合作，欢迎来函交流。

最后，感谢"曹明成股票研究室"的实战专家蔡双喜先生、周宏伟先生、李华先生参与本书部分章节的编写、校稿和制图工作。感谢立信会计出版社蔡伟莉女士、张寻女士、何颖颖女士以及著名出版人赵涛先生为本书策划出版工作付出的辛勤努力！

曹明成

2016年12月

目 录

第一章 龙头股捕捉实战基础

第一节 龙头股的特征 ………………………………… 2

第二节 龙头股形成的原因 …………………………… 7

第三节 龙头股捕捉前期准备 ………………………… 12

第四节 龙头股捕捉操作要点 ………………………… 14

第五节 关注行业龙头股 ……………………………… 20

第二章 龙头股捕捉选时策略

第一节 大盘环境的选时技巧 ………………………… 36

第二节 强势行情中的操作技法 ……………………… 41

第三节 整理行情中的操作技法 ……………………… 44

第四节 弱势行情中的操作技法 ……………………… 46

第三章　龙头股捕获技法

第一节　利用政策利好捕获龙头股 52
第二节　利用技术分析捕获龙头股 56
第三节　利用资金流向捕获龙头股 81
第四节　利用板块效应捕获龙头股 82
第五节　利用热点捕获龙头股 93

第四章　龙头股涨停操作技法

第一节　大盘背景的支持 106
第二节　龙头股涨停选股技巧 110
第三节　捕捉龙头股涨停的技法 111
第四节　分时图追击涨停龙头股 126
第五节　龙头股涨停操作要点 145

第五章　龙头股突破操作技法

第一节　放量突破压力线技法 150
第二节　突破缺口技法 160
第三节　突破箱体上沿技法 166
第四节　突破买入技法要点 176

第六章　龙头股回调买入技法

第一节　突破回调的含义 180
第二节　涨停回调买入技法 183
第三节　均线回调买入技法 187
第四节　缩量回调买入技法 196
第五节　均价线回调买入技法 203
第六节　回调买入技法要点 208

第一章

龙头股捕捉实战基础

龙头股，顾名思义，指的是某一时期内，在股票市场中对同行业板块的其他股票，具有影响和号召力的股票，其涨跌往往对其他同行业板块股票的涨跌起引导和示范作用。

龙头股是一波行情中最耀眼、最牛气冲天并带领同题材内其他股票上涨的股，是领头羊、火车头，例如2024年爆发的新质生产力概念股。龙头股通常比板块内其他股票涨得快、涨得多。

每一轮行情结束之后，龙头股的涨幅，通常要远远大于其他股票，而在同期上涨过程的回调中，其跌幅也通常小于其他的股票，其他跟涨股通常也随龙头股的涨跌行事。因此，投资者总是重点关注龙头股。下面我们就一起进入龙头股的饕餮盛宴。

第一节　龙头股的特征

龙头股之所以成为"龙头"，是因为其自身具有与众不同的独特气质，也就是它不同于其他个股的特征：

（1）在一波较为有力度的上升行情里，龙头股往往能够率先启动行情、先于大盘止跌企稳、先于大盘放量、率先创新高，涨幅巨大，有所向披靡之气魄，如图1-1、图1-2和图1-3所示。

（2）龙头股通常有实质性业绩或题材为支撑。

（3）具有便于大资金大规模进出的流动性容量。

（4）龙头股的上涨持续时间长，有先于板块启动，后于板块回落的特征，龙头股的安全系数远高于跟涨股。

（5）具有一定的市场号召力和资金凝聚力，振臂一呼，应者云集，能有效激发和带动市场人气，具有明显的板块效应。盘中拉升时，其他个股跟风效应明显，龙头股能迅速带起相关板块，甚至是带动大盘指数的上涨，如图1-4所示。

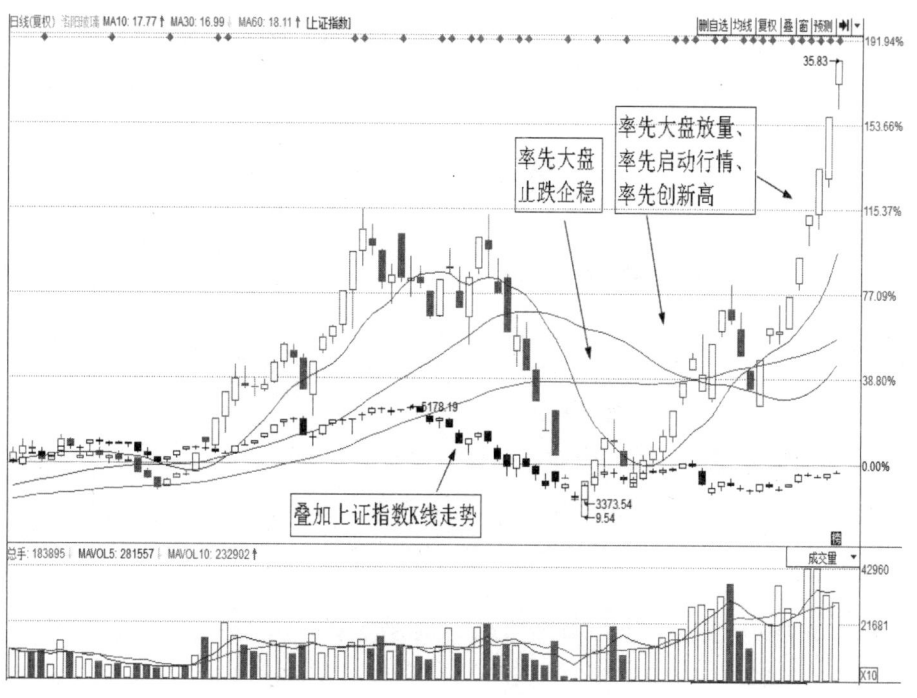

图1-1

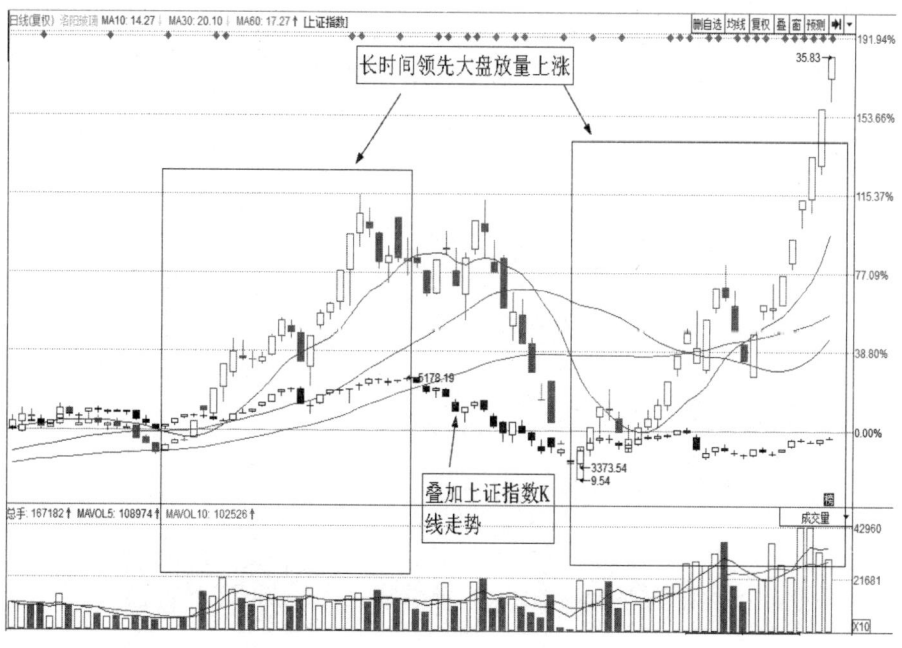

图1-2

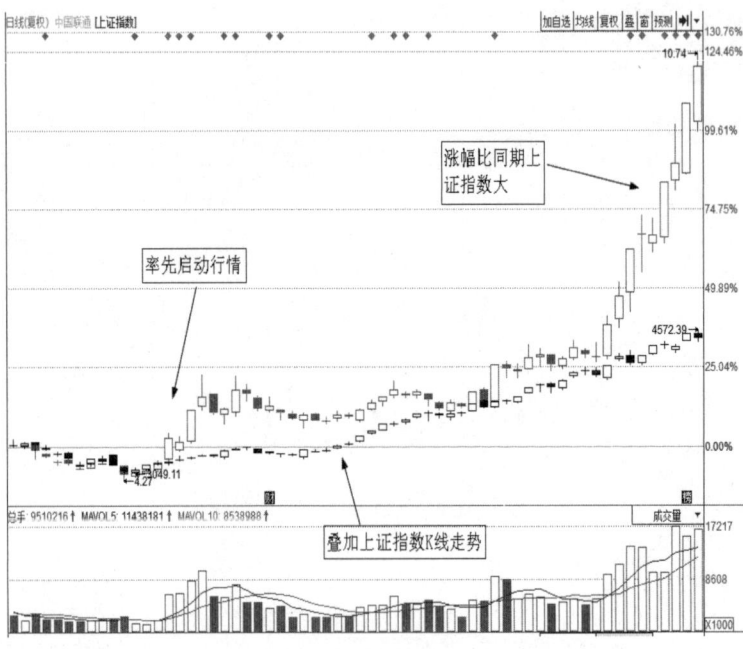

图1-3

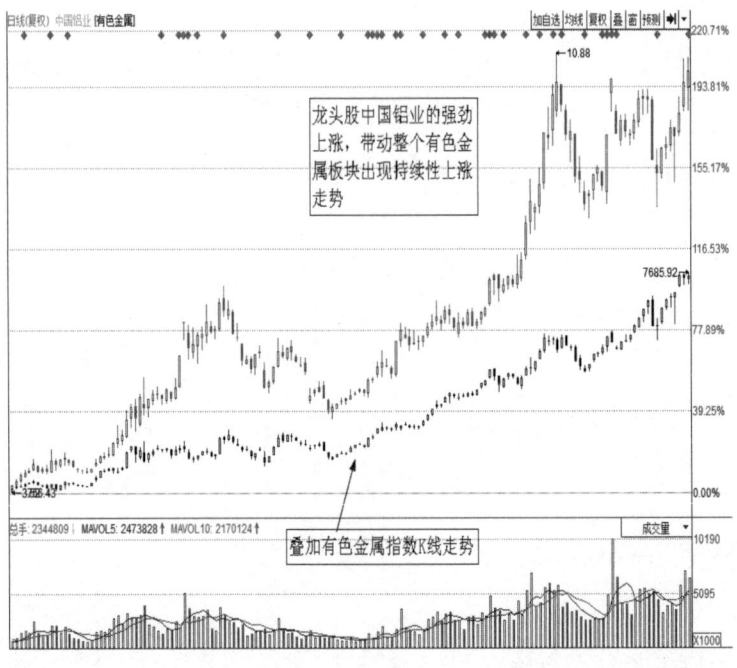

图1-4

（6）运作龙头股的主力资金实力一般比较强，并对政策面和消息面有深刻的理解。

（7）符合市场炒作热点，有巨大的想象空间，能激起市场共鸣。

（8）龙头股具有持续上涨的后劲，拉升阶段不会随便停止拉升。这就是为什么大家会发现股票进入主升段或者真正拉升阶段，龙头股股价只会不断地上涨，而不会出现涨一天跌两天的状况。一是因为大资金要赚钱必然要大幅拉升股价，二是因为这样的拉升才可以减少拉升成本，所以连续的拉升便是大资金操盘股票的必然选择。任何一只股票如果有资金操盘，最后的拉升阶段必然会出现这样的情况。所以如果人们持有的股票上涨一天下跌两天，显然不是处在拉升阶段，那么也就不会是资金操盘的龙头股了。这也是大家会发现越"恐高"的股票，股价越是不断上涨的原因所在。

（9）拉升阶段股价沿5日线飙升。龙头股拉升阶段，股价大多沿着5日线不断地飙升，稍弱的沿10日线运行。均线系统是实用的系统，可以直接判断股票价格运行的强弱。任何一只拉升期的庄家股票，股价一定会沿着5日线不断地上涨，如果向下跌穿5日线或10日线，也会在一两天内迅速复位，继续上涨，不然就不是处在拉升阶段，如图1-5所示。

（10）成交活跃。成交量是股价的灵魂，没有成交量的支持，股价持续上涨是不健康的。一般来说，龙头股上涨必然会伴随较活跃的成交量，这样股价才会不断地上涨。

以上就是龙头股的运行特征。希望投资者多研究大幅上涨的股票，弄清楚其为什么会大幅上涨，大幅上涨有什么表现形式，以及在实战操作中该如何发现和把握大幅上涨的股票，并举一反三。

龙头股一旦启动行情，通常会有较大的涨幅，甚至持续不断地涨停，股价翻倍。在行情火爆时，往往会形成主流热点，能够发动富有力度的上涨行情，有时甚至能出现一倍或者十几倍的上涨行情，如图1-6所示。

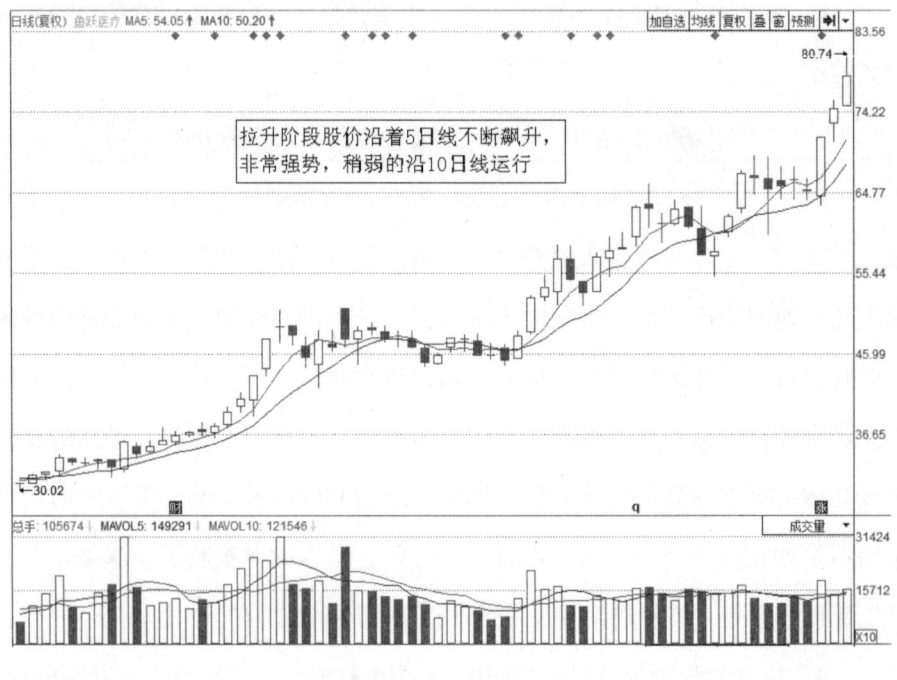

图1-5

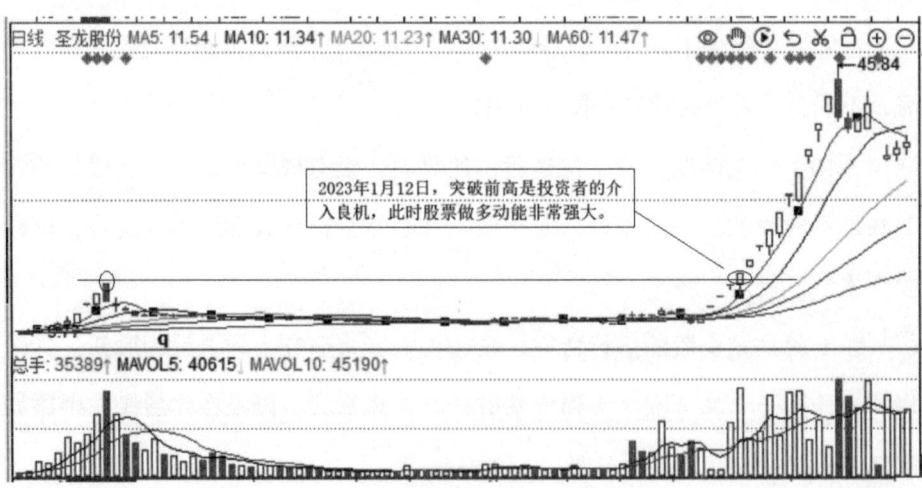

图1-6

第二节 龙头股形成的原因

龙头股形成的原因到底是什么？这是很多投资者心中的疑问。一般来说，龙头股的形成是资金积极介入的结果，是主力炒作的结果，也是基本面厚积薄发的结果。下面对龙头股的基本面进行更深入的分析。

一般而言，基本面上龙头股的形成原因通常有两个：一是由于上市公司的业绩连年增加，属于绩优股；二是由于某种利好消息刺激，给了主力机构大幅炒作的理由。因业绩增长形成的龙头股，上涨时间通常比较长；因突发利好消息产生上涨行情的股票，上涨时间相对较短。在研判龙头股时，投资者可以根据龙头股形成的原因，判断龙头股上涨时间的长短。

投资者明白了龙头股形成的原因，才能在后期行情中更好地把握龙头股的上涨。

图1-7是武钢股份（600005）的日K线走势图，该股是历史上有名的龙头股，股价上涨的时间非常长，并且对指数和钢铁板块起到了领涨作用。武钢股份上涨时间持续久，是因为公司的业绩始终保持着高速的增长。虽然该股股价出现了长时间的上涨，并且涨幅巨大，但投资者只要对比一下公司的业绩，就不难看出该股股价依然保持在一个合理的范围内。

在股市中，业绩优良的个股，往往会吸引众多资金的关注并激起炒作的意愿。优良的基本面吸引各路资金的入场，大量资金的集中入注，使得股票成为龙头股。

图1-8是同仁堂（600085）的日K线走势图，该股也是历史上有名的龙头股，在同仁堂长时间上涨的带动下，市场中所有中药股均出现了大幅的上涨走势。同仁堂之所以能形成长时间的强势上涨，与公司的基本面密不可分。随着我国经济的不断增长，人均收入的不断提高，居民对健康的需求增加导

致了中药行业业绩的增长，当公司业绩长时间保持增长态势时，股价没有理由不涨。公司的业绩不断增长直接推动了股价的上涨。

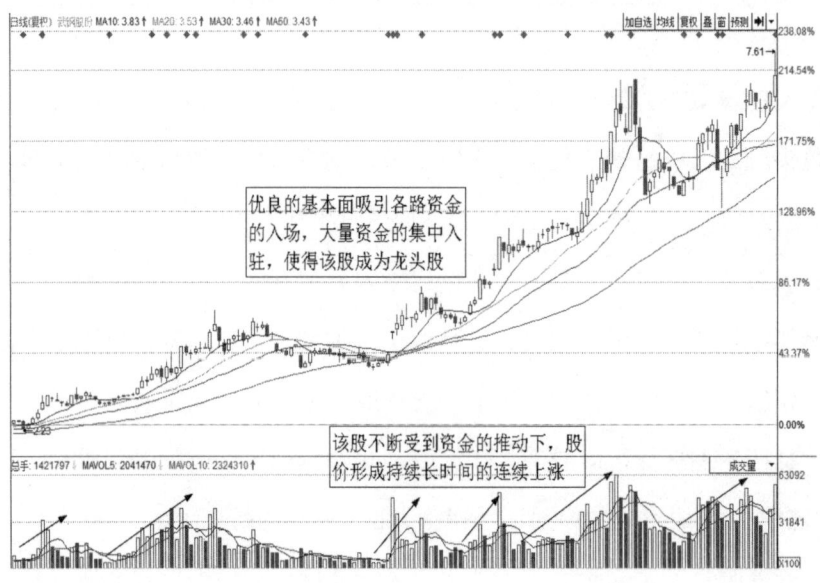

图1-7

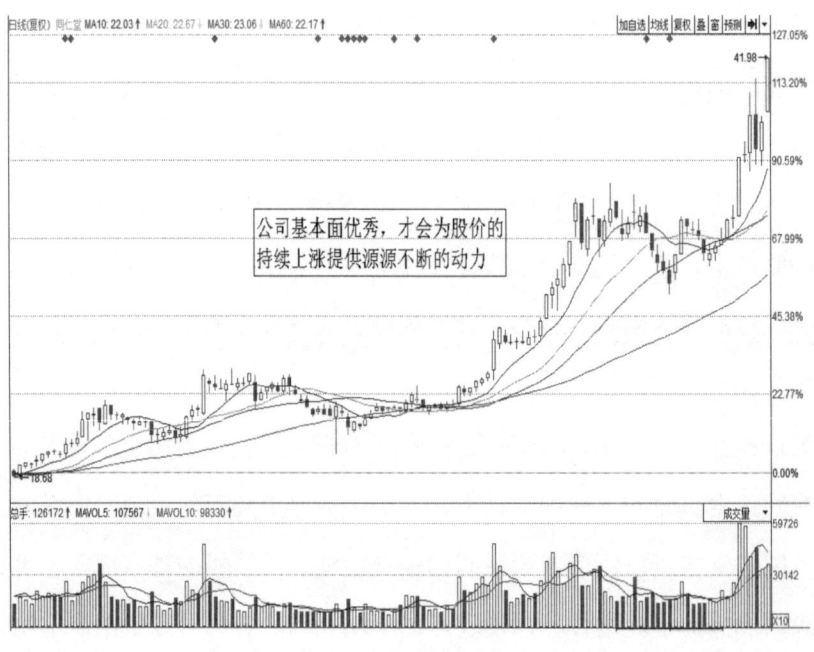

图1-8

从公司的基本面入手进行研判，有利于投资者立足长线操作。公司基本面优秀会为股价的持续上涨提供源源不断的动力。

图1-9是贵州茅台（600519）的走势图，该股也是历史上有名的龙头股。该股与其他酒类股形成了一轮中线持续上涨走势，在其上涨的带动下，指数同期形成了一轮上涨行情。因为贵州茅台对酒类股及指数起了领涨作用，可以确定它是市场中的龙头股。

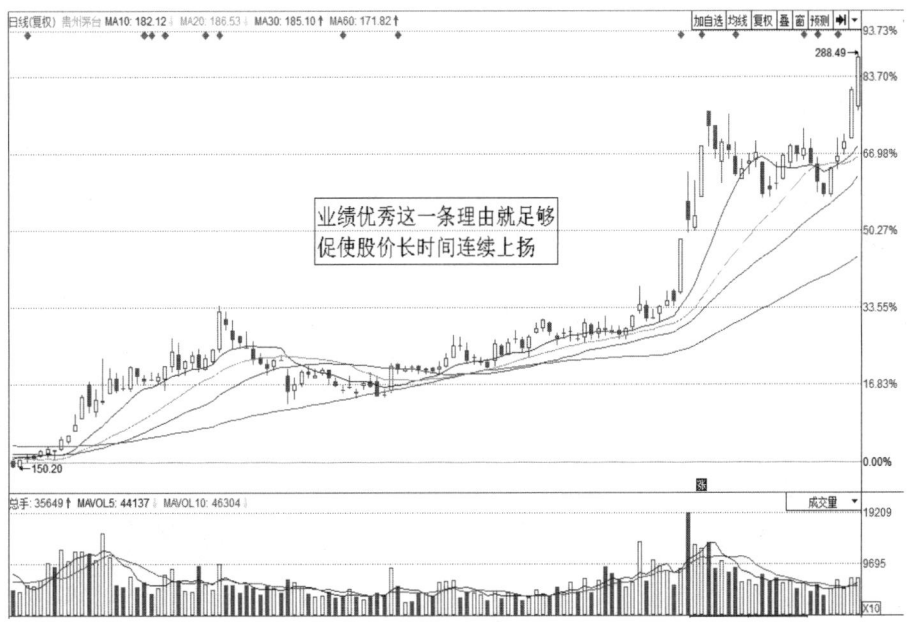

图1-9

贵州茅台龙头股是如何形成的呢？从图1-9中可以看到，该股在上涨过程中，成交量始终保持着温和放大，这说明有资金正在大规模入场建仓，资金介入是形成龙头股的原因之一。

除以上特征外，公司优良的基本面才是贵州茅台形成龙头股最主要的原因。正是由于贵州茅台的业绩连续增长，才吸引了大量资金的集中入场，哪个投资者会对一只业绩不断增长、公司财务指标非常良好的个股不动心？贵州茅台成为龙头股是情理之中的事。

业绩是主力炒作行情永远的要素。在指数上涨时，投资者要在盘中寻找那些业绩连续增长的个股，因为这样的个股非常有可能成为真正的龙头股。

图1-10是宁沪高速的日K线走势图，该股股价曾连续大幅度上涨为投资者带来丰厚的回报。在后期行情中，宁沪高速依然不减龙头股风范，出现了创新高的走势，到底是什么原因使得宁沪高速出现这么长时间的上涨？

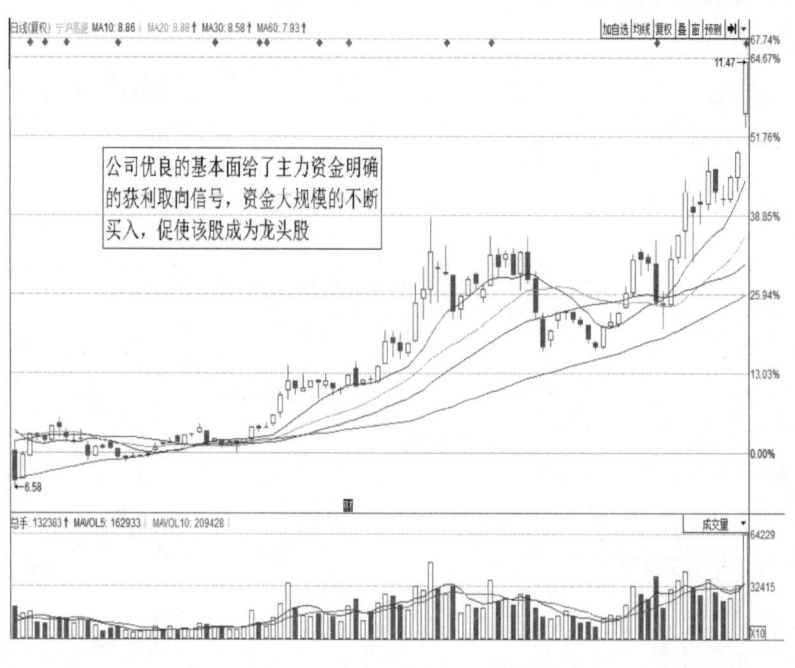

图1-10

据统计，在2015年，6个月内共有8家机构对宁沪高速的2015年年度业绩做出预测，预测2015年净利润27.96亿元，较上年同比增长8.6%。

正是优良的基本面，导致了宁沪高速在上涨过程中大量资金集中入场追捧，资金介入数量越多，股价涨幅就越大。

资金介入导致龙头股的形成，只是表面现象，其背后的含义是：公司优良的基本面给了资金以明确的获利取向，资金大规模的介入，促使该股成为龙头股。因此，优良的基本面才是形成龙头股的原因。

图1-11是格力电器（000651）的走势图，该股是历史上有名的龙头股。从图中可以看出，该股的股价出现长时间的上涨，虽然时常有回落，但调整也保持着强势。强势上涨表明有资金在大力度推动，正是因为主力资金在积极运作，才导致股价大幅上涨，正是因为上涨幅度大，格力电器成为电器板块的龙头股。

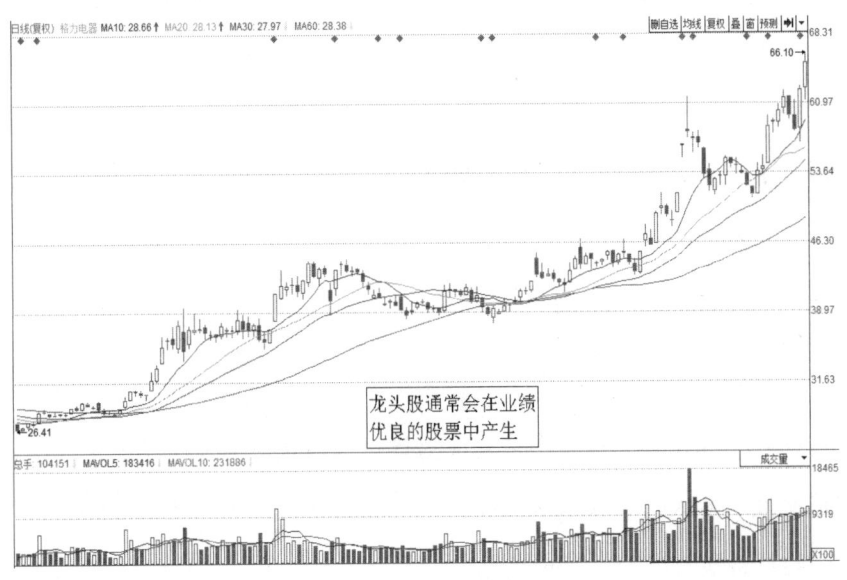

图1-11

格力电器财务指标非常优秀，盈利能力强，平均每年保持营收增长25%，净资产收益率30%以上，毛利率30%，净利润10%，每年都有慷慨分红。

市场需求增加不断推动家电板块股票上涨，直接导致这类公司收益增加，这也为主力资金炒作提供了条件。一旦某个板块的业绩出现连续增长，投资者就要对该板块重点关注。

龙头股通常会在业绩优良的股票中产生。业绩优良的股票没有理由不涨，只有业绩持续增长，才能带动股价长时间上行，一部分主流资金最愿意操作这类股票，因为上涨时间越长，实现的盈利就越大。

第三节　龙头股捕捉前期准备

捕捉龙头股是一种快速盈利的方法，对投资者的心态、操盘技巧、看盘基本功和应变能力等，有非常高的要求。投资者如果没有进行完善的准备，就贸然追涨龙头股，自然容易遭受挫折损失。龙头股上涨幅度大，振幅大，像一匹脱缰的野马，稍有不慎就可能被摔下马。

捕捉龙头股的前期准备工作主要包括以下几个方面。

一、选择合适的板块

首先要选择在未来行情中可能成为热点的板块。需要注意的是，板块热点的持续性不能太短，板块所拥有的题材要具备足够大的想象空间，板块的龙头股要具备激发市场人气的能力。

二、建立龙头股股票池

在选择合适板块的基础上，要建立自己的龙头股股票池，长期跟踪分析龙头股。选择经常轮动板块的行业龙头，尤其是细分行业的龙头，将其放进股票池。每个板块挑选几只有代表性的股票放在一起观察，只有这样长期跟踪自选股，才能摸透一些个股的特性。做股票要做熟不做生，选择自己熟悉的股票，只有每只龙头股都熟记在心，才能在盘中快速反应，把握最佳的介入时机。

投资者要给予龙头股较多的关注，有关上市公司的生产经营情况、未来发展前景、股价波动情况、表现特点和进入其中主力运作的手法等情况，应当基本心中有数，只有这样操作上才能做到知己知彼，战无不胜。选择熟悉的龙头股，可以有效地降低风险，增加获胜的把握。

人们在生活和工作中会有类似的经验：对自己熟悉的事情，做起来就会得心应手，效率会高很多；而对自己陌生的事情，要费事很多。所以，最好选择对股价走势高熟悉度的龙头股，才更有可能获取投资收益。

三、选择好的题材和热点

题材是具有某种概念的股票集群，是具有某些共性的板块，也是市场所关注的事情或者政府正在制定的某些重要政策。没有题材的股票，主流资金就失去了炒作的依据，就无法聚拢市场人气，就不能激活成交量。所以说，投资者要密切关注政策信息、行业报道和市场焦点等情况，从中发现可能刺激股价上涨的题材。

股票具有群居性。股票市场喜欢联手共同演绎行情，通常轰轰烈烈的大行情都是通过题材和热点的形式来完成。研究题材和热点非常重要，可以提高选择龙头股的命中率。

A股比其他股市更依赖于题材和热点。不但散户、游资喜欢题材，主力机构也是对题材和热点趋之若鹜，有题材和热点的个股涨起来幅度更大、更流畅，因此把握题材和热点对操作龙头股的意义重大。

题材有很多种，例如，人民币升值题材、"一带一路"题材、互联网金融题材、自贸区题材、业绩题材、环保题材、O2O题材、资产重组题材、网络游戏题材、特斯拉题材、云计算题材、工业4.0题材、智能家居题材、人工智能题材、新能源题材、光伏题材、绿色电力题材等。

在以上题材中，由政策产生的题材最多、最频繁；由技术创新产生的题材最具价值；由重大事件产生的题材轰轰烈烈，但易流于中短线；由行业周期产生的题材最长久、最适合中长线投资者；由资产重组产生的题材最难把握，炒重组后是靠智慧和技能赚钱；而由业绩和股利（配送股和分红派息）产生的题材往往流于数字游戏，A股中送真金白银的不多。

四、选择股性活跃的个股

有了题材怎么办？是不是具有题材的股票都要买？肯定不是。那么究竟买哪些股票？一句话：看谁的股性活跃！同一题材的股票并不一定都会涨，即使普涨，涨幅也相差巨大，这个时候就要看股性了。

股票的股性是长期形成的，需要投资者长期跟踪才能全面熟悉，了解其细微变化。不同股票的涨幅有较大的区别，有的涨幅大，有的涨幅小，股性比较活跃的个股通常拥有更大的涨幅，投资者要重点关注。当你熟悉了解股性以后，股价一旦出现某种走势，你就可以通过估计它会有什么反应，如上涨、盘整震荡或下跌，来采取对应的操作策略。

第四节　龙头股捕捉操作要点

捕捉龙头股是一件非常快乐的事，龙头股创造的利润要远远高于其他股票，抓到了一支龙头股，就相当于找到了一座金矿。

下面看几个例子。

图1-12是海新能科（300072）的走势图，该股作为国内能源净化行业龙头企业，图中的走势非常强劲，短短几个月，股价就大幅上涨，利润相当诱人。

图1-13是鱼跃医疗（002223）的走势图，该股作为国内基础医疗器械龙头企业，图中的走势非常强势，短短3个多月，股价就大幅飙升，股价翻番。

图1-12

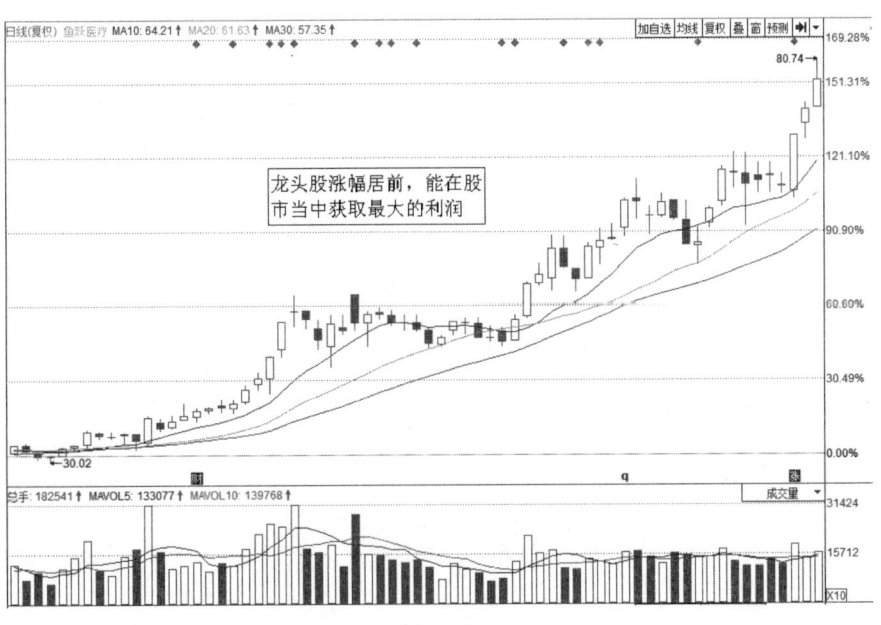

图1-13

实战中，捕捉龙头股在操作上要从以下几点把握。

一、优先分析大盘环境

在大盘相对安全的状态下做个股，成功率才大，才能更轻松地在股市赚钱。大盘在以下几种情况中，可以适当重仓操作：大盘呈多头排列，这是炒股最佳时间段；大盘在长期大幅下跌尾端时；有重大突发利好消息时；大盘在牛市时或大盘向上时。这几种情况是捕捉龙头股的最好时机，大部分利润都是这些时候获得的。

二、重点关注盘口特征

捕捉龙头股时应重点分析个股的盘口特征：

（1）在分时图上，龙头股走势流畅且有连续性放量向上攻击，当天股价在分时均价线上方运行。

（2）如果把龙头股与大盘分时图叠加一起来观察，其分时图会领先大盘上涨，如图1-14所示。

（3）投资者可以借助软件，输入81、83、61、63，就会弹出窗口，可以从中发现一些龙头股的线索。涨（跌）幅排名、委比正（负）排名、涨（跌）速排名、振幅排名、量比排名和成交额排名都会在81窗口、83窗口中直观出现。涨幅、换手量比、委比、市盈率、总金额、流通市值和所属行业都可以直观地从图1-17和图1-18看出。

输入81弹出的是上海A股综合排名榜（图1-15）。

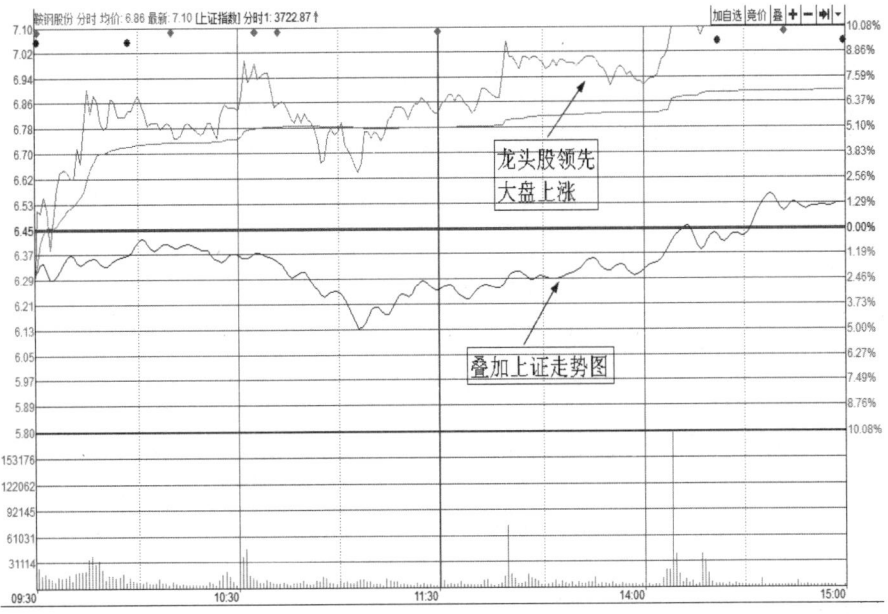

图1-14

综合排名							
基本栏目	资金栏目	自定义栏目			过滤科创板	上海A股	全屏
涨幅排名			涨速排名	周期：5分钟	委比正序排名		
唯赛勃	13.24	+20.04%	欧莱新材	25.50	+8.07%	ST明诚	2.15	+100.00%
海天瑞声	86.02	+16.97%	实达集团	3.79	+3.86%	*ST美讯	2.04	+100.00%
欧莱新材	25.50	+13.63%	京仪装备	68.76	+3.45%	*ST科新	4.62	+100.00%
光云科技	10.16	+10.77%	康希通信	16.89	+3.05%	上海建科	22.09	+100.00%
交运股份	5.12	+10.11%	龙芯中科	156.91	+2.77%	兰生股份	8.37	+100.00%
益民集团	4.04	+10.08%	华虹公司	55.83	+2.63%	上海物贸	10.95	+100.00%
跌幅排名			跌速排名	周期：5分钟	委比负序排名		
海立股份	18.42	-10.01%	灵康药业	6.76	-3.55%	海立股份	18.42	-100.00%
王力安防	9.84	-9.30%	ST东时	2.68	-3.50%	*ST卓朗	2.00	-100.00%
长春燃气	5.93	-8.64%	海天瑞声	86.02	-2.18%	*ST汉马	6.91	-100.00%
昀冢科技	21.36	-7.65%	水井坊	61.66	-1.78%	*ST大药	3.59	-100.00%
东方集团	3.13	-7.40%	茂莱光学	286.75	-1.66%	ST元成	2.74	-100.00%
金鸿顺	24.27	-7.07%	康为世纪	24.04	-1.48%	ST锦港	1.84	-100.00%
振幅排名			量比排名		成交额排名		
海天瑞声	86.02	21.35%	*ST鹏博	2.07	50.73	中国卫通	27.95	45.21亿
欧莱新材	25.50	16.42%	嘉必优	27.07	24.04	晶方科技	34.88	45.15亿
嘉必优	27.07	16.33%	金桥信息	18.36	22.02	中科曙光	83.35	43.45亿
日出东方	7.98	14.21%	东风股份	8.67	20.99	中信证券	32.86	43.20亿
春光科技	15.52	13.97%	华夏幸福	3.04	19.76	上海电气	10.52	35.41亿
哈森股份	15.32	13.88%	中国医药	13.63	18.96	中国软件	70.01	33.59亿

图1-15

输入83弹出的是深圳A股综合排名榜（图1-16）。

综合排名

基本栏目 资金栏目 自定义栏目　　过滤创业板　深圳A股　全屏

涨幅排名			涨速排名	周期：5分钟		委比正序排名		
雪浪环境	6.35	+20.04%	线上线下	39.84	+12.54%	ST九芝	8.37	+100.00%
值得买	34.12	+20.01%	吉大通信	9.73	+4.06%	和而泰	17.08	+100.00%
透景生命	18.53	+20.01%	三维通信	6.42	+3.07%	ST三圣	4.81	+100.00%
科恒股份	12.78	+20.00%	榕基软件	7.32	+2.95%	粤桂股份	9.53	+100.00%
天玑科技	14.04	+20.00%	山子高科	1.88	+2.70%	遥望科技	6.90	+100.00%
线上线下	39.84	+20.00%	中铁装配	22.00	+2.41%	透景生命	18.53	+100.00%
跌幅排名			跌速排名	周期：5分钟		委比负序排名		
黑芝麻	7.01	-10.01%	博士眼镜	48.99	-2.51%	ST新亚	5.58	-100.00%
春兴精工	4.95	-10.00%	双成药业	24.55	-2.11%	ST华通	4.18	-100.00%
君亭酒店	25.80	-8.83%	海联讯	18.21	-2.03%	ST浩源	10.39	-100.00%
凯龙高科	14.51	-8.52%	*ST合泰	2.54	-1.92%	春兴精工	4.95	-100.00%
东晶电子	10.64	-8.28%	润欣科技	19.09	-1.69%	黑芝麻	7.01	-100.00%
天茂集团	4.10	-8.07%	世荣兆业	7.69	-1.66%	ST加加	5.00	-100.00%
振幅排名			量比排名			成交额排名		
天玑科技	14.04	22.22%	ST加加	5.00	39.05	欧菲光	17.53	61.95亿
山水比德	36.49	21.87%	红宝丽	5.18	27.11	东方财富	27.95	61.12亿
雪浪环境	6.35	21.55%	东华软件	9.22	26.59	中国长城	22.03	57.04亿
科泰电源	9.03	20.79%	道恩股份	14.93	22.58	浪潮信息	58.01	56.07亿
科恒股份	12.78	20.75%	海联讯	18.21	18.94	供销大集	3.19	43.85亿
线上线下	39.84	20.63%	雪浪环境	6.35	18.69	中兴通讯	35.32	40.92亿

图1-16

输入61弹出的是上海A股涨幅排名榜（图1-17）。

	代码	名称	涨幅	现价	涨跌	买价	卖价
1	688718	唯赛勃	+20.04%	13.24	+2.21	13.24	–
2	688787	海天瑞声	+16.26%	86.00	+12.00	85.98	86.00
3	688530	欧莱新材	+15.93%	26.10	+3.57	26.04	26.10
4	600676	交运股份	+10.11%	5.12	+0.47	5.12	–
5	603366	日出东方	+10.07%	7.98	+0.73	7.98	–
6	601949	中国出版	+10.07%	8.09	+0.74	8.09	–
7	603716	塞力医疗	+10.06%	9.30	+0.85	9.30	–
8	600787	中储股份	+10.05%	6.46	+0.59	6.46	–
9	600822	上海物贸	+10.05%	10.95	+1.00	10.95	–
10	600281	华阳新材	+10.05%	4.38	+0.40	4.38	–
11	600119	长江投资	+10.05%	8.98	+0.82	8.98	–
12	603955	大千生态	+10.02%	18.77	+1.71	18.77	–
13	600050	中国联通	+10.02%	5.60	+0.51	5.60	–
14	600135	乐凯胶片	+10.01%	7.69	+0.70	7.69	–
15	603153	上海建科	+10.01%	22.09	+2.01	22.09	–
16	603918	金桥信息	+10.01%	18.36	+1.67	18.36	–
17	600206	有研新材	+10.01%	19.46	+1.77	19.46	–
18	600838	上海九百	+10.00%	11.33	+1.03	11.33	–
19	603108	润达医疗	+10.00%	23.21	+2.11	23.21	–
20	603535	嘉诚国际	+10.00%	12.21	+1.11	12.21	–
21	603698	航天工程	+9.99%	17.50	+1.59	17.50	–
22	600104	上汽集团	+9.99%	16.73	+1.52	16.73	–
23	601698	中国卫通	+9.99%	28.29	+2.57	28.29	–
24	600826	兰生股份	+9.99%	8.37	+0.76	8.37	–

图1-17

输入63弹出的是深圳A股涨幅排名榜（图1-18）。

	代码	名称	涨幅↓	现价	涨跌	买价	卖价
1	300385	雪浪环境	+20.04%	6.35	+1.06	6.35	—
2	300785	值得买	+20.01%	34.12	+5.69	34.12	—
3	300642	透景生命	+20.01%	18.53	+3.09	18.53	—
4	300340	科恒股份	+20.00%	12.78	+2.13	12.78	—
5	300245	天玑科技	+20.00%	14.04	+2.34	14.04	—
6	300959	线上线下	+20.00%	39.84	+6.64	39.84	—
7	300899	上海凯鑫	+19.98%	28.34	+4.72	28.34	—
8	301171	易点天下	+12.70%	29.89	+3.36	29.88	29.89
9	300058	蓝色光标	+10.48%	10.56	+1.02	10.56	10.57
10	300501	海顺新材	+10.46%	16.69	+1.58	16.69	16.70
11	002291	遥望科技	+10.05%	6.90	+0.63	6.90	—
12	000833	粤桂股份	+10.05%	9.53	+0.87	9.53	—
13	002238	天威视讯	+10.03%	10.20	+0.93	10.20	—
14	000590	启迪药业	+10.02%	9.33	+0.85	9.33	—
15	002140	东华科技	+10.02%	9.88	+0.90	9.88	—
16	002882	金龙羽	+10.00%	20.02	+1.82	20.02	—
17	002469	三维化学	+10.00%	6.60	+0.60	6.60	—
18	002402	和而泰	+9.98%	17.08	+1.55	17.08	—
19	300374	中铁装配	+9.73%	23.57	+2.19	23.55	23.57
20	300844	山水比德	+8.81%	36.07	+2.92	36.06	36.07
21	002605	姚记科技	+8.37%	30.66	+2.36	30.66	30.67
22	300153	科泰电源	+8.29%	9.01	+0.69	9.01	9.02
23	300624	万兴科技	+8.06%	68.75	+5.13	68.75	68.76
24	002657	中科金财	+7.97%	20.70	+1.51	20.66	20.70

图1-18

输入60弹出的是沪深A股涨幅排名榜（图1-19）。

	代码	名称	涨幅↓	现价	涨跌	买价	卖价
1	300385	雪浪环境	+20.04%	6.35	+1.06	6.35	—
2	688718	唯赛勃	+20.04%	13.24	+2.21	13.24	—
3	300785	值得买	+20.01%	34.12	+5.69	34.12	—
4	300642	透景生命	+20.01%	18.53	+3.09	18.53	—
5	300340	科恒股份	+20.00%	12.78	+2.13	12.78	—
6	300959	线上线下	+20.00%	39.84	+6.64	39.84	—
7	300899	上海凯鑫	+19.98%	28.34	+4.72	28.34	—
8	688787	海天瑞声	+16.89%	86.50	+12.50	86.50	86.82
9	300245	天玑科技	+16.32%	13.60	+1.90	13.69	13.70
10	688530	欧莱新材	+12.74%	25.30	+2.77	25.30	25.39
11	301171	易点天下	+12.17%	29.76	+3.23	29.76	29.79
12	300374	中铁装配	+11.46%	23.86	+2.48	23.83	23.86
13	300501	海顺新材	+10.46%	16.69	+1.58	16.68	16.69
14	688193	仁度生物	+10.33%	49.22	+4.51	49.20	49.37
15	300058	蓝色光标	+10.17%	10.49	+0.95	10.48	10.49
16	600676	交运股份	+10.11%	5.12	+0.47	5.12	—
17	603366	日出东方	+10.07%	7.98	+0.73	7.98	—
18	601949	中国出版	+10.07%	8.09	+0.74	8.09	—
19	603716	塞力医疗	+10.06%	9.30	+0.85	9.30	—
20	600787	中储股份	+10.05%	6.46	+0.59	6.46	—
21	600822	上海物贸	+10.05%	10.95	+1.00	10.95	—
22	600281	华阳新材	+10.05%	4.38	+0.40	4.38	—
23	600119	长江投资	+10.05%	8.98	+0.82	8.98	—
24	002291	遥望科技	+10.05%	6.90	+0.63	6.90	—

图1-19

三、擒贼先擒王

要买就买龙头股，跟风股坚决弃之。由于龙头股具有先板块启动、后板块回落的特性，所以，跟风、跟涨股的安全系数和收益都远远小于龙头股。因此，炒股要做到"擒贼先擒王"，与其追买跟风股，不如追涨龙头股。

如果说龙头股是地地道道的龙，龙头股后面的老二也勉强称为龙的话，那么其他跟风、跟涨股就是跟屁虫。跟风、跟涨股是跟着龙头股一起涨的，它们生活在龙头股的羽翼之下，一般情况下也会有不小的涨幅，但是由于跟风股受不了利空消息的打击，所以跟风股容易在大盘调整的时候先行下跌。

在一轮行情中，投资者对龙头股进行操作，才能实现较高的利润，因为龙头股涨幅大。通常情况下，建议投资者买入龙头股，如果龙头股因为涨停买不到的话，可以买龙头股老二，不建议买其他的跟风股。

龙头股大涨，跟风股小涨；龙头股小跌，跟风股大跌。因此，对于跟风股的跟进，一般要谨慎参与，这就是人们常说的"跟风不如追龙头"。

第五节　关注行业龙头股

各行业龙头是行业的领先者，在行业中具有领先的技术水平和经营模式。在股票市场上，各行业龙头股是所处领域的风向标，也是投资者关注行业发展的重要指标。下面是沪深主板和创业板中各行业的龙头股。

一、沪深主板汇总（按行业排序）

1. 汽车

一汽解放、长安汽车、上汽集团、中国重汽、北汽蓝谷

2. 石油化工

中国石化、中国石油、中海油服、海油工程、万华化学、恒力石化

3. 水泥

海螺水泥、冀东水泥、华新水泥、西部建设、金隅集团

4. 白酒类

贵州茅台、泸州老窖、五粮液、张裕A、水井坊

5. 啤酒

青岛啤酒、燕京啤酒、珠江啤酒

6. 玻璃

南玻A、福耀玻璃、山东药玻

7. 电力能源

国电电力、国投电力、长江电力、华银电力、华能国际、华能水电、华电国际、大唐发电、内蒙华电、川投能源

8. 金融

中信证券、平安银行、工商银行、招商银行、浦发银行、中国银行、建设银行

9. 有色金属

中金黄金、中国铝业、山东黄金、五矿发展、盛和资源、紫金矿业、赤峰黄金、宝钛股份、宏达股份、厦门钨业、吉恩镍业、中金岭南、云南铜业、江西铜业、北方稀土、天齐锂业

10. 地产

保利发展、万科A、金地集团、招商地产、深深房A、华侨城A、金城控

股、绿地控股

11. 数据通信

中国联通、中国电信、中国移动、中兴通讯、紫光股份

12. 科技类

歌华有线、东方明珠、综艺股份、中信国安、方正科技、同方股份、同友网络、生益科技、中天科技

13. 航空

南方航空、中国国航、中国东航

14. 环保

龙净环保、菲达环保、伟明环保、绿色动力、卓越新能、中环环保

15. 新能源

保变电气、德赛电池、宏发股份、中科三环、潍柴动力、法拉电子

16. 电力设备

东方电气、东方锅炉、特变电工、平高电气、国电南自、华光环能、湘电股份、通威股份、三峡能源、国电南瑞

17. 港口运输

上港集团、中集集团、中海海盛、中远海特、重庆港

18. 高速类

宁沪高速、中原高速、赣粤高速、山东高速、福建高速、粤高速A、皖通高速

19. 机场类

上海机场、深圳机场、白云机场

20. 建筑用品

中国巨石、精工钢构、海螺新材

21. 水务

首创环保、瀚蓝环境、江南水务

22. 仓储物流运输

中化国际、铁龙物流、外运发展、中储股份

23. 航天军工

中国卫星、中直股份、航天信息、航天电子、中航西飞、航发科技、洪都航空、中航重机、中船防务、中国长城、中航沈飞、抚顺特钢

24. 电子类

云赛智联、生益科技、法拉电子、彩虹股份、深天马A、东信和平、三实光电

25. 软件

中国软件、东软股份、恒生电子、金证股份、宝信软件、中科曙光、诚迈科技、海量数据、太极股份

26. 零售超市

永辉超市、居然之家、红旗连锁、小商品城、百联股份、老凤祥、豫园股份、王府井

27. 酒店旅游

华天酒店、中青旅、首旅酒店、黄山旅游、峨眉山A、丽江股份、锦江酒店、桂林旅游、北京文化、西安旅游、宋城演艺

28. 股指期货

高新发展、中大股份、美尔雅

29. 乙醇燃料

甘化科工、中粮科技

30. 煤炭类

中国神华、晋控煤业、兰花科创、兖矿能源、潞安环能、神火股份、山西焦煤

31. 核能

中核科技、中国广核、中国核电、中国核建

32. 特种化工

万华化学、金发科技、华鲁恒升

33. 化肥

盐湖股份、华鲁恒升、实道麦A、柳化股份、湖北宜化、沧州大化、鲁西化工、沈阳化工

34. 农业股

新希望、北大荒、通威股份、中牧股份、隆平高科、丰乐种业、新赛股份、敦煌种业、新农开发、冠农股份、登海种业

35. 太阳能概念

宏发股份、中国动力、航天机电

36. 风电设备

湘电股份、长城电工、华电辽能

37. 服装

七匹狼、雅戈尔、伟星股份、豫园股份

38. 通信光缆类

烽火通信、长江通信、浙大网新、ST特信、亨通光电、东方通信、永鼎股份

39. 建筑与工程

中铁工业、中材国际、上海建工、中工国际、浦东建设、中色股份、空港股份、安徽建工、隧道股份、腾达建设、路桥建设

40. 重工机械

三一重工、徐工机械、中联重科、中国船舶、中船科技、晋西车轴、柳工、振华重工、中船防务、山推股份、沈阳机床

41. 钢铁类

宝钢股份、八一钢铁、中南股份、华菱钢铁、凌钢股份、太钢不锈

42. 食品加工

广农糖业、双汇发展、伊利股份、维维股份、承德露露、安琪酵母、恒顺醋业、光明肉业

43. 中药

同仁堂、天士力、云南白药、东阿阿胶、马应龙、吉林敖东、片仔癀、千金药业、江中药业、康缘药业、康恩贝、恒瑞医药、复星医药

44. 造纸

晨鸣纸业、太阳纸业、岳阳林纸、华泰股份

45. 家电

格力电器、海信家电、美的集团、佛山照明、海尔智家、四川长虹、苏泊尔、三花智控

46. 一带一路

中科曙光、永鼎股份、中国铁建、龙建股份、华钰矿业、青岛金王、中材国际

47. 人工智能

闻泰科技、三六零、恒生电子

48. 新能源运营商

三峡能源、节能风电、林洋能源、福能股份、中闽能源

49. 特高压

平高电气、许继电气、特变电工、国电南瑞

二、中小板龙头股汇总（按股票代码排序）

002001 新和成　　国内最大维生素A和维生素E生产商

002003 伟星股份　世界最大的纽扣生产企业之一

代码	名称	简介
002004	华邦健康	国内皮肤病领域龙头企业
002007	华兰生物	国内血液制品行业龙头企业
002008	大族激光	亚洲最大激光加工设备生产商之一
002022	科华生物	国内体外临床诊断行业龙头企业
002031	巨轮智能	国内汽车子午线轮胎活络模具龙头企业
002041	登海种业	国内玉米种子繁育推广一体化龙头企业
002045	国光电器	国内音响行业龙头企业
002046	国机精工	国内航天特种轴承行业龙头企业
002048	宁波华翔	国内汽车内饰件龙头企业
002056	横店东磁	全球最大的磁体生产企业之一
002063	远光软件	国内电力财务软件龙头企业
002073	软控股份	国内轮胎橡胶行业软件龙头企业
002080	中材科技	国内特种纤维复合材料行业龙头企业
002090	金智科技	国内电气自动化设备行业龙头企业
002091	江苏国泰	国内锂离子电池电解液行业龙头企业
002094	青岛金王	国内最大蜡烛制造商
002098	浔兴股份	国内拉链行业龙头企业
002101	广东鸿图	国内压铸行业龙头企业
002103	广博股份	国内纸制品文具行业龙头企业
002104	恒宝股份	国内智能卡行业龙头企业
002105	信隆健康	国内自行车零配件龙头企业
002106	莱宝高科	国内彩色滤光片行业龙头企业
002111	威海广泰	国内航空地面设备行业龙头企业
002117	东港股份	国内规模最大商业票据印刷企业
002119	康强电子	国内最大塑封引线框架生产基地
002121	科陆电子	国内用电采集系统领域龙头企业

002125 湘潭电化	国内最大电解二氧化锰生产商
002126 银轮股份	国内最大机油冷却器生产商
002130 沃尔核材	国内热缩材料行业龙头企业
002131 利欧股份	国内最大的微型小型水泵制造商
002138 顺络电子	国内最大片式压敏电阻生产商
002139 拓邦股份	国内最大微波炉控制板生产商
002140 东华科技	国内煤化工细分行业龙头企业
002144 宏达高科	国内汽车顶棚面料龙头企业
002149 西部材料	国内最大稀有金属复合材料生产商
002151 北斗星通	国内最大港口集装箱机械导航系统提供商
002158 汉钟精机	国内螺杆式压缩机龙头企业
002160 常铝股份	国内最大空调箔生产商
002161 远望谷	国内铁路RFID市场垄断地位.
002164 宁波东力	国内冶金齿轮箱领先企业.
002171 楚江新材	国内最大的铜带生产企业
002175 东方智造	国内数显量具行业龙头企业
002176 江特电机	国内最大起重冶金电机生产商
002179 中航光电	国内最大军用连接器制造企业
002182 宝武镁业	国内最大专业化镁合金生产商
002190 成飞集成	国内汽车模具行业龙头企业
002196 方正电机	全球最大多功能家用缝纫机电机生产基地
002197 ST证通	国内金融支付信息安全产品领先企业
002201 正威新材	国内最大的纺织型玻纤制品生产商
002202 金风科技	国内领先的风机制造商
002206 海利得	国内涤纶工业长丝行业龙头企业
002209 达意隆	国内饮料包装机械行业龙头企业

002213 大为股份　　国内汽车电涡缓速器龙头企业

002218 拓日新能　　国内非晶硅太阳能电池芯片龙头企业

002222 福晶科技　　全球最大LBO、BBO非线性光学晶体生产商

002223 鱼跃医疗　　国内基础医疗器械龙头企业

002224 三力士　　　国内传动带行业龙头企业增持

002225 濮耐股份　　国内钢铁耐火材料的领先者

002232 启明信息　　国内汽车业IT行业龙头企业

002242 九阳股份　　国内豆浆机行业龙头企业

002246 北化股份　　全球最大的硝化棉生产企业

002254 泰和新材　　国内氨纶行业龙头企业

002258 利尔化学　　国内氯代吡啶类除草剂系列农药龙头业

002270 华明装备　　国内专用数控成套加工设备龙头企业

002273 水晶光电　　国内光电子产业世界领跑者

002282 博深股份　　国内最大金刚石工具厂商

002283 天润工业　　国内重型发动机曲轴龙头企业

002284 亚太股份　　国内汽车制动系统专业龙头企业

002314 南山控服　　国内集成房屋的龙头企业

002335 科华数据　　国内最大UPS供应商

002337 赛象科技　　国内橡胶机械制造业的龙头企业

002346 柘中股份　　国内PHC管桩行业龙头企业

002347 泰尔重工　　国内冶金行业用联轴器领域龙头企业

002348 高乐股份　　国内玩具行业龙头企业

002352 顺丰控股　　国内综合大物流企业

002358 思源电气　　国内最大电力保护设备消弧线圈生产商

002402 和而泰　　　国内智能控制器行业龙头企业

002403 爱仕达　　　国内炊具行业龙头企业

002405 四维图新　　国内导航电子地图行业的领先企业

002406 远东传动　　国内最大的非等速传动轴生产企业

002407 多氟多　　　全球氟化盐龙头企业

002408 齐翔腾达　　国内规模最大的甲乙酮生产企业

002409 雅克科技　　国内最大的有机磷系阻燃剂生产商

002410 广联达　　　国内最大的工程造价软件企业

002414 高德红外　　国内规模最大的红外热像仪生产厂商

002415 海康威视　　国内最大安防视频监控产品供应商

002420 毅昌科技　　国内规模最大的电视机外观结构件供应商

002428 云南锗业　　国内锗产品龙头企业

002430 杭氧股份　　国内最大空分设备和石化设备生产商

002436 兴森科技　　国内最大专业印制电路板样板生产商

002438 江苏神通　　国内冶金特种阀门与核电阀门龙头企业

002443 金洲管道　　国内最大镀锌钢管、螺旋焊管和钢塑复合管供应商

002444 巨星科技　　国内手工具行业龙头企业

002446 盛路通信　　国内通信天线领域领先企业

002448 中原内配　　亚洲最大气缸套生产企业

002449 国星光电　　国内LED封装龙头企业

002453 华软科技　　国内专用化学品细分领域龙头

002454 松芝股份　　国内领先的汽车空调制造商

002455 百川股份　　国内醋酸丁酯，偏苯三酸酐的龙头企业

002456 欧菲光　　　国内领先的精密光电薄膜元器件制造商

002458 益生股份　　国内最大祖代种鸡养殖企业

002460 赣锋锂业　　国内主要锂产品供应商

三、创业板龙头股汇总（按股票代码排序）

300001 特锐德　　国内铁路电力远动箱式变电站龙头

300004 南风股份　　国内核电HVAC市场龙头企业

300007 汉威科技　　国内气体传感器领先企业

300011 鼎汉技术　　国内轨道交通电源系统龙头企业

300012 华测检测　　国内民营第三方检测的龙头企业

300014 亿纬锂能　　中国最大、世界第五锂亚电池供应商

300015 爱尔眼科　　民营眼科医院连锁企业

300016 北陆药业　　国内医药对比剂行业领跑者

300017 网宿科技　　国内领先的互联网解决方案供应商

300018 中元股份　　国内电力二次设备子行业领先者

300019 硅宝科技　　国内有机硅新材料下游龙头企业

300022 吉峰科技　　国内农机连锁销售龙头企业

300024 机器人　　国内工业机器人产业先驱

300026 红日药业　　血必净注射液等产品垄断细分市场

300027 华谊兄弟　　国内电影行业龙头企业

300030 阳普医疗　　国内真空采血系统行业龙头企业

300031 宝通科技　　国内耐高温输送带市场领导者

300032 金龙机电　　国内最大的超小型微特电机生产商

300037 新宙邦　　国内电子化学品生产龙头企业

300041 回天新材　　国内工程胶粘剂行业龙头企业

300043 星辉娱乐　　国内车模行业龙头企业

300045 华力创通　　国内计算机仿真行业领先企业

300046 台基股份　　国内大功率半导体龙头企业

代码	名称	描述
300049	福瑞股份	国内肝病诊治领域龙头企业
300053	航宇微	国内航天航空及军工领域龙头企业
300054	鼎龙股份	国内电子成像显像专用信息化
300058	蓝色光标	国内为企业提供品牌管理服务行业龙头
300059	东方财富	国内领先的网络财经信息平台综合运营商
300062	中能电气	国内中压预制式电缆附件龙头企业
300063	天龙集团	国内水性油墨行业龙头
300065	海兰信	国内最大的VDR制造企业
300066	三川智慧	国内最大节水型机械表和智能水表生产商
300067	安诺其	国内高端染料行业领跑者
300070	碧水源	国内污水处理领先企业
300072	三聚环保	国内能源净化行业龙头企业
300073	当升科技	国内锂电正极材料龙头企业
300074	华平股份	国内领先的多媒体通信系统提供商
300075	数字政通	国内数字化城市管理领域龙头
300076	GQY视讯	国内领先的专业视讯产品制造商
300077	国民技术	国内USBKEY领域龙头企业
300078	思创医惠	国内电子防盗卷标行业龙头企业
300080	易成新能	国内晶硅片切割刃料领域龙头企业
300082	奥克股份	国内环氧乙烷精细化工行业龙头
300084	海默科技	国内油田多相计量领域领先企业
300085	银之杰	国内银行影像应用软件领域领先企业
300091	金通灵	国内最大的离心风机产品制造商
300093	金刚光伏	国内安防玻璃领域龙头企业
300095	华伍股份	国内工业制动器行业龙头
300097	智云股份	国内领先的成套自动化装备方案解决商

300099	尤洛卡	国内煤矿顶板灾害防治设备龙头企业
300101	国腾电子	国内最大的北斗终端供应商
300137	先河环保	空气质量连续监测系统市场占有率全国第一
300207	欣旺达	国内消费类电池龙头
300222	科大讯飞	国内智能语音技术龙头
300228	富瑞特装	国内LNG汽车供气系统龙头
300271	华宇软件	国内政务信息化龙头
300274	阳光电源	国内光伏逆变器及储能系统龙头
300312	华顺油气	国内油气回收龙头
300316	晶盛机电	国内晶体生长设备龙头
300352	北信源	国内网络安全与数据安全龙头
300451	创业黑马	国内创业服务龙头
300454	深信服	国内网络安全与云计算解决方案龙头
300498	温氏股份	国内畜禽养殖龙头
300499	高伟达	国内金融信息化龙头
300628	亿联网络	国内统一通信龙头
300674	宇晶股份	国内多线切割机及研磨抛光机龙头
300676	华大基因	国内基因测序与生物信息分析龙头
300699	光威复材	国内碳纤维龙头
300750	宁德时代	国内动力电池龙头
300760	迈瑞医疗	国内医疗器械龙头
300672	国科微	国内集成电路设计龙头
300706	阿石创	国内溅射靶材龙头
300723	一品红	国内儿童药研发与生产龙头
300751	迈为股份	国内太阳能电池设备龙头
300765	新诺威	国内保健食品及功能饮料原料龙头

300808 恒而达　　　国内金属切削工具龙头

300831 派瑞股份　　国内高压直流输电阀用晶闸管龙头

300858 沃华医药　　国内中药研发与生产龙头

300879 金达威　　　国内保健品及食品添加剂龙头

第二章

龙头股捕捉选时策略

炒股有几个重要因素——量、价、时。"时"即为介入的时间，是操作中最为重要的一环。所谓"选股不如选时"，介入时间选得好，就算股票选得差一些，也会随大盘走势涨上一段；但若介入时机不对，即便选对了股也不会涨，还存在被套牢的风险。好的开始即成功了一半，选择买卖点非常重要，在好的买进点介入，不仅不会套牢，而且可坐享被抬轿之乐。

本章探讨的是龙头股操作过程中，选择大盘环境时机的技巧和在大盘的不同阶段的应对技巧。

第一节　大盘环境的选时技巧

大盘显示着几千只股票的总体统计走势，它体现了市场总体运行的方向。大盘制约个股的表现，它对每个股票的具体运行态势都会有不同程度的影响。操作龙头股之前一定要看清楚大盘的走向——究竟是向上运行的，还是向下运行的，这是非常重要的。原因在于，很多股票的走势和大盘是正相关的，大盘向好时多数股票会跟随上涨，形成"百花齐放"的局面，此时操作相对比较容易；相反，大盘不好时，"覆巢之下，安有完卵"，个股的走势也不会太好，操作难度相当高。

当大盘处于强势的时候，才能为板块、个股活跃提供良好的背景支持，投资者参与其中获利的概率才大。

如何判断大盘的走势强弱，我们可以从以下几点去把握。

1. 上涨角度

根据江恩理论，上涨角度处0度至45度时大盘处在弱强势；上涨角度大于45度时市场属于强势状态，上涨角度越大，大盘越强；角度大于70度，则说明市场处在极强势；角度小于0度呈朝下状态说明市场属于弱势；角度小于45度呈朝下，表明市场处于加速下跌的极弱市。

利用上述从上涨角度大小来判断大盘趋势强弱的基本原理，可以对行情可能的发展方向进行分析，如图2-1所示。

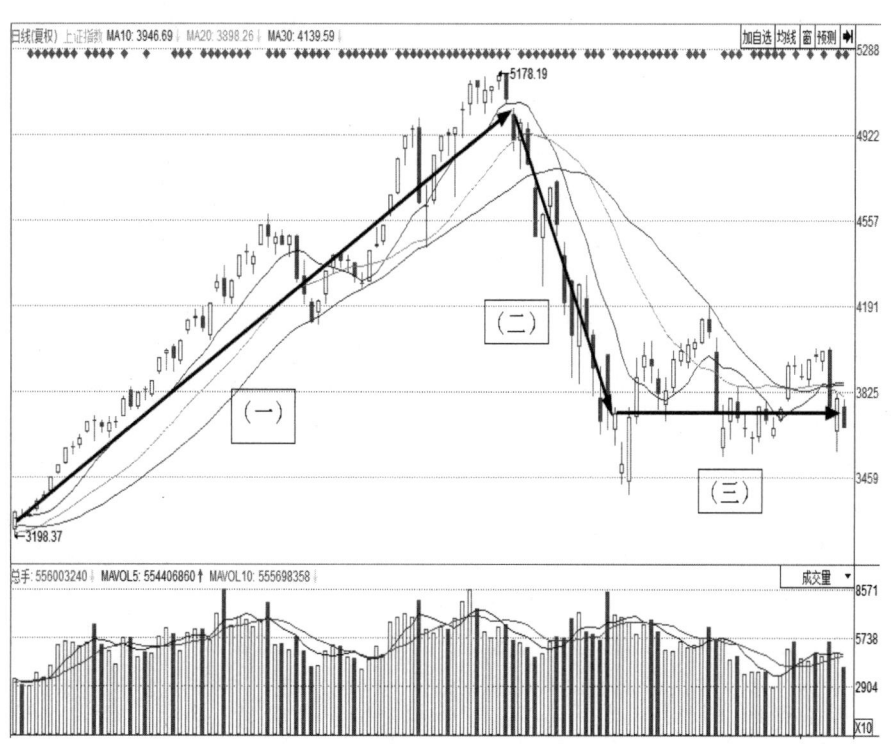

图2-1

图2-1是上证指数2015年3月至8月的走势，从每段行情的角度来看，第一段大盘处于强势状态，第二段大盘处于加速下跌的极弱市，第三段市场处于弱势。

2. 回落幅度

股价不可能只涨不跌，有上涨就会有下跌。大涨小回落是强势特征，回落幅度越小，说明大盘越强势，如图2-2所示。大盘回落幅度越深，大盘就越弱。

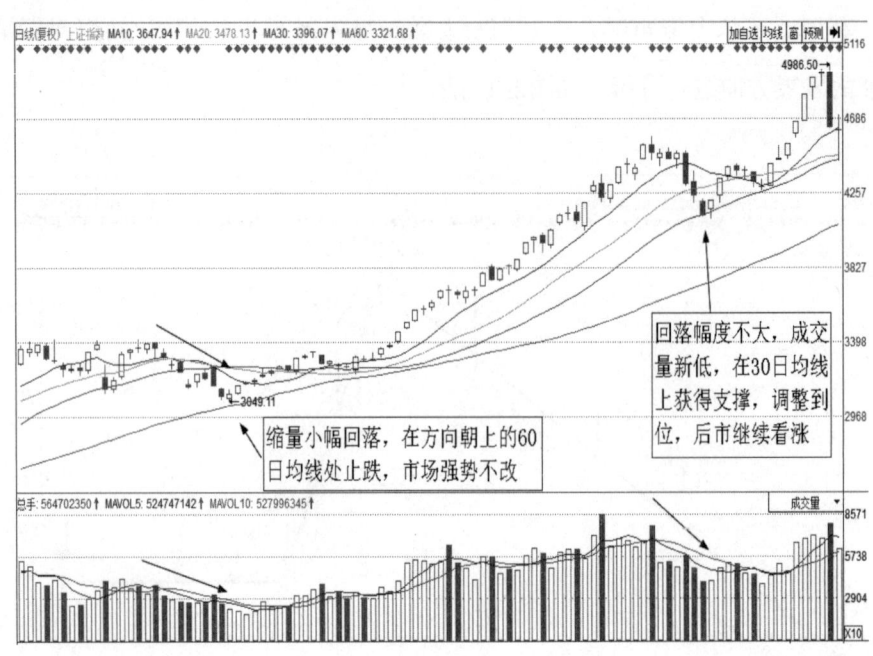

图2-2

3. 量价关系

价升量增、价跌量减，是正常健康的量价配合情况，也是大盘得以保持强势运行趋势的条件。大盘的量价关系是否保持良好，是判断大盘强弱的重要信号，如图2-3所示。

4. 大盘的三种走势

大盘能提供多大的机会，我们就做多大的行情，宁肯保守，也不可盲目主观预测，我们要顺势而为。

大盘的走势无外乎三种：向上、向下和横向震荡。判断大盘走势的目的是预测大环境能为我们提供多大的市场机会和空间。如果指数的高低点不断下移，趋势朝下，那么就可以判断大盘处于弱势。弱势市场的特点是：大盘涨少跌多，个股跌多涨少，操作难度非常大。相反，大盘指数的高低点不断抬高，趋势向上，那么就可以判断大盘处于强势，如图2-4、图2-5和图2-6所示。

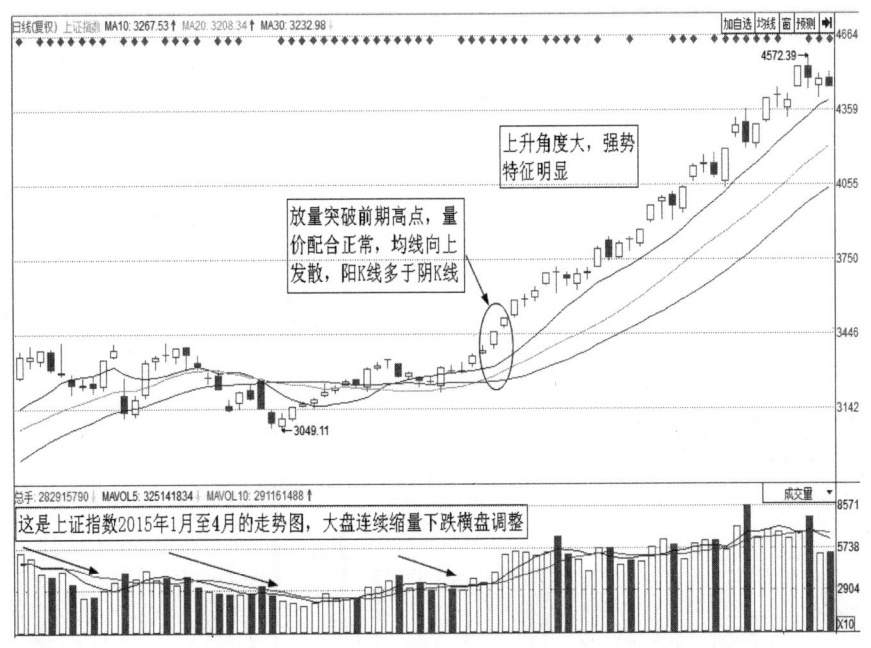

图2-3

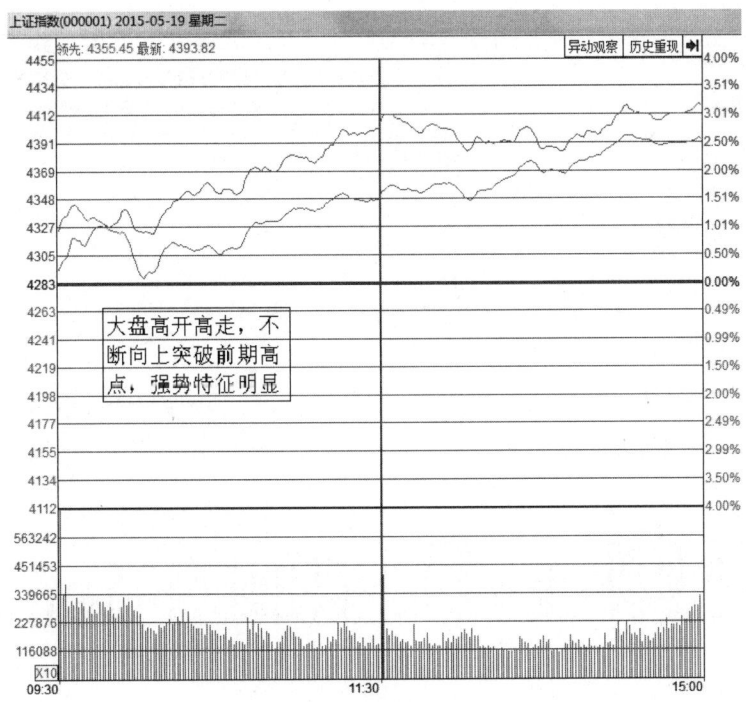

图2-4

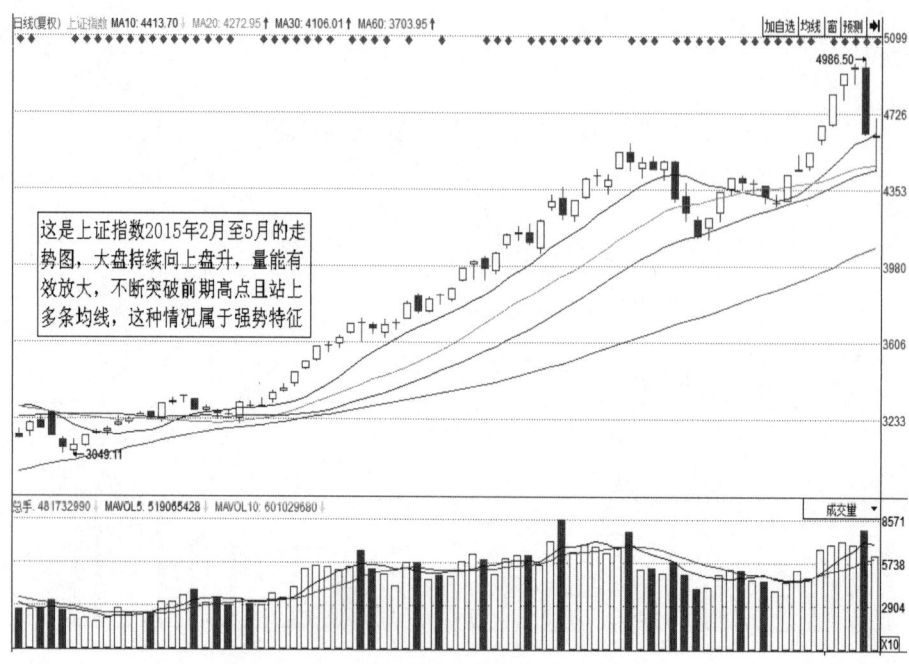

图2-5

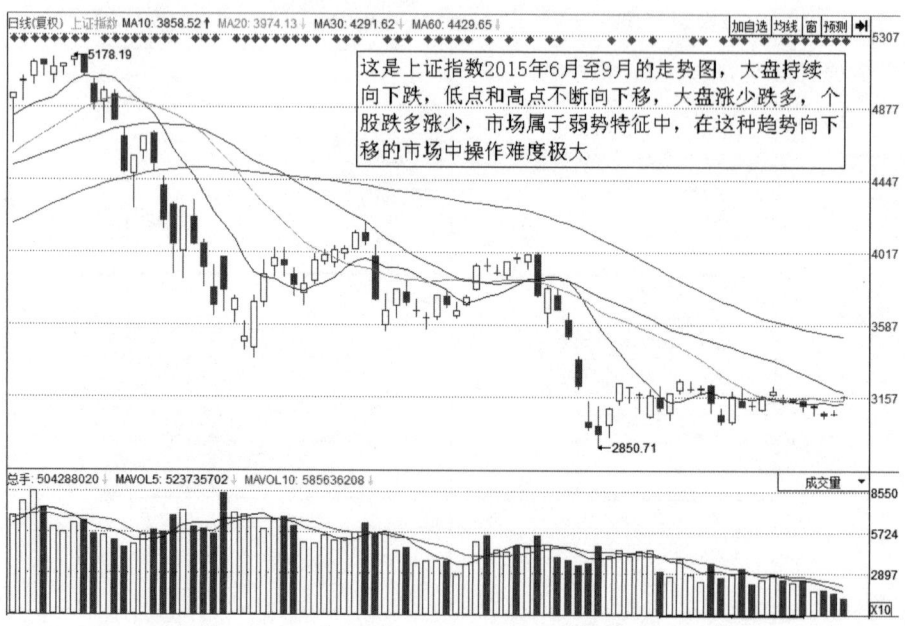

图2-6

第二节 强势行情中的操作技法

在大盘强势上涨的行情中,最值得参与的是强势龙头股。

强势行情中龙头股由于得到大势良好背景的配合,因此涨势更强劲,投资者获利会更加大。

一、强势行情中持股为先

强势行情中,不要因担心股价过高而抛出股票。在操作强势行情的龙头股时,投资者要大胆、果断。当股价强势拉升时,要坚定持有,不要因为股价巨大的上涨幅度而害怕,中途退出,此时需要投资者持股的意志力和买卖操作股票的果断。

在强势行情中捕获龙头股,投资者要转换视角,重点关注龙头股的上涨势头,而不是重点关注股价。龙头股在强势行情中的迹象是先于大盘而动,当大盘在上涨过程中出现调整时,龙头股通常能先于大盘止跌,并率先强势上涨,有时甚至能拉出涨停,如图2-7和图2-8所示。

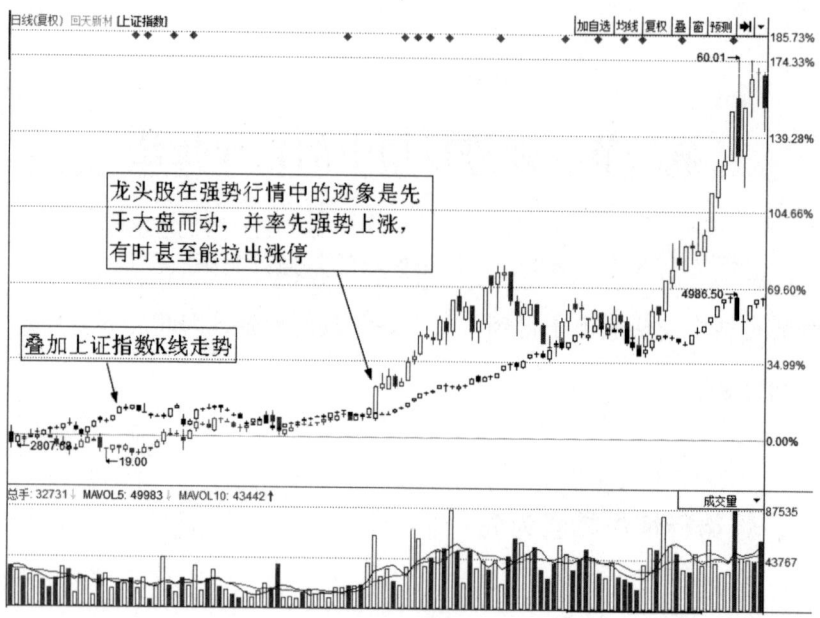

图2-7

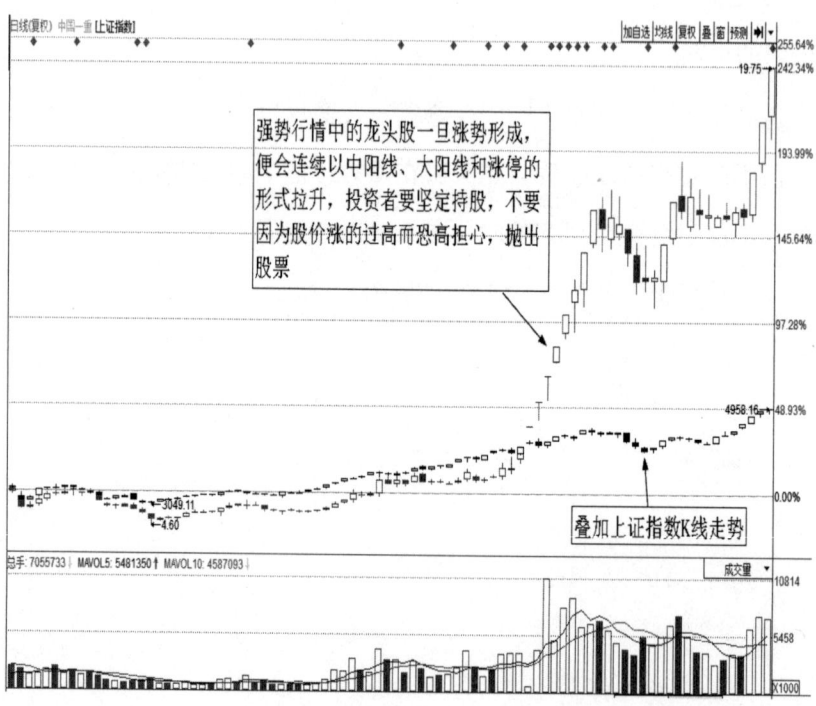

图2-8

二、强势行情中龙头股的涨幅

强势行情中,不仅要对持股时间持乐观态度,不随意抛售股票,同时,对龙头股的涨幅也需有正确的判断。在强势行情中,龙头股的走势具有时间长、涨幅大的特征,这是由整个市场整体走势走好造成的,有的上涨1倍,有的甚至可以上涨数倍。强势行情中,操作龙头股不应对目标价格定位过低,否则可能会中途下马。如图2-9所示。

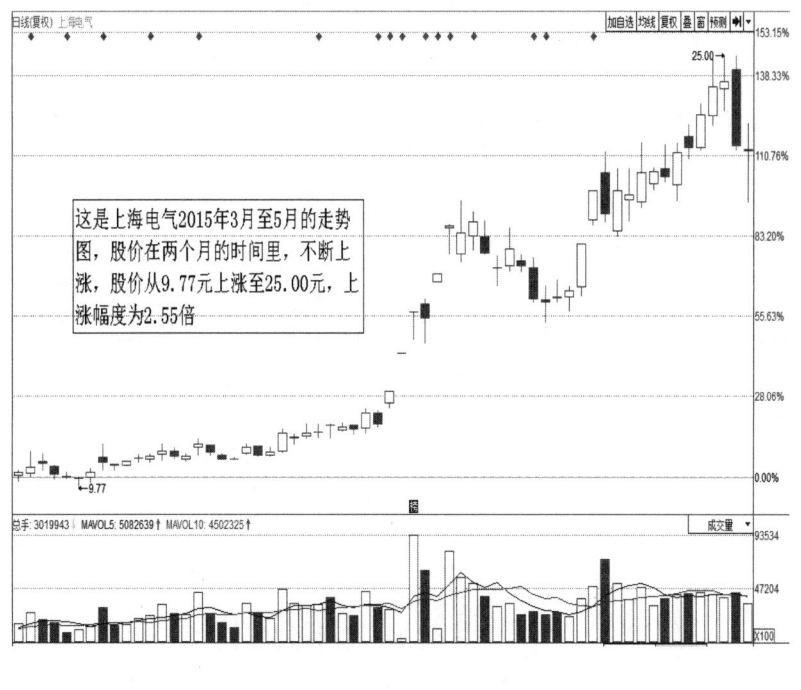

图2-9

三、强势行情中的成交量状态

强势行情中的龙头股在启动前成交量会处于萎缩状态,5日均量线与10日均量线粘合走平。但股价一旦启动,成交量就会放大,而且此后会继续保持较大的成交量，如图2-10所示。

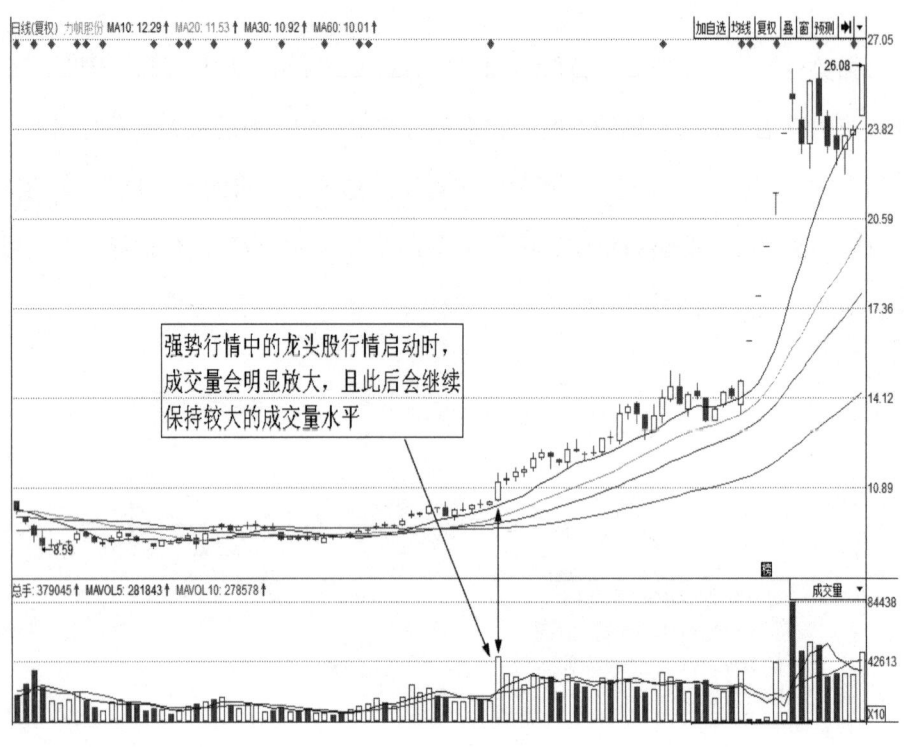

图2-10

第三节　整理行情中的操作技法

在大盘整理调整行情中最值得参与的是局部热点龙头股，投资者要在局部热点板块中搜寻和捕捉。

例如，2015年第一季度，大盘处于整理调整走势时（图2-11），部分龙头股会率先启动行情，拒绝随大盘一起调整，表现出一定的抗跌性，有时甚至能逆势上涨，如图2-12和图2-13所示。

图2-11

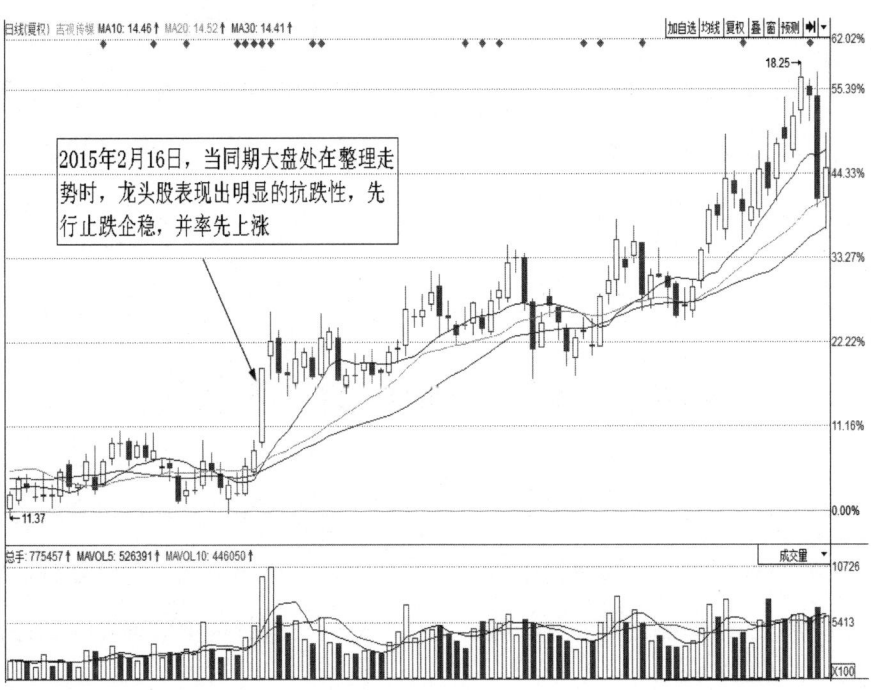

图2-12

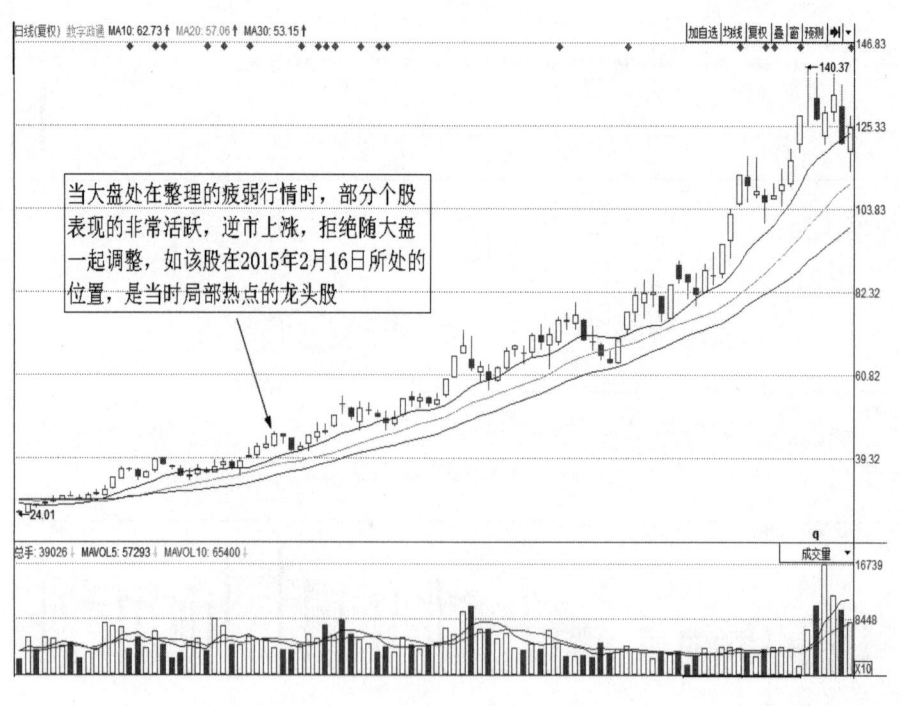

图2-13

当大盘处在整理的疲弱行情中时，部分个股表现得非常活跃，逆势上涨，拒绝随大盘一起调整。如图2-13所示，该股在2015年2月16日所处的位置，当时大盘行情处在整理行情中，该股走势领先大盘，是当时的局部热点上的龙头股，操作中可以介入。

第四节　弱势行情中的操作技法

股市行情大致可以分为强势的上涨行情、横盘震荡的整理行情和弱势的下跌行情，在强势的上涨行情中最值得参与的是强势龙头股，在整理行情中最值得参与的是局部热点的龙头股，而在弱势的下跌行情中值得参与的是什么呢？

就算在熊市中，也总会有一部分个股脱颖而出，这些脱颖而出的股票就是弱势的龙头股。相对来说，在强势行情中捕获龙头股比较容易，只要看准了龙头股，大胆追进，投资者即使短线被套，也能在随后的上涨行情中解套并获利。而在弱势行情中捕获龙头股就要复杂和困难得多，风险也往往更大，带头领涨的龙头股行情也持续时间不长，投资者如果操作不当，有可能追高被套，而且，一旦被套，往往难有解套机会。

在弱势行情中捕获龙头股有以下技巧。

一、优先考虑超跌反弹股

弱势的下跌行情中，值得参与的是超跌反弹股。弱势中大盘连绵阴跌，超跌板块较多，投资者不妨关注前期市场人气较高的板块个股，一旦出现突发性反弹则可以迅速跟进第二龙头股。这样，一则可以避免提前介入遭受套牢的风险，二则可在龙头股给出的反弹信号后轻松在第二龙头股赚取反弹利润。

二、短线为主，不恋战

在弱势行情中，参与超跌反弹行情属于短线投机行为，把握起来难度较大，对投资者操作水平要求较高，通常需要投资者具有优秀的投资心态、敏锐的判断、果断的决策和丰富的短线投机经验。

在弱势下跌过程中，如有形成返身上涨行情，上涨持续时间往往不长，应及时获利出局，高抛落袋了结。

三、严格控制风险

超跌反弹行情在提供盈利机会的同时,也说明了市场还未完全转强,在参与反弹行情时应坚持安全第一、盈利第二的原则,注意控制好仓位。严格设置止损、止盈计划和标准,并动态设置止盈目标,掌握好高抛的机会,一旦出现跌破止损位和破位,要果断止损离场,严格执行止损纪律,安全第一。这样即使遭遇到行情突变,投资者也不会因为手忙脚乱而蒙受不必要的损失。投资者在操作时,不能忽视风险,应适当注意资金的管理与仓位的控制。

下面举几个在弱势的下跌行情中捕获超跌反弹龙头股的例子,如图2-14至图2-18所示。

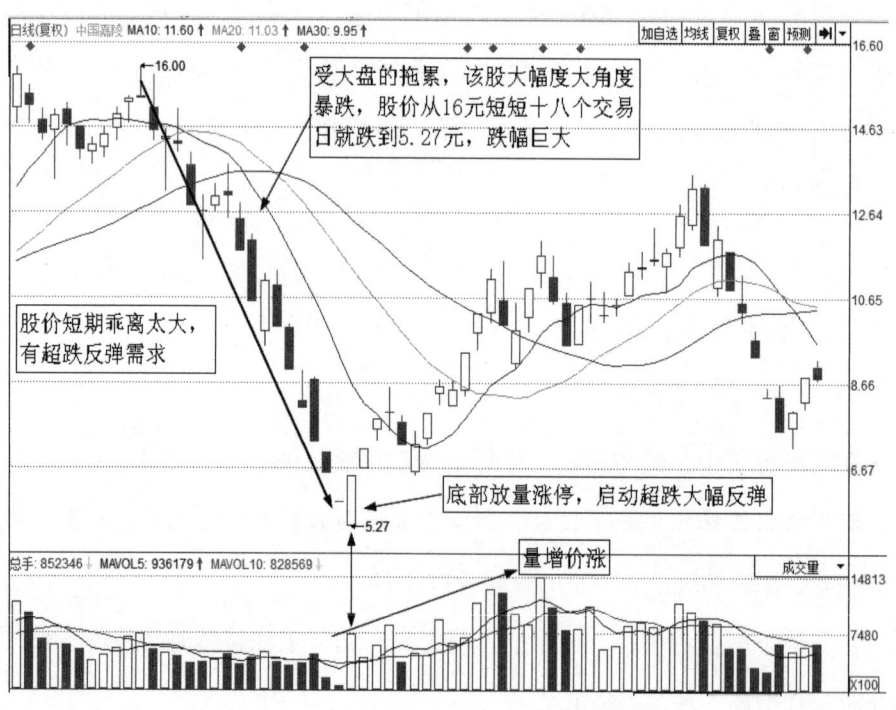

图2-14

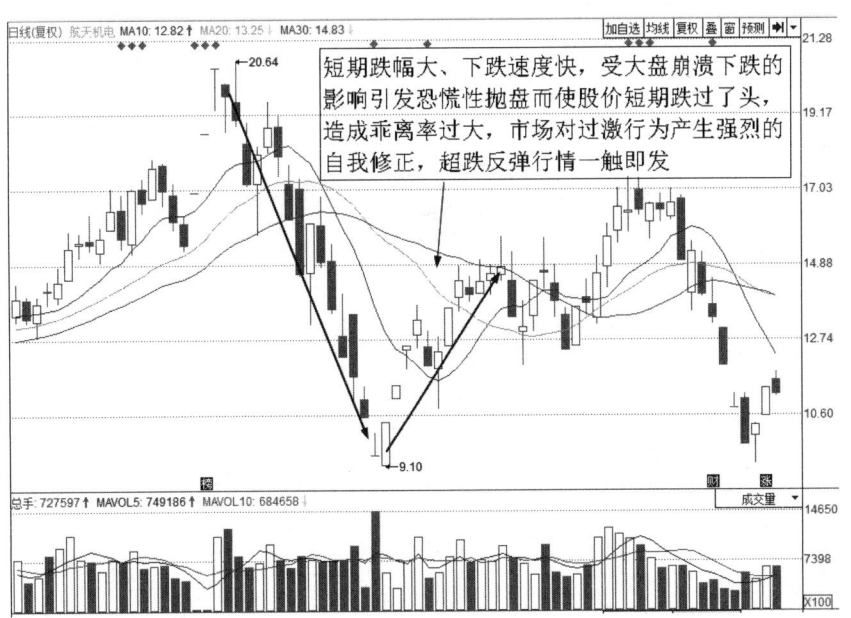

图2-15

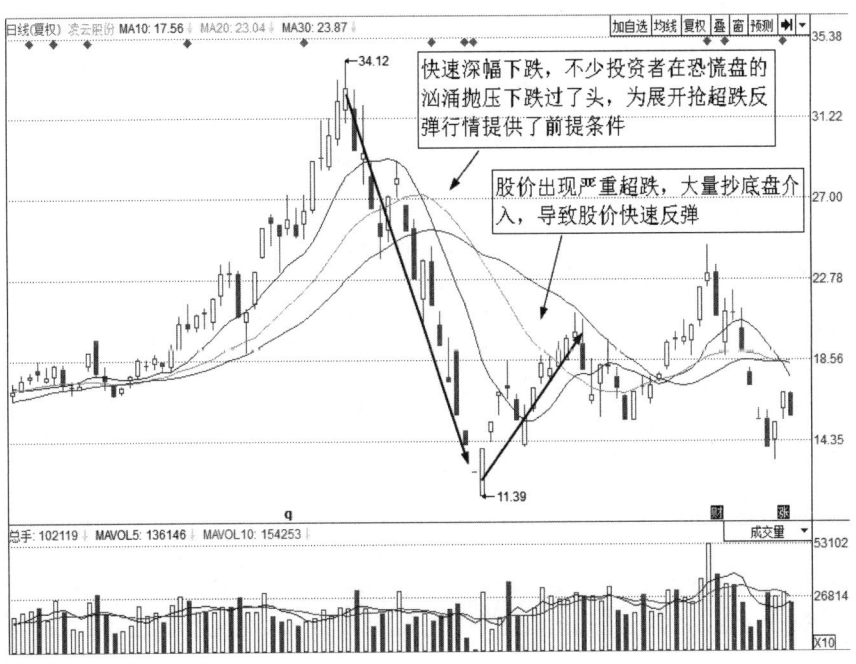

图2-16

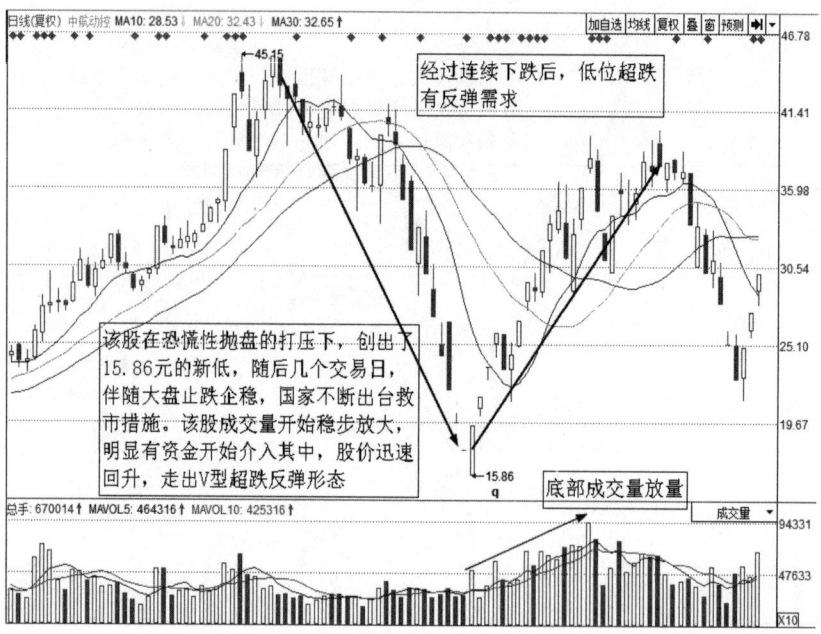

图2-17

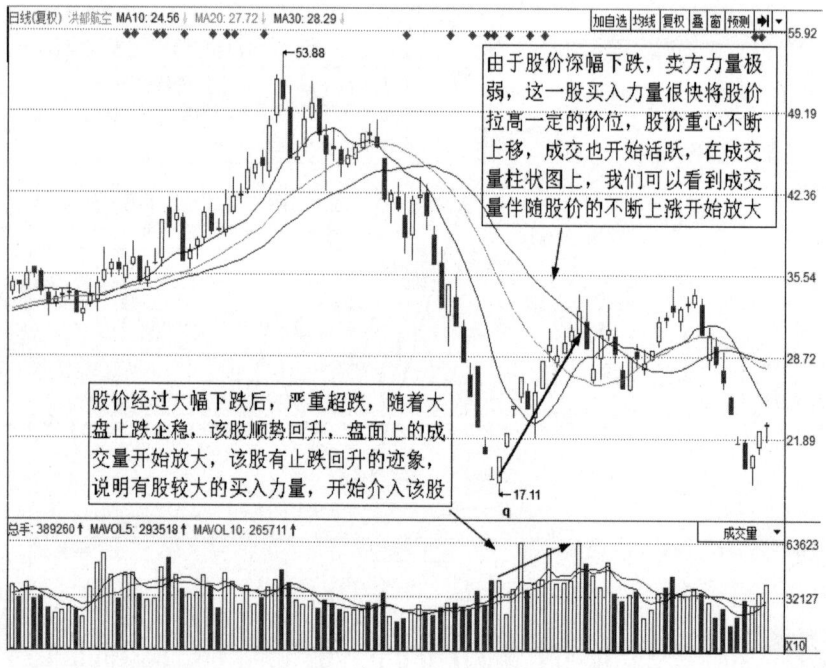

图2-18

第三章

龙头股捕获技法

征战股市，散户股民最大的愿望，是抓住龙头股，实现收益的最大化。但是，面对纷乱的大盘、红红绿绿变化不停的个股，如何抓住龙头股却颇费思量，本章介绍的是捕获龙头股的各种实战技法。

第一节　利用政策利好捕获龙头股

A股具有"政策市"特征，政策对股市的影响直接而又强大。这些政策包括政治政策、经济政策、区域发展政策、行业发展政策、税收政策、资本市场的体制改革政策、信贷政策等。

政府发布一系列针对国民经济发展运行的政策，通常会对某一行业或某一类企业的发展造成决定性的影响，使其股票在股价的运行走势上出现异动，从而出现一些龙头个股。

A股的走势与政策关联太密切了，任何大的政策都会在股市激起浪花。作为炒股者，必须多看时政新闻，这样能让你把握最可靠、最权威的政策动向。炒股要跟党走，紧跟政策的步伐，研究政府出什么政策支持哪些行业或板块，聪明的你才会踏准节奏、未雨绸缪，事先做好捕捉住龙头股的工作。挑选龙头股一定要从政策这一块着手，政策导向上面扶持的行业中，会跑出涨幅大的龙头个股。

例如，"水十条"利好公布，推动污水处理类股票上涨。

2015年4月市场期盼已久的《水污染防治行动计划》（简称"水十条"）终于落地，该计划提出从控制污染物排放、着力节约保护水资源、强化科技支撑等十个方面全力治污。据报道，预计到2030年，全国七大重点流域水质优良比例达到75%以上，利好整个污水处理板块，随着相关配套政策的落地，上市公司业绩增厚，污水处理概念股主题投资有望贯穿之后几年的发展。在"水十条"政策的影响下，污水处理概念股表现突出。

大力开展污水治理、打造美丽中国正成为我国经济转型发展过程中重要一环,"水十条"发布更是充分显现了行业的巨大发展空间。在"水十条"政策的刺激下,污水处理类的龙头股出现较大的涨幅,"水十条"重磅产业政策,将催化近万亿的水治理市场,这无疑对相关产业公司形成重大利好,如图3-1和图3-2所示。

中国股市的典型特征是受到国家政策影响较大、国家政策倾斜支持的行业,容易得到市场的认同,也必然会成为市场上的宠儿,因此,观察政府的政策导向,无疑是发现龙头股的一个好选择。

政策导向十分重要,选择龙头股要重视政策导向对股市的影响,报纸的舆论导向、国家制定的新的方针政策等都是值得关注的。做股票要研究经济政策,比如"一带一路"倡议。在"一带一路"建设中,中国将以资源型产业和劳动密集型产业为重点,在共建国家发展能源在外、资源在外、市场在外"三头在外"的产业,进而带动产品、设备和劳务输出。

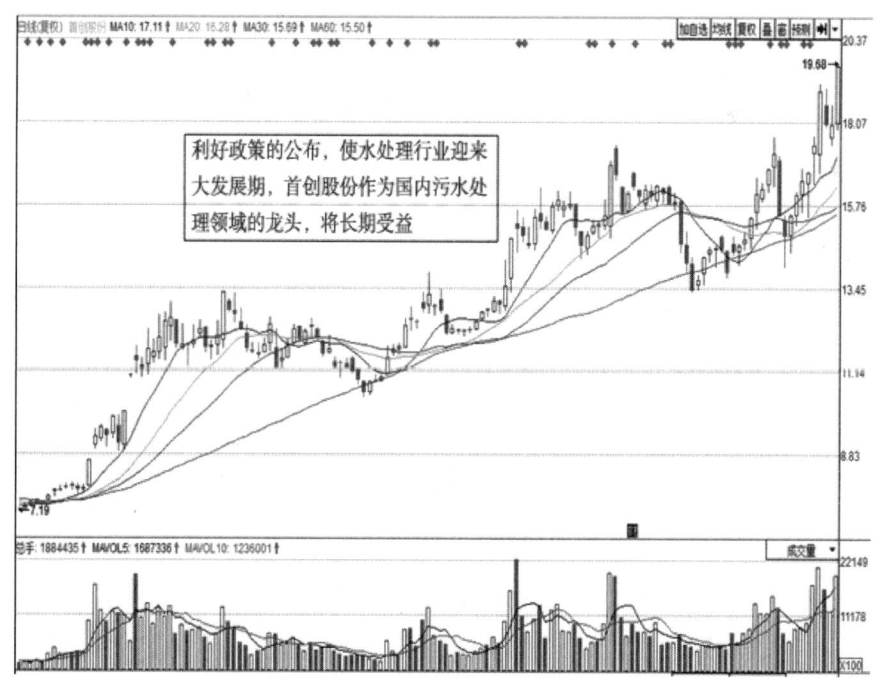

图3-1

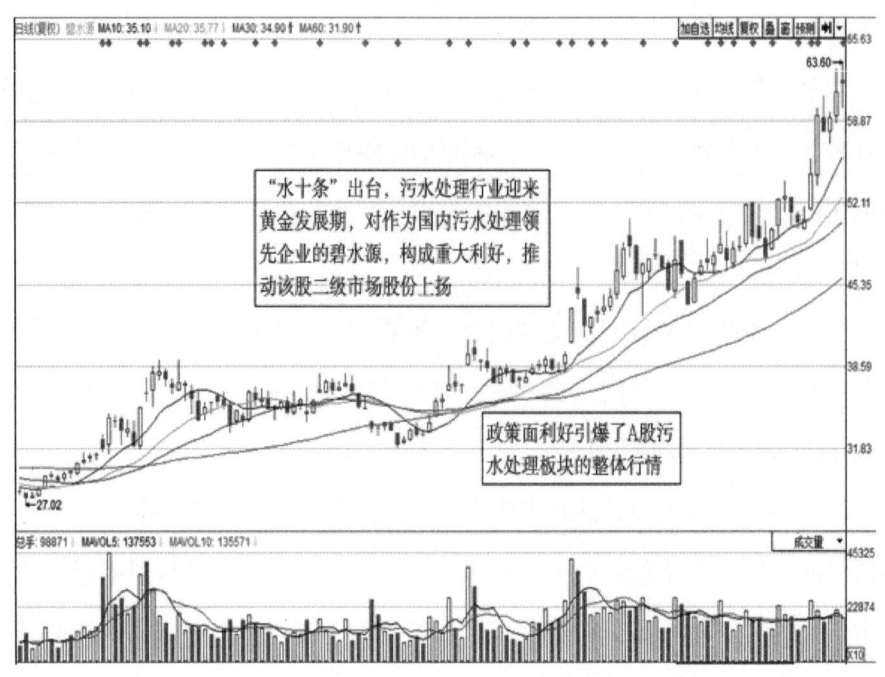

图3-2

"一带一路"倡议是我国的重大倡议,初期大规模基础设施建设,紧接着资源能源开发利用,随后全方位贸易服务往来,带来了多产业链、多行业的投资机会。因此,"一带一路"概念板块将持续成为市场热点。政策推动使该板块龙头股表现抢眼,例如,机械出口类企业龙头股中国重工(图3-3)和国际工程承包类企业龙头股中国建筑(601668)(图3-4)。

国家宏观调控政策在很大程度上左右了股市的运行。国家政策支持的行业、板块和扶持的地区等,很容易被主力大资金看中,涉及这些因素的上市公司,很容易产生大行情。不被国家政策所扶持的行业及地区的上市公司,在二级市场上的股价表现,远逊色于受政策支持的上市公司的股价表现。

国家政策可以对股市涨跌产生巨大的影响。历史上多次重大行情都是在政策推动下产生的,龙头股和板块的战机也蕴含在新政策之中,从政策层面寻找龙头股也是我国证券市场中比较独特的思路。

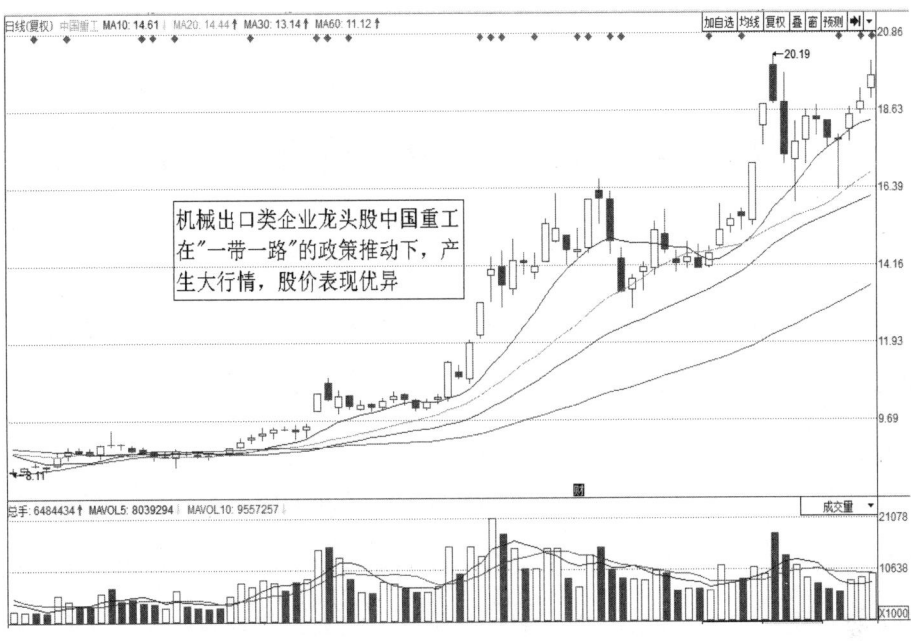

图3-3

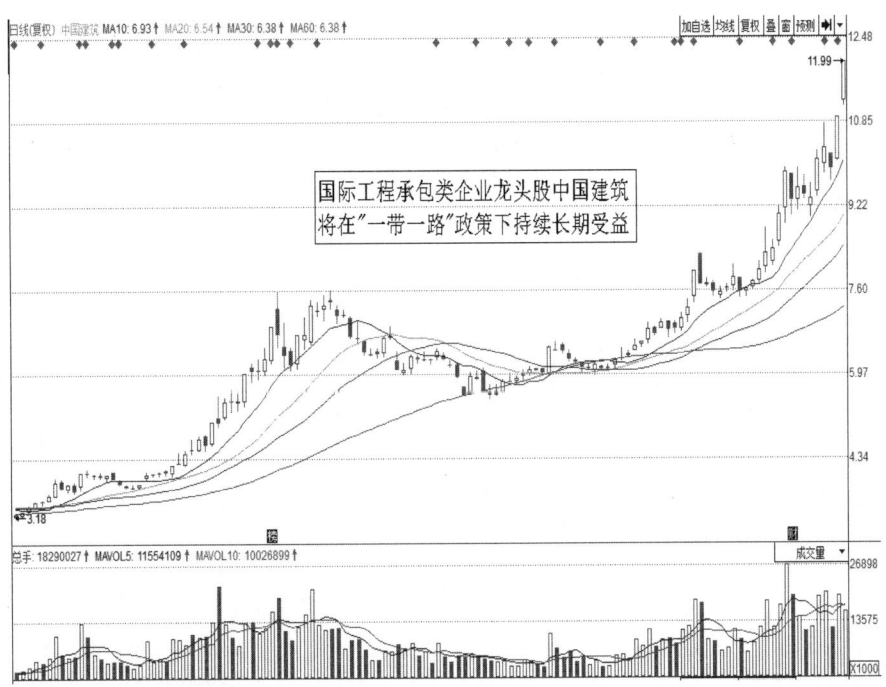

图3-4

第二节　利用技术分析捕获龙头股

技术分析是一种被动跟随的分析工具，它的优点是省心省力，只须看着信号去做，心无旁念，操作性强，可避免人为主观情绪的影响和干扰。所以西方一度流行把这种纯技术分析，借助电脑程序编成量化自动交易系统，让机器自动执行。

技术分析作为股票分析中的一种辅助方法，在把握龙头品种时也发挥着它特有的作用。通过以前的龙头品种，我们发现龙头股有一些技术共性：先于大盘止跌，或强于同期大盘走势，量价配合完美，部分品种有均线粘合发散迹象或空中加油形态，多指标信号出现完美共振等，如图3-5、图3-6和图3-7所示。

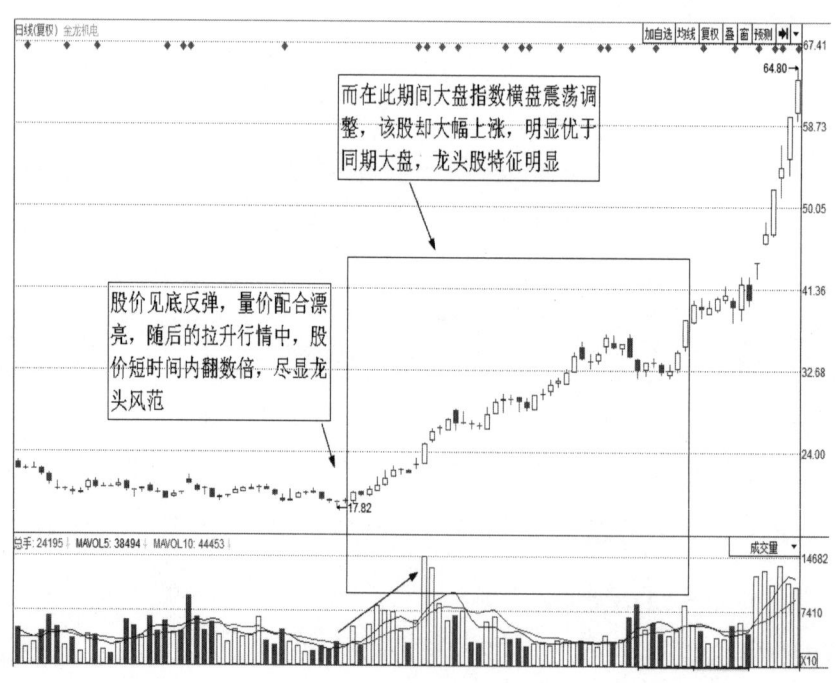

图3-5

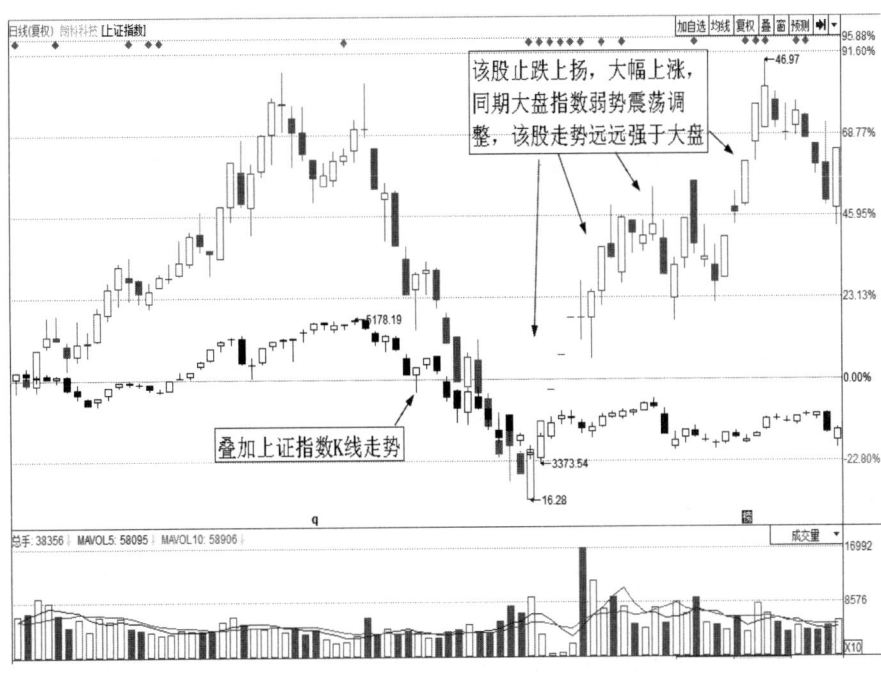

图3-6

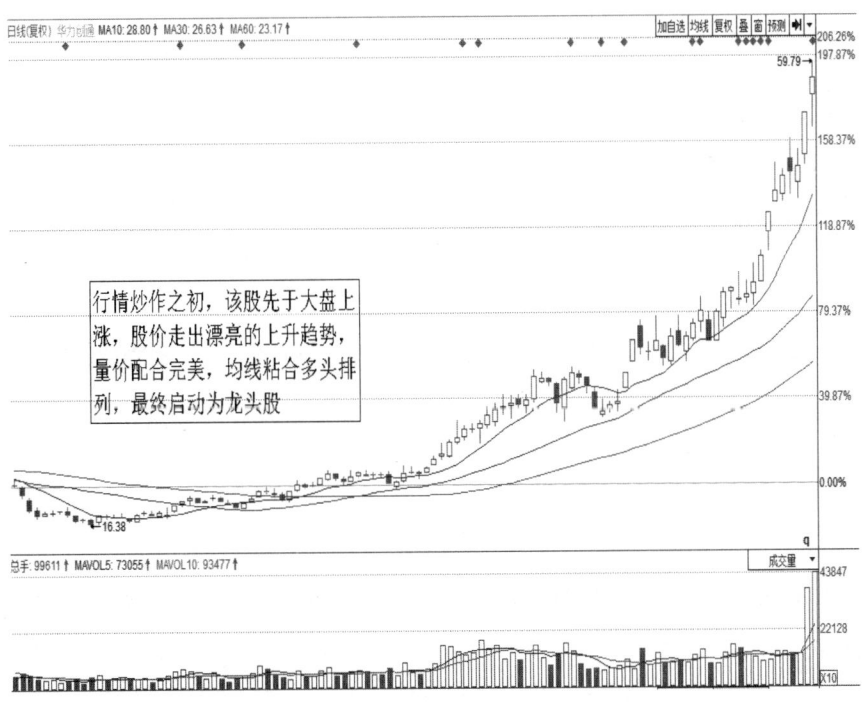

图3-7

捕捉龙头股时，常用的技术分析手法有以下几种。

一、利用成交量捕捉龙头股

相对长线龙头股来说，中短线龙头股的成交是相当频繁的，换手率是非常可观的，其在上涨的过程中，主动吸收了套牢盘、获利盘，拉高吸货，市场中抛出多少筹码，就吃掉多少筹码。随着市场参与者的不断获利，抛盘是一直持续存在的，所以造成了龙头股在上涨过程中，成交量会放大。今天的买盘，会变成未来潜在的卖盘，股价上涨得越快，卖盘兑现的时间也会越短，表现就是持续活跃的成交量。

而对于长线龙头股来说，成交量会相对小很多。因为运行周期长，所以筹码并不急于快速涌出。这种长线龙头股往往基本面优良，并极具成长性。而中短线龙头股成交量的活跃，则往往是受到突发的利好消息或者潜在的利好刺激。

我们在交易中要密切注意成交量，这不但有助于我们筛选到龙头股，而且也为我们之后的加码和持仓提供了重要的依据。

一般来说，中短线龙头股对应的成交量是最大的，长线龙头股对应的成交量则会小一些。流通盘越大，换手率会越小。

在成交量中，最重要的就是成交量的持续性和稳定性。伴随着股价的上涨，所对应的量能变大，而有的时候成交量会先急剧放大而后又迅速萎缩到平常的量能水平，这样的量能变化通常会导致行情的结束，当遇到这种情况时，投资者应先离场，再找机会进场。

下面我们来看一些实例，以便更直观地理解以上文字，如图3-8至图3-15所示。

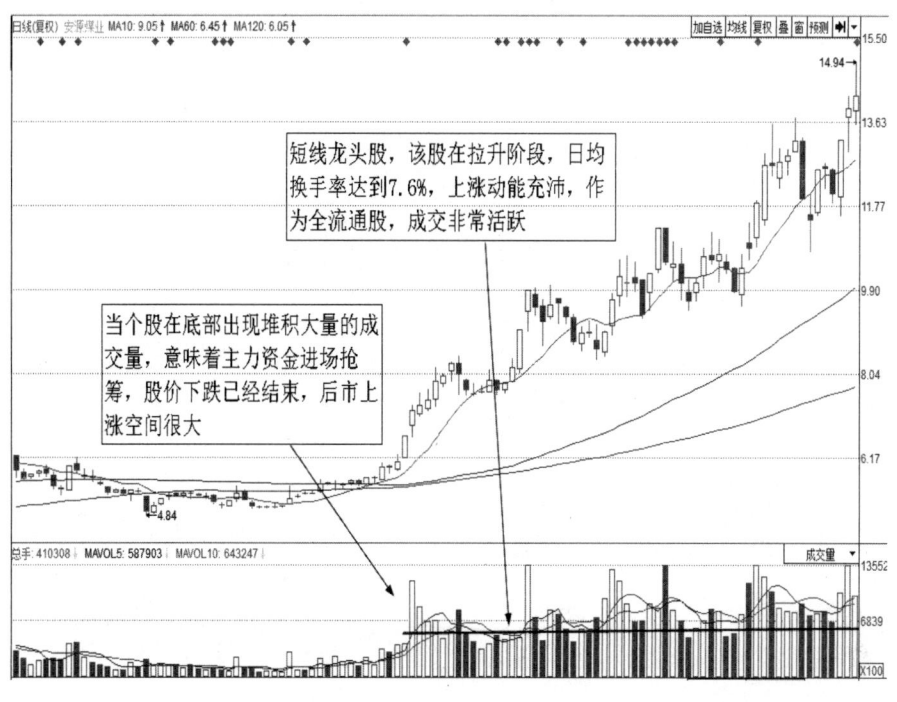

图3-8

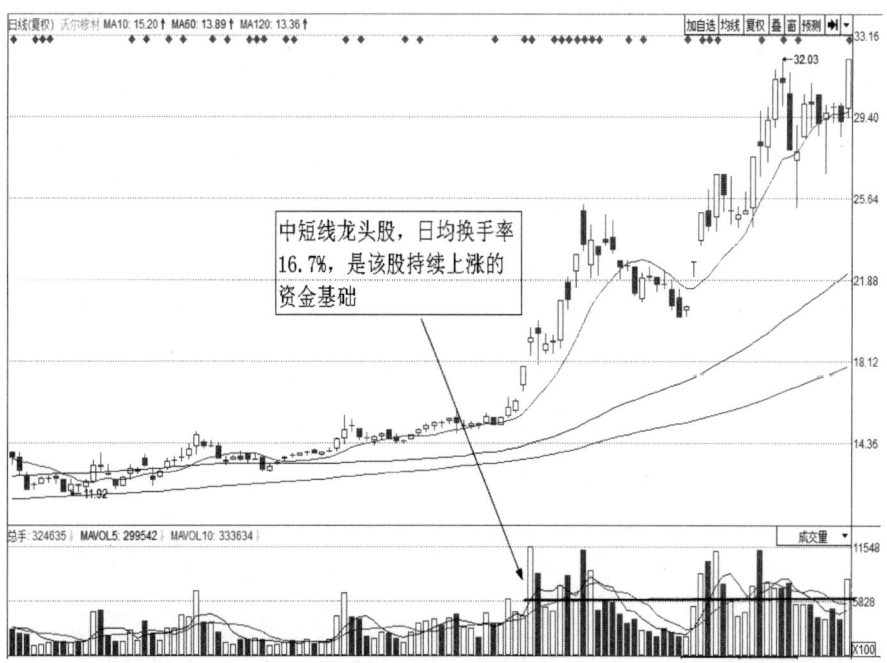

图3-9

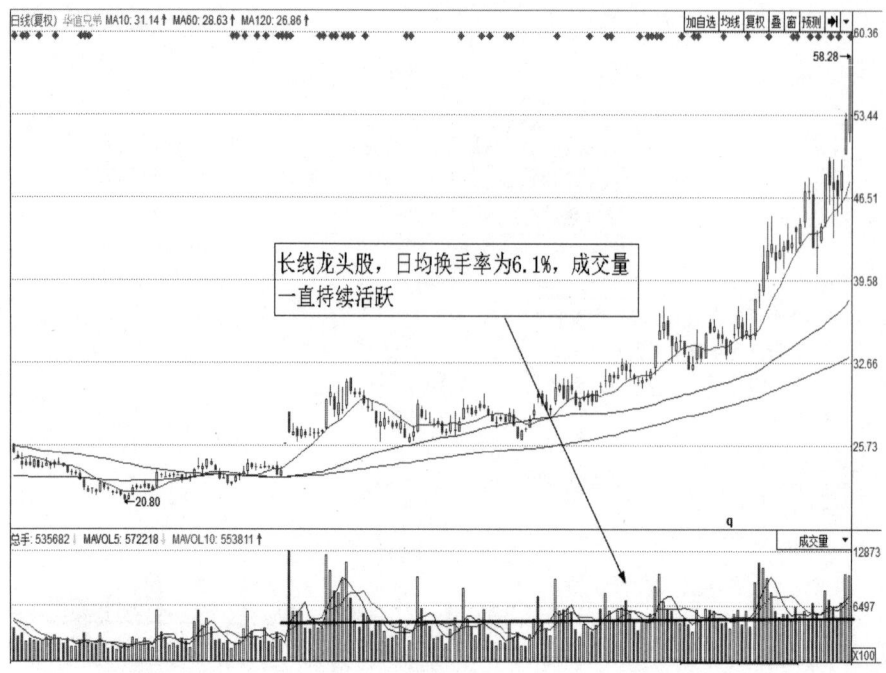

图3-10

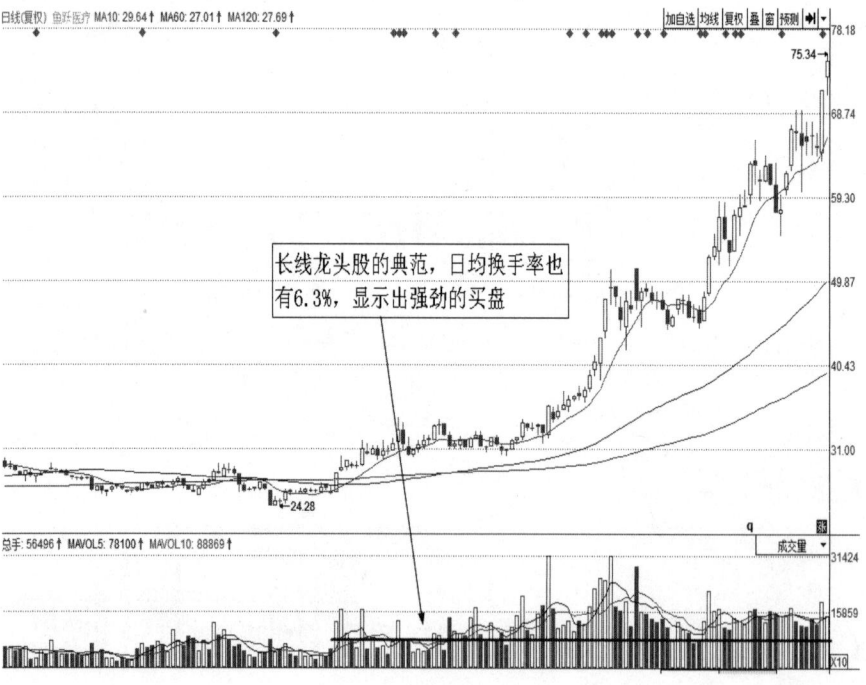

图3-11

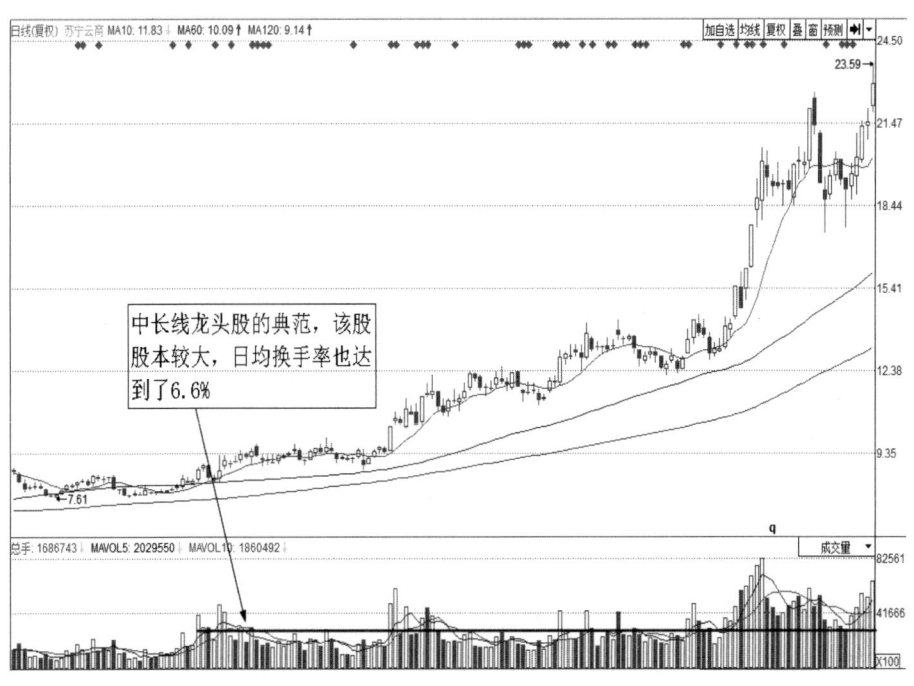

图3-12

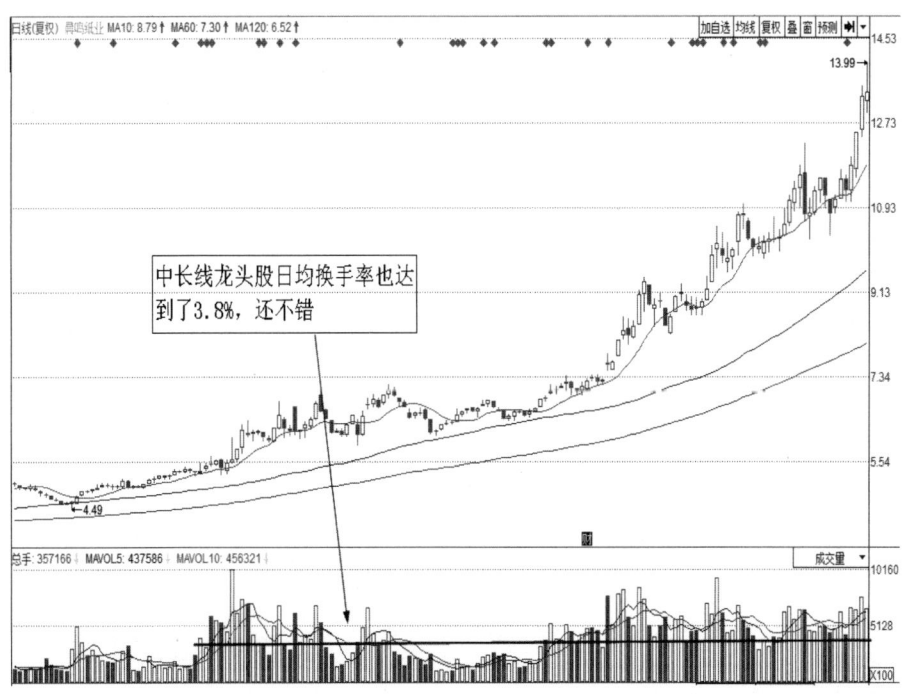

图3-13

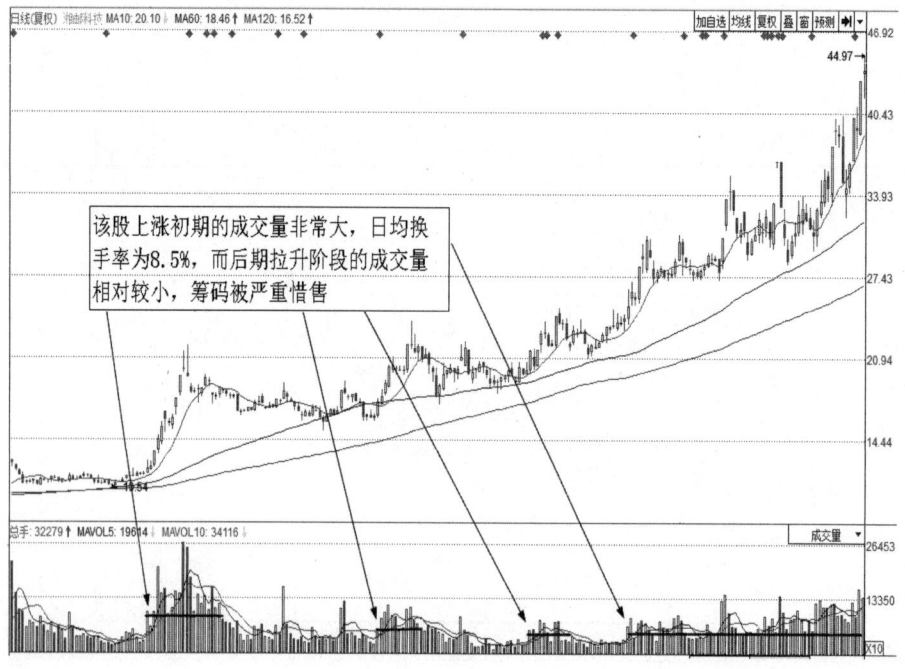

图3-14

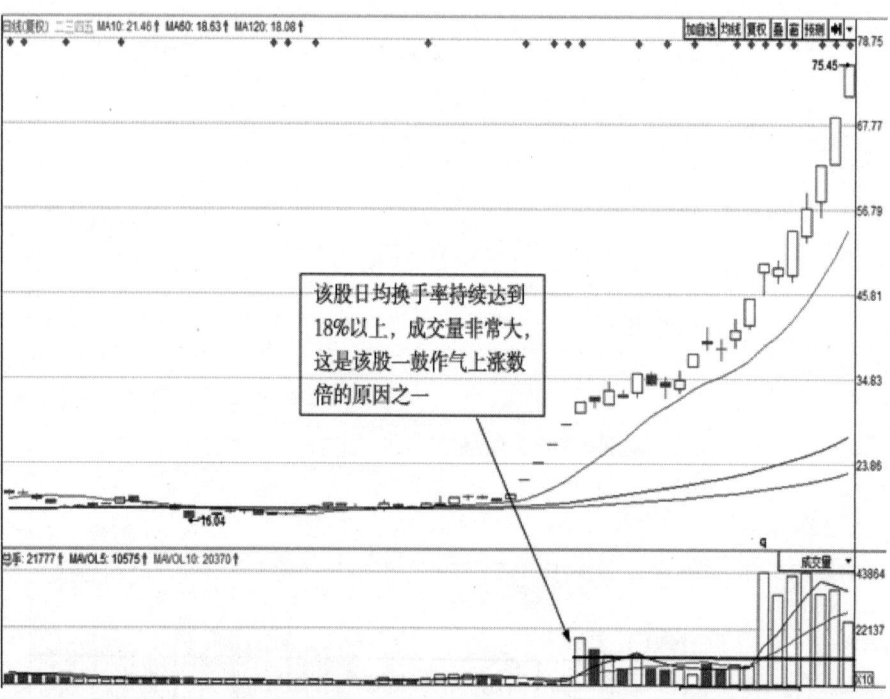

图3-15

二、四线多头排列捕捉龙头股

均线是技术分析中最简单易上手的分析工具，是新股民学习技术分析之初很好的突破口。股价在中低位震荡的时候，均线逐渐靠拢，甚至粘合在一起，这说明不同时期的股民持股成本开始接近，有利于主力拉升。当10日、20日、30日和60日四根主要均线呈多头排列，宣告主力开始发动攻势，投资者正好趁机买进。具体操作方法如图3-16、图3-17和图3-18所示。

买10日、20日、30日和60日均线呈多头排列的股票，操作这样的上升趋势个股十分简单，令人神清气爽，感到愉快。下面再列几个回踩30日均线买入技法，见图3-19和图3-20。

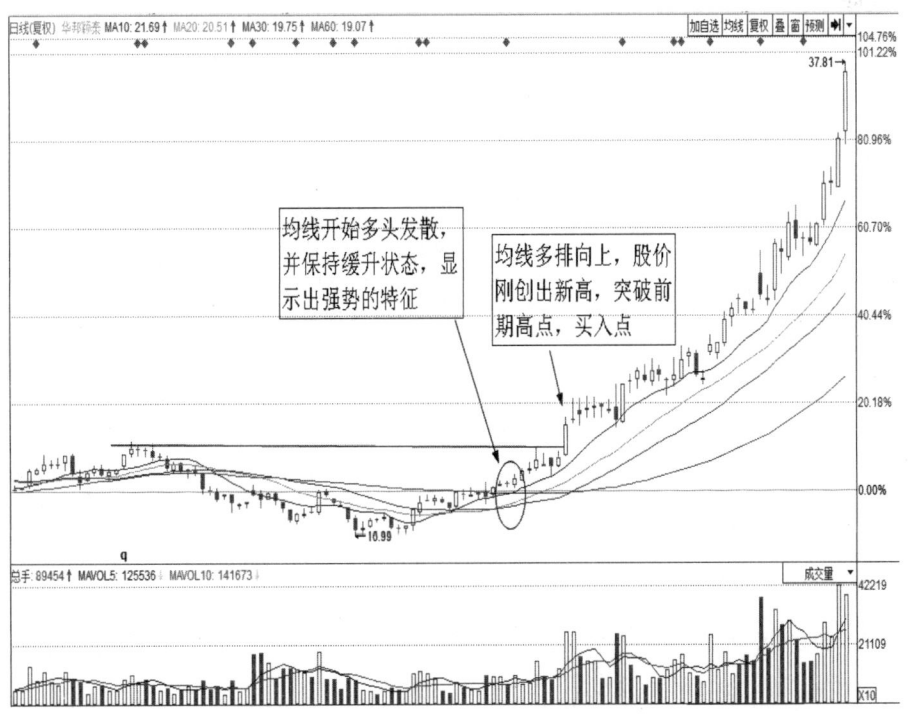

图3-16

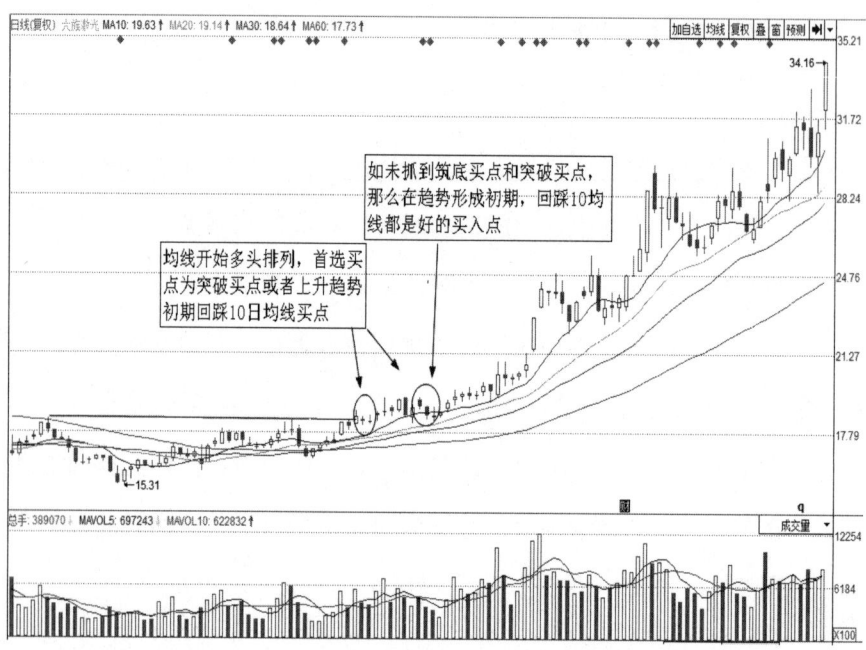

图3-17

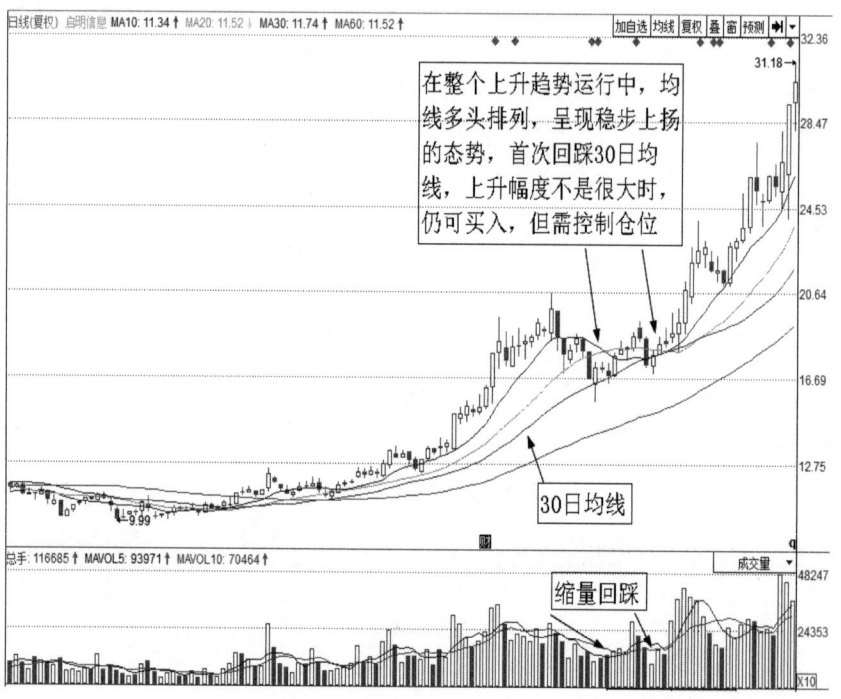

图3-18

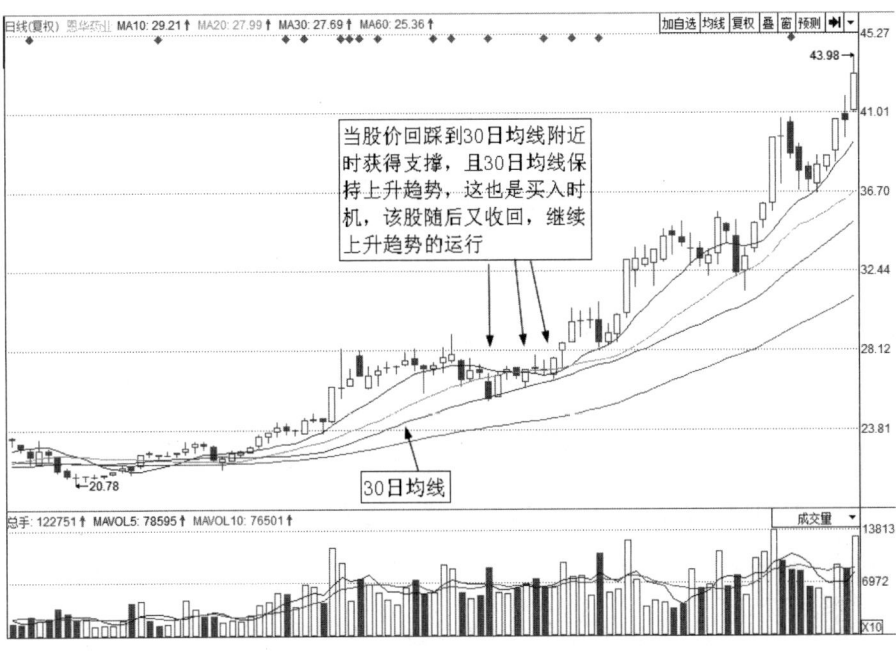

图3-19

图3-20

三、三线金叉穿越捕捉龙头股

三根均线：5日、10日、60日。

5日均线和10日均线组成短线系统，60日均线看中长线趋势。

5日、10日均线代表了股价的短期趋势。60日均线代表中长线的趋势，该条均线变化缓慢，单独使用时很难敏锐地捕捉准确的买点和卖点。三根均线结合起来能更好地捕获龙头股。

实战要点：

（1）5日均线作为一周价格平均线，能灵敏地反映股价的短期波动趋势，适合短线操作。

（2）10日均线作为两周的价格平均线，能较灵敏地反映中短线股价的波动趋势，适合中短线操作。

（3）60日均线作为一个季度的价格平均线，能稳定地反映股价长线波动趋势，适合长线操作。

为了兼顾5日、10日均线的灵敏性和60日均线的稳定性，将它们结合成短、长结合的均线系统。

当5日、10日均线的方向向上金叉时，如果此时60日均线在该金叉之下，这样对股价有助涨作用。

当5日、10日均线发生死叉，如果此时60日均线在该死叉之上，这样对股价有助跌作用。

最好能每一个5日、10日均线的金叉都能比前面一个的位置抬高，那上涨行情还将持续，这样股价才能保持良好的上升趋势。

案例分析如图3-21至图3-26所示。

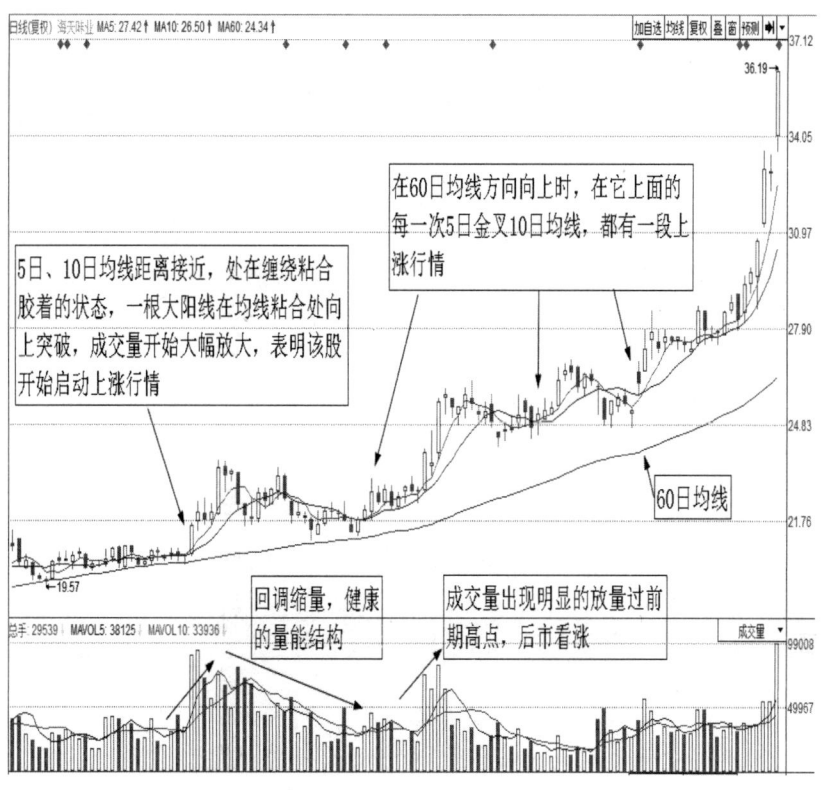

图3-21

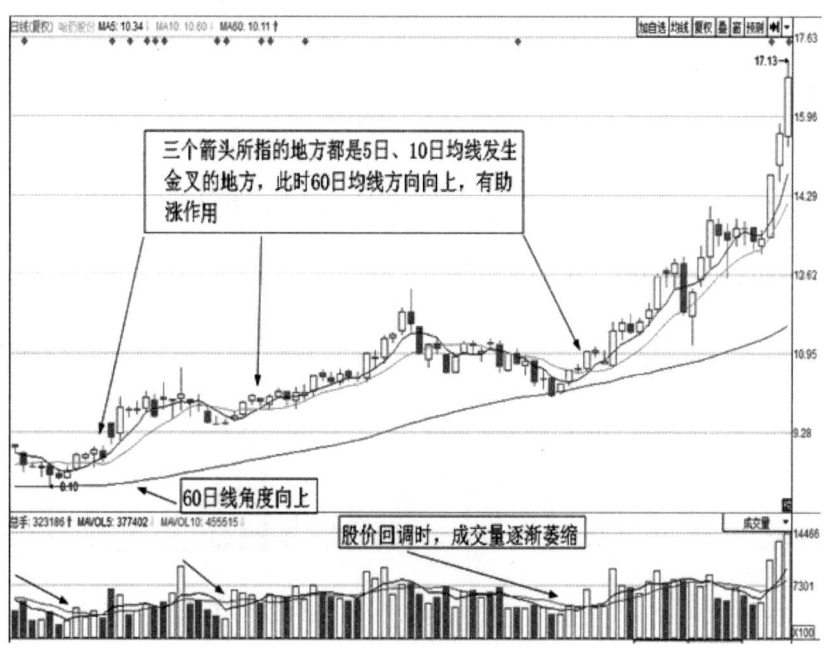

图3-22

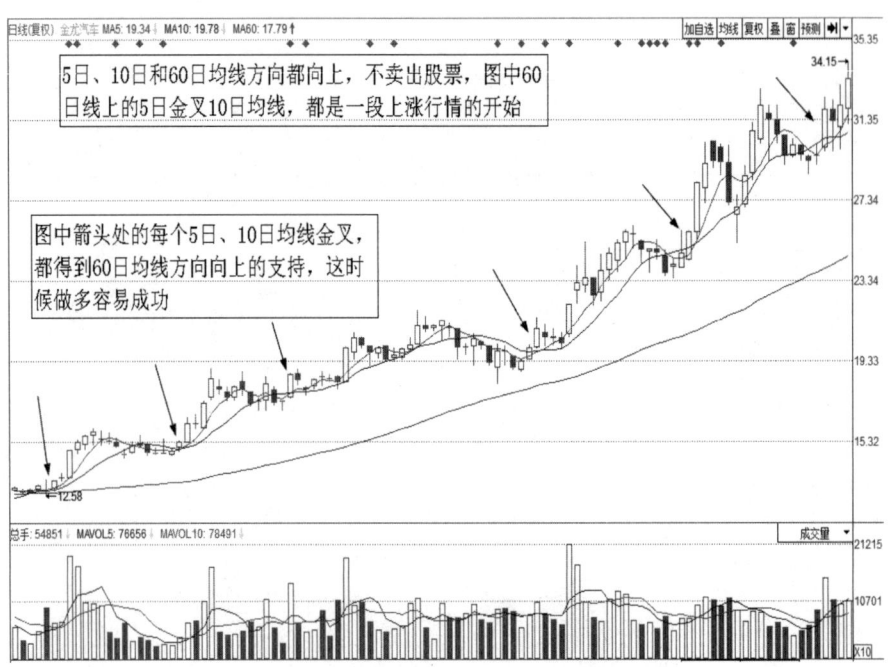

图3-23

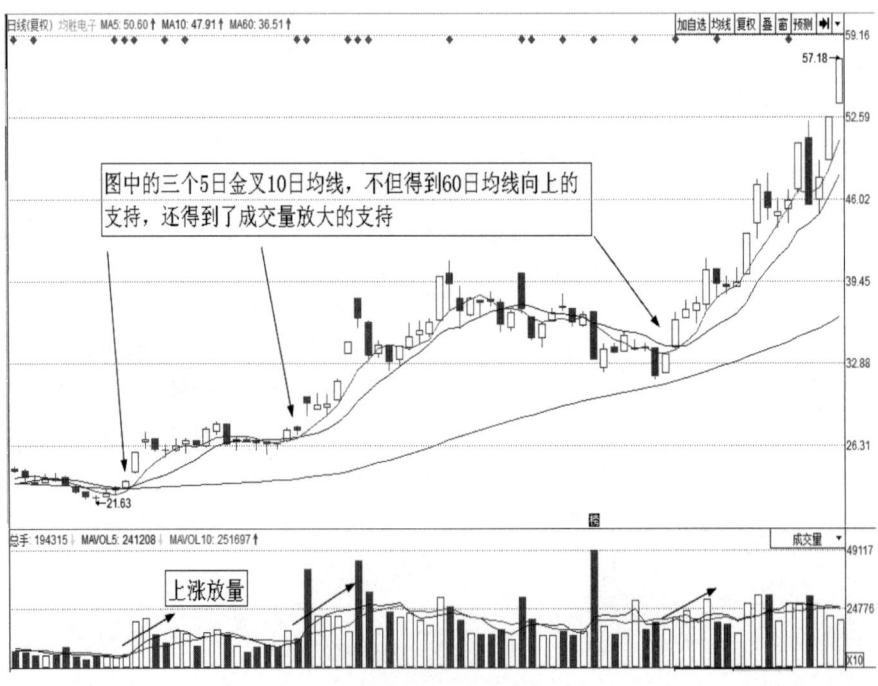

图3-24

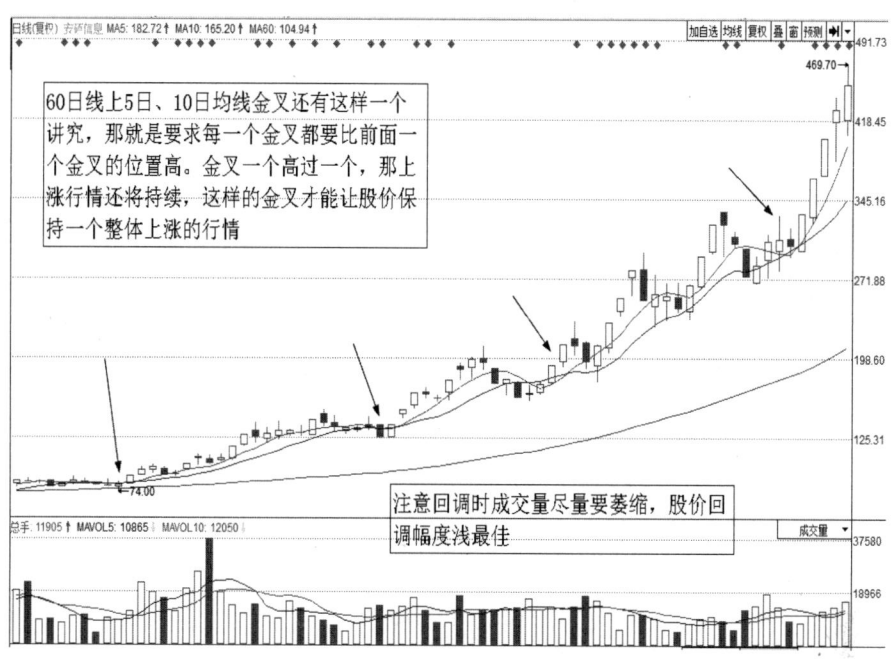

图3-25

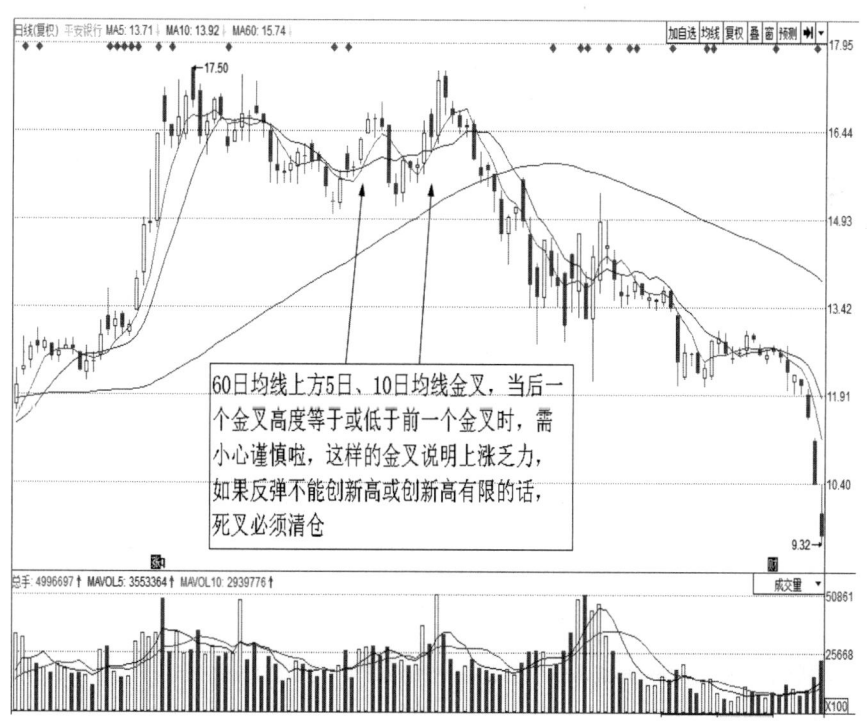

图3-26

当60日均线方向向下，5日、10日均线的方向死叉向下，则助跌，如图3-27和图3-28所示。

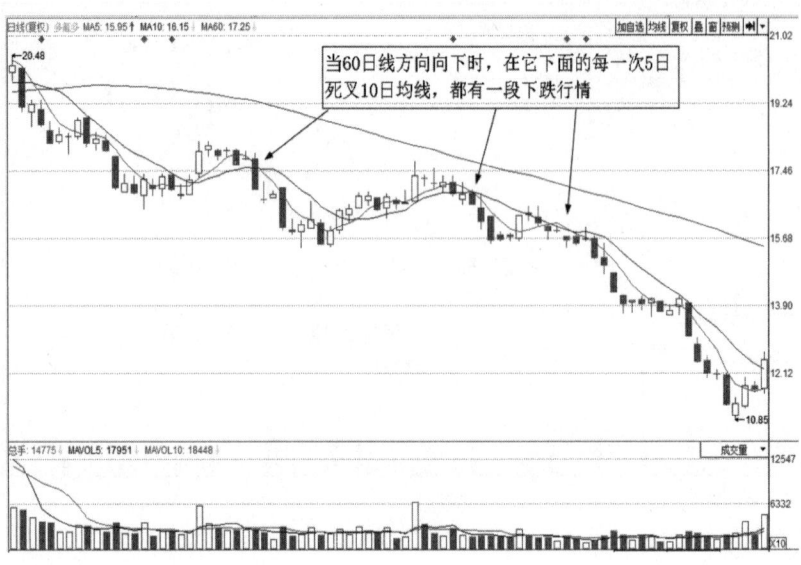

图3-27

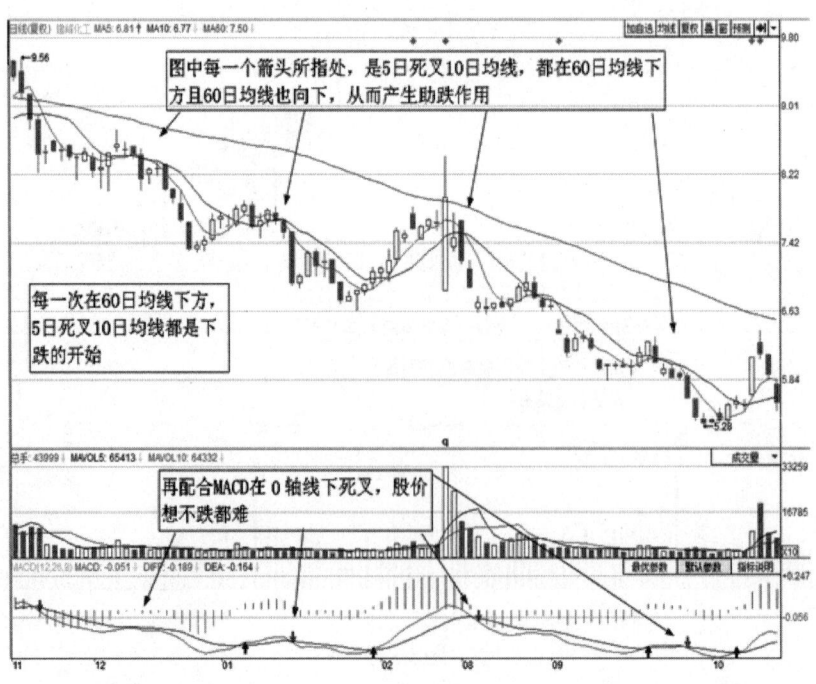

图3-28

四、三重金叉共振捕捉龙头股

三重金叉共振，即三根均线配合均量线、MACD金叉共振法。均线、均量线、MACD同时金叉，在低位一旦出现这种情况，则意味着一段上涨趋势将要开始。在上涨途中出现，则是中继上涨信号，如图3-29所示。

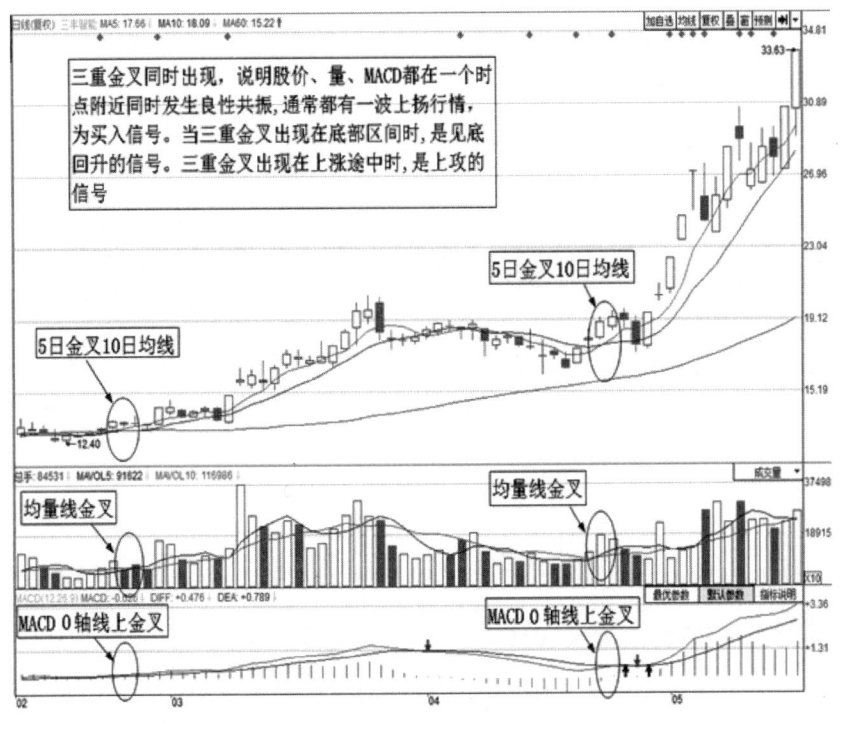

图3-29

如图3-30所示，美晨科技（300237）的股价在低位缓慢上升。同时，出现5日均线金叉10日均价线，5日均量线金叉10日均量线和MACD的金叉点，这是股价见底回升的信号。上涨途中出现第二个三重金叉是中继上涨信号。

下面我们介绍均线配合均量线、MACD死叉共振卖出法。

均线、均量线、MACD同时死叉，至少意味着一段下跌将要开始，短线可先卖出。

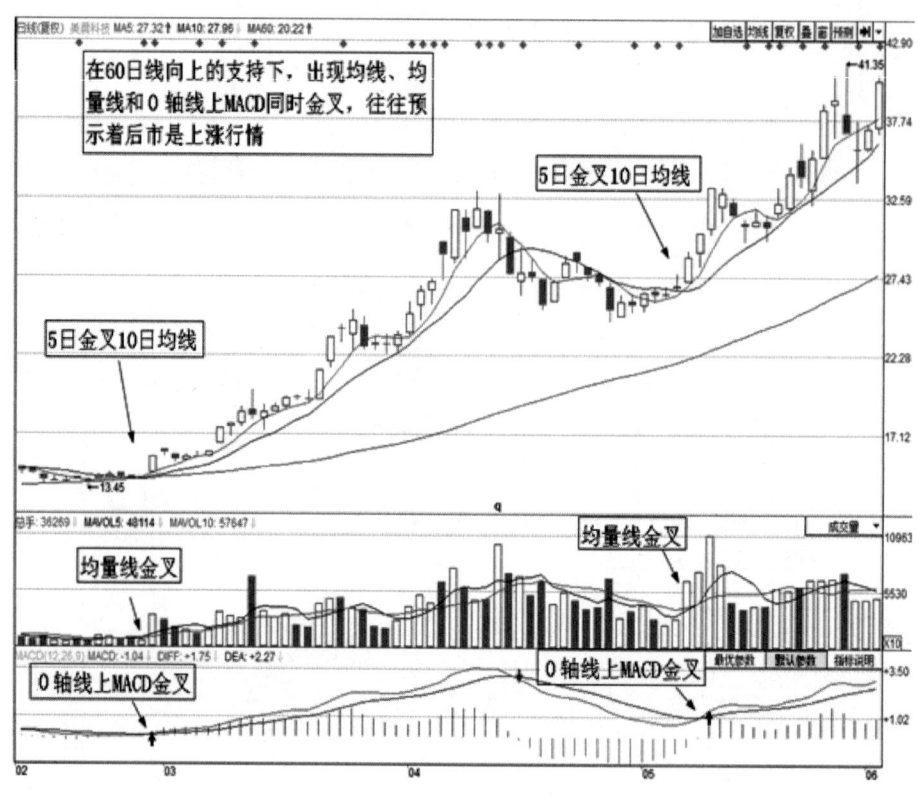

图3-30

如图3-31所示,哈药股份(600664)股价在长期上涨后开始缓慢下跌,几乎同时出现5日均线死叉10日均线、5日均量线死叉10日均量线和MACD死叉,这是股价卖出的信号。刚开始的价格回落可能是缓慢的,但这种走势可能会造成股价加速下跌。随着股价的下跌,顶部买入的人已有亏损,这种亏损效应传播后会带动更多人卖出该股,于是股价再度下跌。

如图3-32所示,彩虹股份(600707)同时出现5日均线死叉10日均价线、5日均量线死叉10日均量线和MACD的死叉点,这意味着后市不妙,此时投资者应坚决卖出股票。

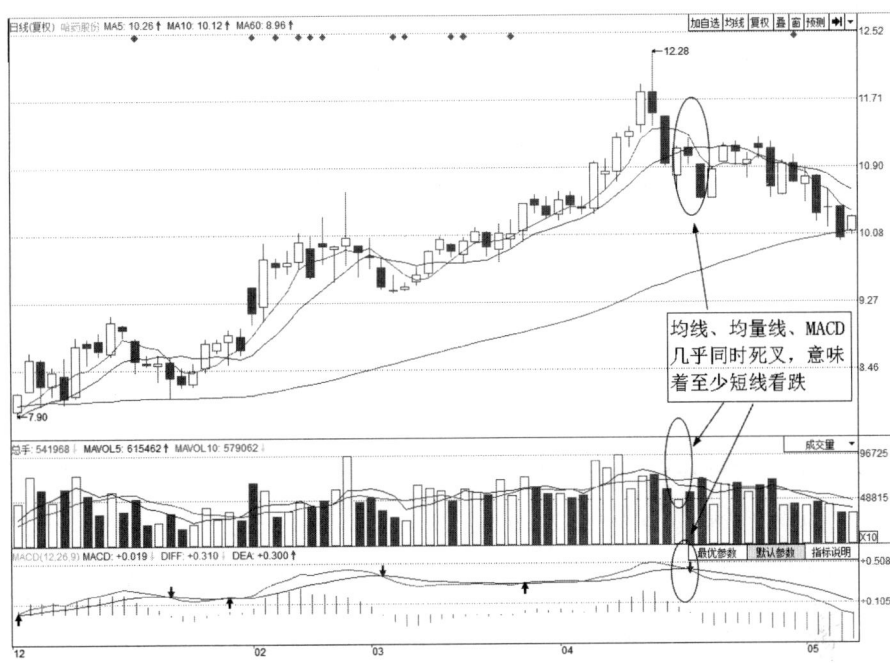

图3-31

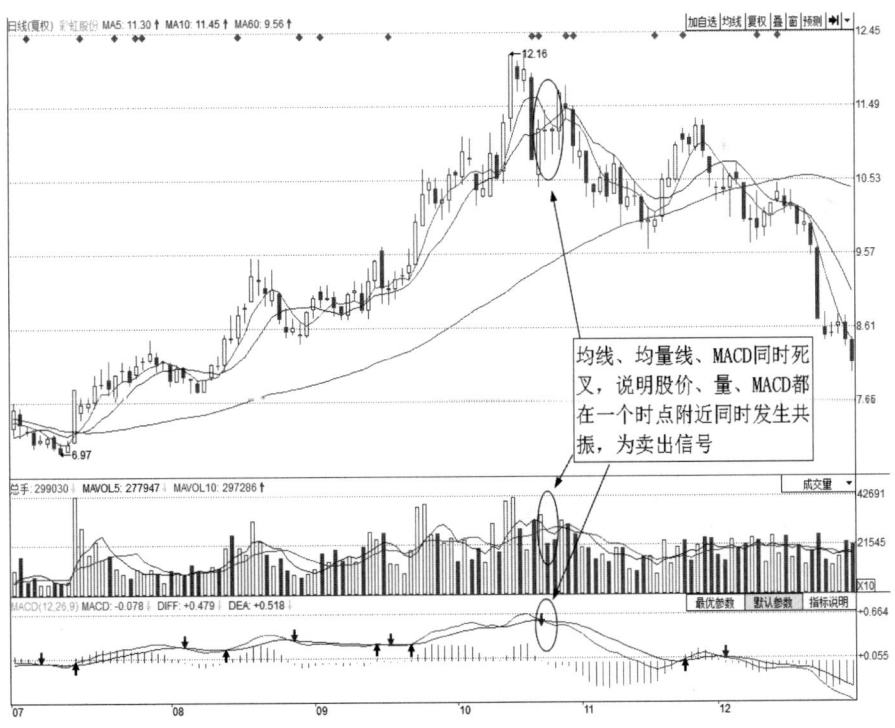

图3-32

五、双底形态捕捉龙头股

双底，因它形状像英文字母W，故又称W底和双重底。双底多数发生在股价波段跌势的末期，很少出现在下跌行情的中途。突破颈线之后常常有回踩，在颈线附近自然止跌回升，从而确认往上突破有效。

右底一般比左底低点高。右底高于左底可靠性更高，但也有可能第二个低点比第一个低点更低。因为对主力而言，探底必须要彻底，必须要跌到令多头害怕，不敢持股，这样才能达到低位建仓的目的，但无论如何，两个低点之间的理论差距不应太大。

判断双底是否形成，不仅要从结构走势判断，分析成交量也非常关键。通常右底构筑阶段的成交量高于左底水平，这表明回升动力在逐渐增强。尤其是从右底上升过程中，通常需要成交量放大的配合，才可以突破颈线。如果右底缩量，双底是难以成立的，容易变W底为M头。具体如图3-33、图3-34和图3-35所示。

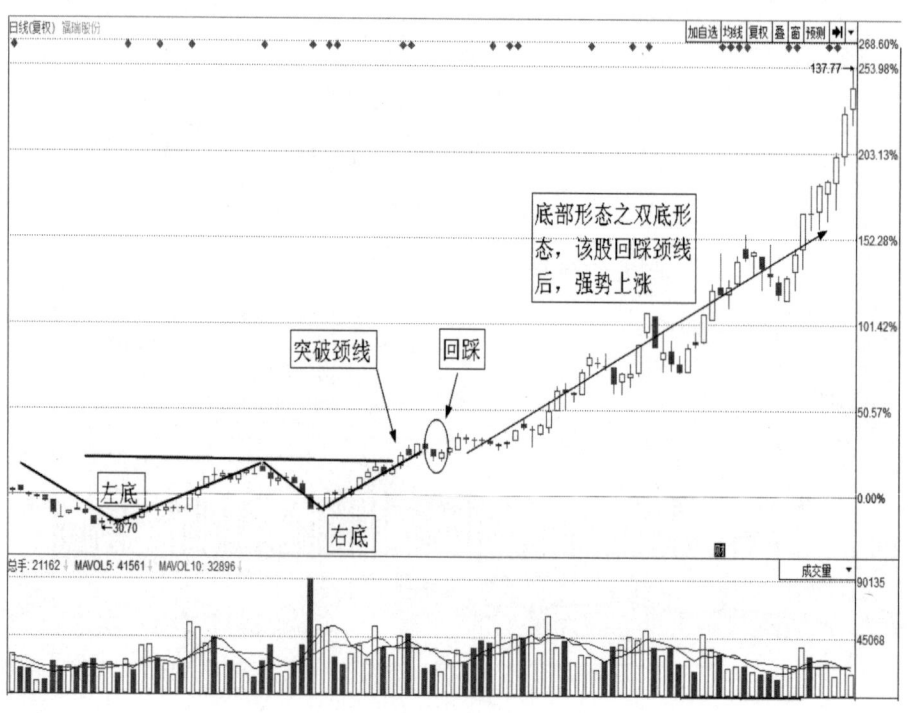

图3-33

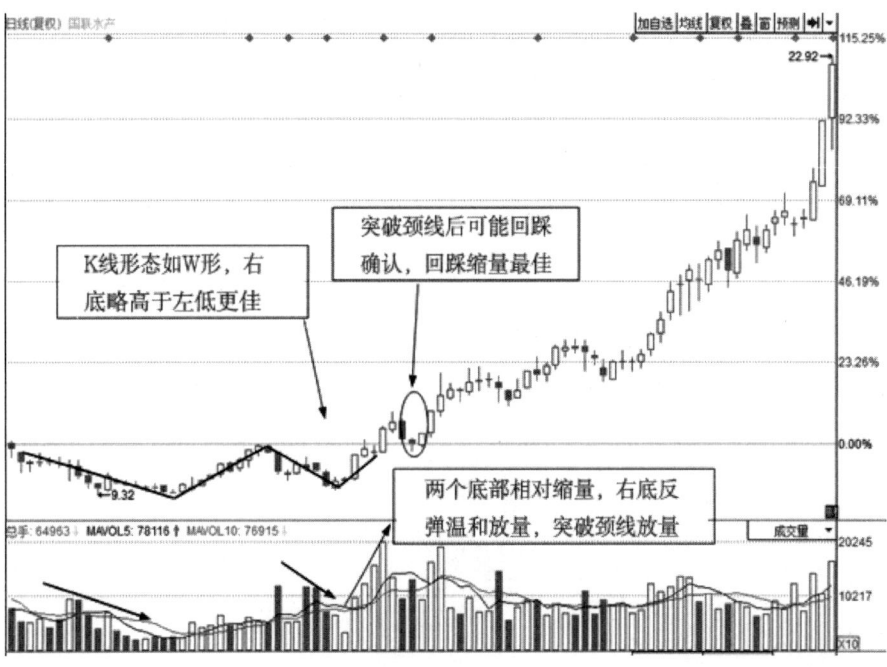

图3-34

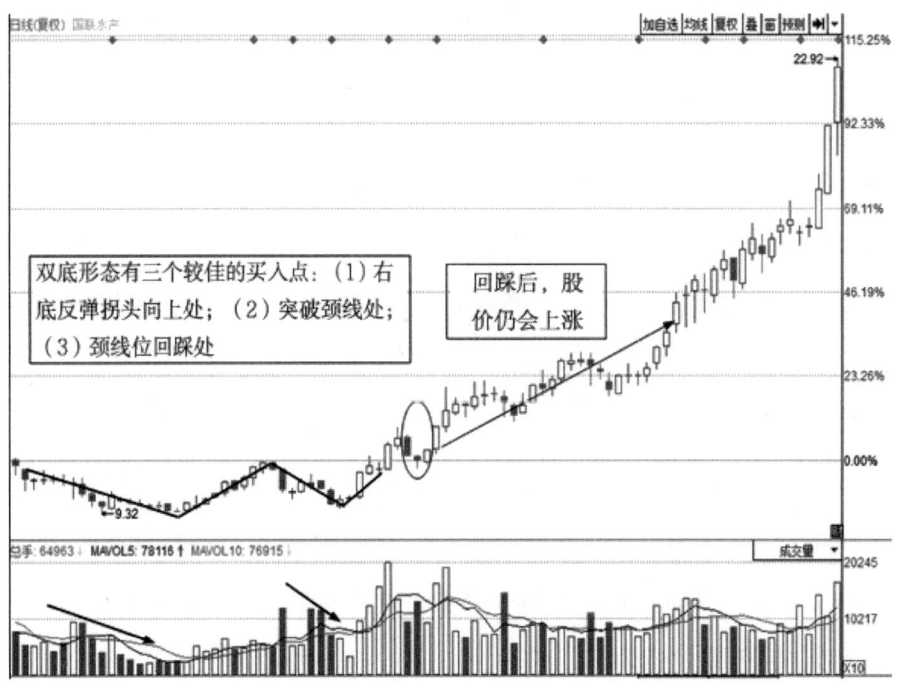

图3-35

双底，是股票价格连续两次下跌的低点大致相同时形成的形态，一般出现在下跌末期，预示着行情即将见底回升，如图3-36所示。

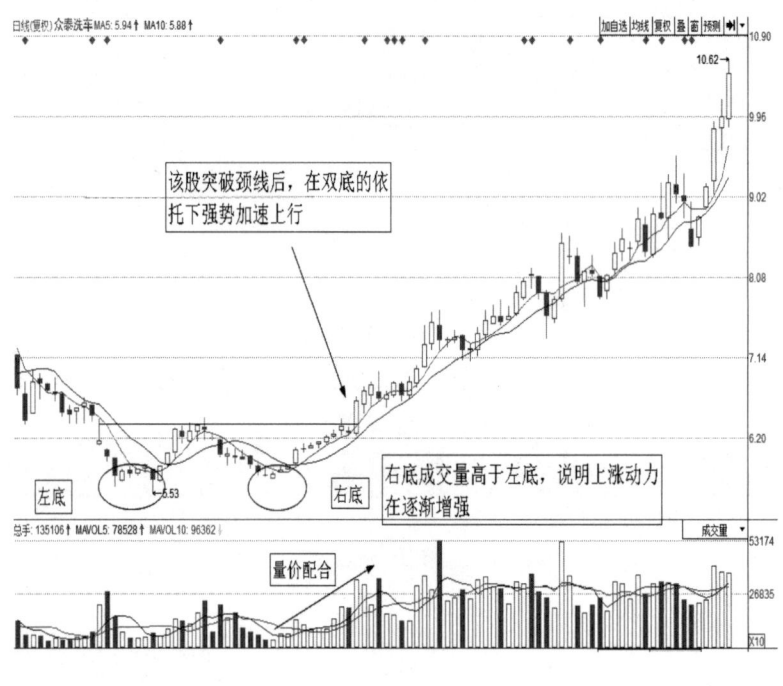

图3-36

图3-36是众泰汽车（000980）的日K线走势图，该股一路下跌探底，在下跌到5.53元附近之后，成功完成两次探底，形成标准的双底形态。股价在右底比左底高，成交量也逐步放大，最终，放量突破双重底颈线，标志着双重底形态的成立。此后，股价在双重底依托下强势上行。

图3-37是双鹭药业（002038）的日K线走势图，经过连续快速下跌探底之后，该股在38.51元处反弹，冲击至颈线回落，形成右底后开始企稳上升。此时，进取型投资者可以考虑提前介入，低吸赚取利润，后续放量突破颈线，也可进一步加码买进。该股股价一路上行，图3-37中股价最高上摸到70.88元，足见双底形态的威力。

图3-38是ST德豪（002005）的日K线走势图，该股股价一路下跌，在7.78元处初步企稳反弹，后完成二次探底，在成交量的配合下，价升量涨，成功击穿

双底颈线位，此后几日股价成功守住颈线位，突破有效得到确认。

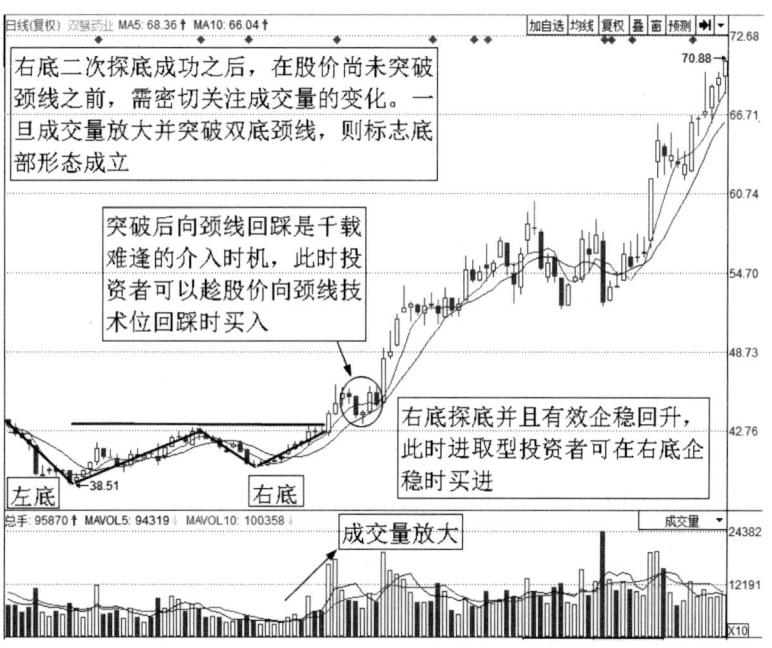

图3-37

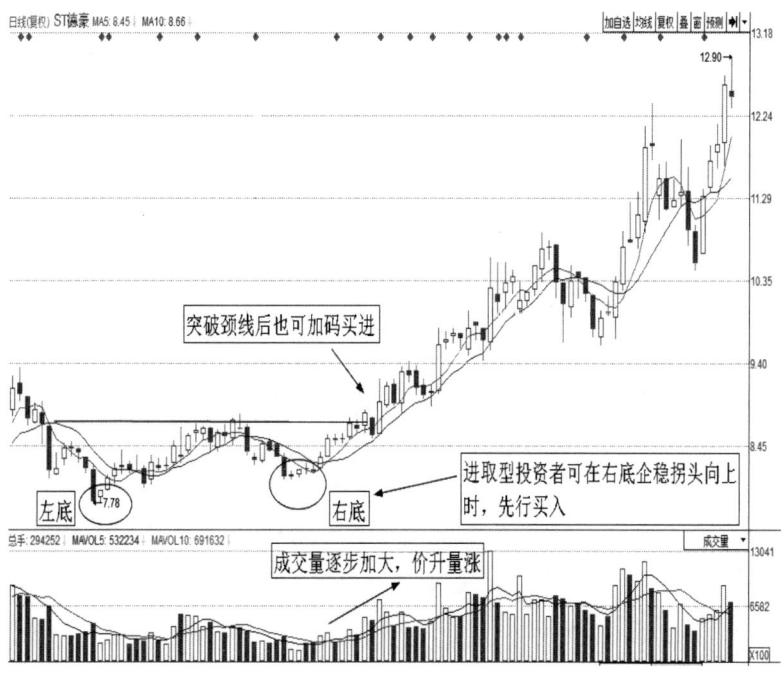

图3-38

综上所述，双底一般出现在下跌行情的末期，是重要的看涨反转形态。股价经过连续下跌之后在某一位置企稳，抄底买盘推动反弹上涨，但反弹到一定高度之后因获利盘打压再度回落至前期低点附近，此时空方力量衰竭，无力再创新低，从而再次掉头回升并突破上次反弹高点，双底形态就这样形成了。在实战中，必须有效突破颈线阻力位才能确认双底形态的形成。

六、利用MACD捕捉龙头股

在实战中，MACD 0轴线上选股买入要同时满足以下两个条件才可成立：首先，快线DIFF和慢线DEA形成金叉；其次，都在0轴线上。

如图3-39所示，富乐德（301297）快线DIFF和慢线DEA形成金叉，并且它们都在0轴线上，符合MACD 0轴线上买入法的两个必要条件，此时投资者宜果断抓住机遇买进。

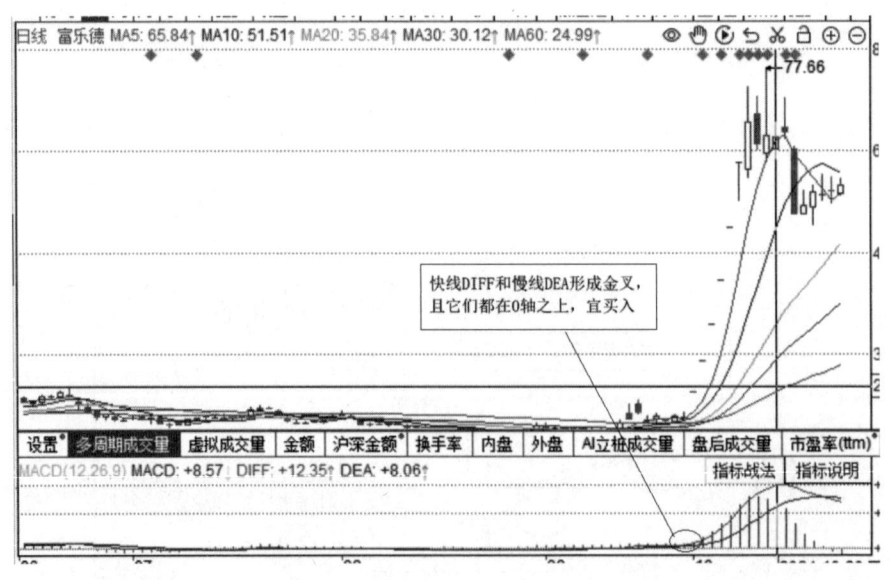

图3-39

如图3-40所示，华映科技（000536）在下跌后，在0轴线下虽出现一次金叉，但这仅仅是一次小反弹而已。这就是为什么要强调在MACD 0轴线上买入，因为MACD两条曲线在0轴线下方金叉一般先视其为反弹，但并不表示下跌趋势已经结束，股价还有可能在反弹后重回下跌的可能，在设置好止损价位的前提下，进取型的投资者可以短线买入，快进快出。稳健型的投资者则继续持币观望，谨慎对待，但有时，这一现象也会演变成一波强劲的上升行情。相对来说，在MACD 0轴线上买入的成功率更高。所以，对于投资者来说，买股就要买那些行情确定性强的股票，买能够演变成一波强劲上升行情的金叉。

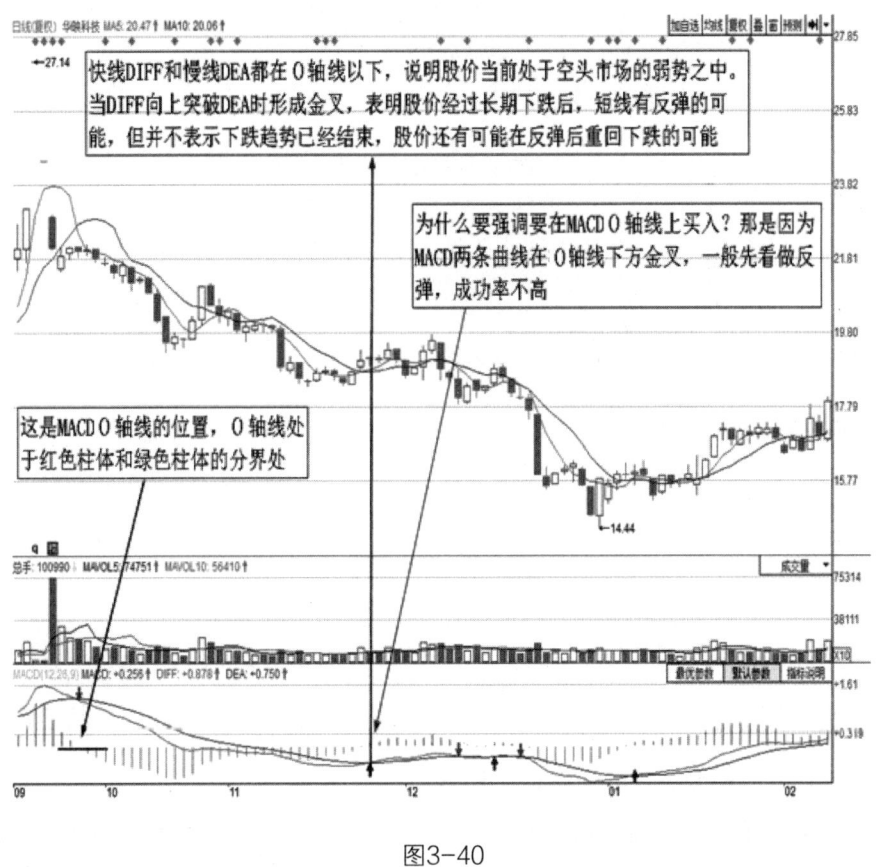

图3-40

图3-41是云南白药（000538）的日K线走势图，当快线DIFF和慢线DEA在0轴线上金叉时，是买点，投资者应果断介入。我们从中也可以看出MACD的红色柱状线和绿色柱状线的变化，它们分别代表了多头和空头能量的强弱盛

衰。由于在MACD指标中，能量释入是一个循序渐进的过程，所以红绿柱是逐渐放大和缩小的。多空双方的力量，此消彼长。

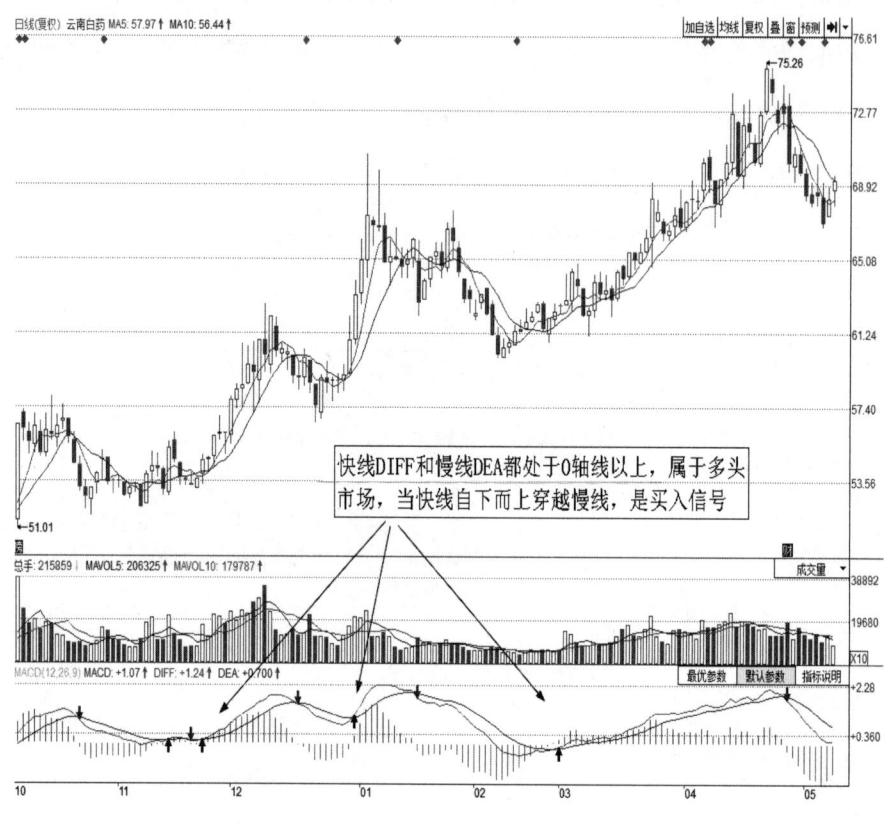

图3-41

当红色柱状线放出时，表明市场上的多头力量开始强于空头力量，股价将开始一段上涨行情，这是一种比较明显的买入信号。而当红色柱状线逐渐变短时，表明趋势运行的强度正在减弱。

技术分析是刚性量化的分析，结合资金面的分析，才会有更大的可靠性和稳定性。通过资金面融合技术面，可以把呆板滞后的技术系统融入更多的人性化和前瞻性，让机械的操作充满了智慧和趣味，下一节我们来讲如何利用资金面分析捕获龙头股。

第三节　利用资金流向捕获龙头股

一、把握主流资金的流向

捕捉龙头股要注意把握主流资金的流向。主流资金的流向决定了股市炒作的方向，也是决定行情能否持续的要点。资金流入量越大，行情的持续性就越长，龙头股持续上涨的可能性就越大。资金面的动向判断无论对于分析大盘走势还是对于个股操作，都起着举足轻重的作用。

机构投资者的资金进场和中小投资者的闲散资金进场是有所不同的，机构资金更善于发掘有上升空间的个股，并从相对低位进场，而闲散游资是否集中进场更多取决于当时大盘的行情好坏。

二、利用资金流向捕捉龙头股

如何利用资金流向捕捉龙头股？这就要求投资者善于关注热门板块中大资金的流向，去发现和挖掘这一热门板块中有明显资金建仓的个股。

当主流资金向部分板块和个股中流动时，这些板块和个股一般都能够成为市场关注的焦点，其中往往能跑出龙头股。因此，对资金流向进行研判，无论对于分析大盘走势还是对于个股机会的把握，都起着极其重要的作用。

在分析资金流向时，投资者需要将成交量排行与涨跌幅榜结合起来分析，若成交量排行靠前，同时股价涨幅也靠前，就说明有大资金持续流入该类个股。一般来说，最初发动行情的个股由于涨幅居前、成交量有效放大，往往最具备示范效应，也容易成为市场中的龙头股。

从成交额上识别资金流向的方法：每天成交额排行榜前列的个股，就是资金流向的热点。观察的重点是这些个股是否具备相似的特征或集中于某些板块，以及该板块中个股能否长时间地占据成交额排行榜位置。

龙头股之所以能够成为龙头，就是因为在这只股票中汇集了巨量的资金，巨资对该股进行大量的建仓与积极的运作就促使了龙头股的走势注定要强于其他个股。

龙头股的量能在板块中往往是最大的，这个量能可以体现在成交金额上也可以体现在换手率上，大多数情况下在数据排序中龙头股的当日成交金额往往是最大的。这个结论同样在分时图中最明显，龙头股盘中上涨时的量能要比板块中的个股上涨时的量能要放大很多，而且密集程度也要大很多。但有时由于个股流通盘大小的因素，可能个别龙头股的量能并不是最大的。

资金是股市的原动力，一旦有大资金持续流入某个板块或个股，提前领涨大盘，在大盘反弹或走强时往往会成为领涨先锋。龙头股之所以可以涨幅大，就是因为有大资金对它进行积极的运作，大资金入场便是一个信号，它可以吸引更多的资金入场。

第四节　利用板块效应捕获龙头股

机构投资者在挑选股票时，通常首先选行业板块。在对行业发展前景做出判断后，接下来才会从行业板块中选择具体个股。基金公布投资组合时，都要公布一个行业板块投资比例，这就说明了行业板块在选股中的重要性。因为机构投资者资金量比较大，往往会在一个行业板块中选择若干股票，少数重点股票会成为重仓股。

很多投资者习惯的做法是看中一个板块以后就尽量多选择几只股票，希望这样更有把握，其实这不是最佳选择，选股就要选龙头股。

一、选错板块的结果

我们来看下数据，以2015年1月至2015年8月28日的上证指数为例，如图3-42所示。

从图3-42中可以看出，上证指数途中虽然波动很大，但最终结果是回到2015年年初原点，基本不涨，然而其中的板块间涨幅差异极大。

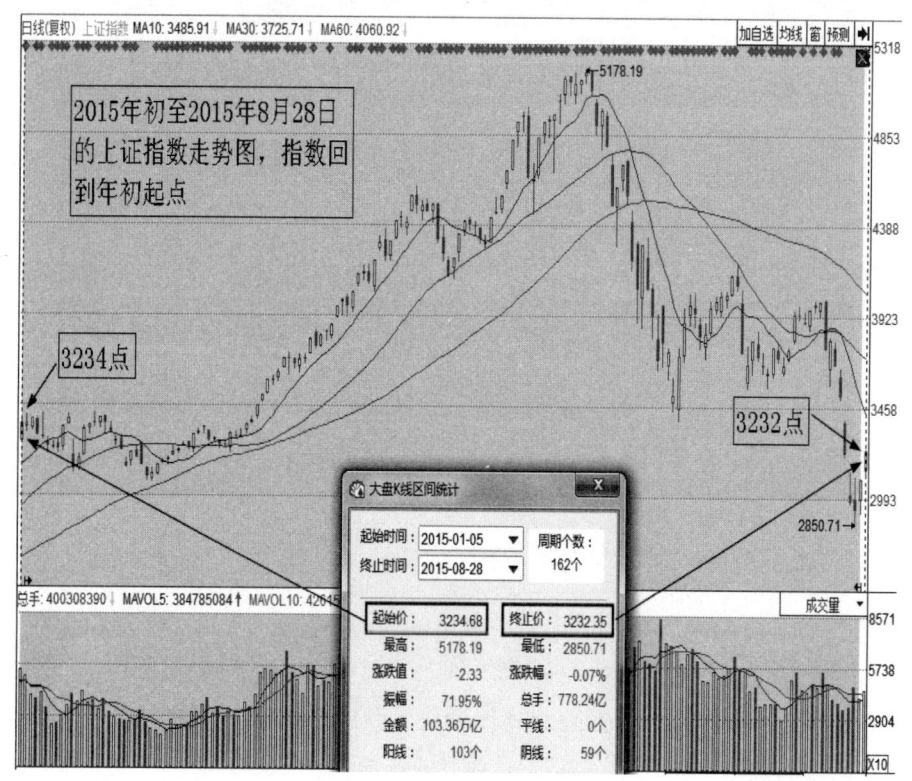

图3-42

从图3-43中可以看出，在上证指数点位不变的情况下，排行第一的新股与次新股板块涨跌幅度为126.72%，排行第二的家用轻工板块涨跌幅度为

113.42%，排行第三的是农业服务板块，涨跌幅度为83.38%。投资者如果筛选到这三个板块里的个股，收益将会远远超过同期大盘。

板块涨幅榜前20

排序	板块名称	成份区间涨跌幅（算术平均） 2015.01.01-2015.08.28
1	新股与次新股	126.72%
2	家用轻工	113.42%
3	通信服务	96.41%
4	农业服务	83.38%
5	智能电视	83.26%
6	视听器材	78.11%
7	其他电子	77.74%
8	包装印刷	76.04%
9	手机游戏	75.09%
10	医疗器械服务	73.97%
11	传媒	72.30%
12	服装家纺	71.09%
13	计算机应用	70.91%
14	网络安全	70.43%
15	触摸屏	67.52%
16	计算机设备	65.98%
17	机场航运	65.44%
18	农产品加工	64.24%
19	交运设备服务	63.65%
20	电子制造	63.42%

图3-43

如图3-44所示，同期的证券板块却下跌39.74%，排行第二的期货概念板块下跌35%，排行第三的保险及其他板块下跌21.78%。投资者如果买到以上三个板块的个股，将会远远跑输大盘，可见选择板块的重要性。下面我们来看一下跌幅排行第一的证券板块的个股表现，如图3-45所示。

板块跌幅榜前20

排序	板块名称	成份区间涨跌幅（总市值加权平均）2015.01.01-2015.08.28
1	证券	−39.74%
2	期货概念	−35.00%
3	保险及其他	−21.78%
4	天津自贸区	−15.03%
5	石油矿业开采	−13.80%
6	煤炭开采	−12.94%
7	油品改革	−12.38%
8	新三板	−11.87%
9	天然气	−11.82%
10	银行	−11.44%
11	采掘服务	−11.23%
12	转融券标的	−10.54%
13	稀缺资源	−8.17%
14	煤化工	−6.66%
15	基础化学	−4.55%
16	央企国资改革	−4.39%
17	沪港通概念	−3.90%
18	一带一路	−3.51%
19	燃气水务	−1.94%
20	有色冶炼加工	−1.75%

图3-44

如图3-45所示，2015年1月1日至2015年8月28日，在上证指数点数不变的情况下，证券板块内的个股跌幅巨大，不幸买到证券类个股的投资者真倒霉，可见选板块对炒股的重要性。

都说男怕入错行，女怕嫁错郎，炒股也一样，选错板块毁1年，浪费时间不说，还错失行情，还是那句话：有的板块就像图3-45里的证券板块，大盘跳水，它一马当先下跌；大盘反弹，它纹丝不动；大盘再跳水，它又挺身而出下跌，买到证券板块的投资者欲哭无泪。

排序	股票代码	股票简称	现价(元)	年涨跌幅截止2015.08.28
1	600030.SH	中信证券	15.86	-52.61%
2	601901.SH	方正证券	7.01	-50.25%
3	000166.SZ	申万宏源	9.96	-49.31%
4	000776.SZ	广发证券	13.55	-47.40%
5	000728.SZ	国元证券	16.45	-47.08%
6	601099.SH	太平洋	7.52	-46.94%
7	600837.SH	海通证券	12.66	-46.74%
8	601377.SH	兴业证券	8.24	-45.33%
9	000783.SZ	长江证券	9.34	-43.98%
10	601555.SH	东吴证券	12.56	-43.67%
11	000750.SZ	国海证券	9.90	-42.64%
12	000686.SZ	东北证券	11.47	-42.45%
13	600999.SH	招商证券	16.17	-42.35%
14	601788.SH	光大证券	16.92	-40.57%
15	601688.SH	华泰证券	14.87	-38.22%
16	600109.SH	国金证券	12.76	-35.45%
17	002500.SZ	山西证券	10.57	-33.71%
18	600369.SH	西南证券	15.00	-32.23%
19	601211.SH	国泰君安	21.14	-25.51%
20	000712.SZ	锦龙股份	--	-19.67%
21	002673.SZ	西部证券	17.42	-6.78%
22	600958.SH	东方证券	17.76	23.57%
23	601198.SH	东兴证券	17.97	36.53%
24	002736.SZ	国信证券	15.74	56.01%

图3-45

二、板块效应的作用

板块效应能够激活市场人气，吸引更多主力机构相互呼应做多，散户在赚钱效应的示范下，才敢于积极介入。市场不断有新资金注入，对行情延续起到极为重要的引导作用。主力机构也利用板块的轮动，维持市场不断上涨。

市场人气的聚集需要一批龙头股和热点板块的炒作。一些有主力机构率先介入的个股，无疑会成为市场领涨的先锋，成为市场的风向标，这样形成了板块效应，也带来了赚钱效应的示范，所以热点板块成为热钱进出的最佳选择，市场信心的增强也源于热点板块的形成。

大盘每隔一段时间，都会有热点板块出现。市场的热点经常以板块的形式显露，每个阶段总有一个或几个对市场影响较大的个股出现，其出现也会对大盘的趋势起到加速的作用，大盘需要热点板块来推动行情发展，而板块需要龙头股票的领涨来带领。

三、板块中的龙头股

不论是各类投资机构，还是普通的投资者，都热衷于寻找龙头板块，因为凡是龙头板块的龙头个股，涨幅通常都很高，非常具有诱惑力。

龙头股是在一个板块中率先启动的、并能带动整个板块上涨的先锋股，它的特点是爆发力强，上涨持续性长，大盘回调时抗跌。

龙头股往往是主力资金大举介入的股票，有主力的特别关注，往往风险小，涨幅大。总有人认为炒作龙头股的风险比较大，实际上这种认识是不正确的。龙头股的上涨过程都能持续一段时间，而且回落也是缓慢下移的，不是急转直下的突然暴跌，龙头股的安全系数和可操作性比起同类板块中的非龙头个股来说要好得多。

选择龙头股，投资者除了需要熟悉热点板块、龙头股，还需注意正处于拉升期的个股，留意市场中成交量最大的板块，关注板块的轮动转换，在一个热点板块出现明显的疲态之后，不再放精力在这一板块，应立即退出，耐心等待并进入下一个热点板块。

龙头板块的个股总是居于涨幅前列，刺激具备同一类或相似题材、概念的板块个股上扬，且成交量大，成交金额呈价升量增走势，在资金流向记录排行榜上居前列。

龙头板块个股启动时常常会出现高开开盘、迅速上扬的走势，成交量急剧增加，买单很大时会封住涨停板。

四、板块的轮动性

在大盘向好的背景下，我们往往能看到板块的轮番启动，此起彼伏，热闹非凡，这就说明一个板块不可能长久占据榜首，任何板块的炒作，都不会从年初一直持续到年尾，就像潮水一样，有涨潮也有落潮。当市场一个板块整体走强之后，主力会在股价高位时进行获利派发，之后该板块会由热转为平淡。

大盘行情的发展通常先由热点板块点燃、引导、推动，然后板块轮动让行情进一步发展。当一个板块炒作得比较充分的时候就要落袋为安，转移到下一个热点板块。充分利用好板块的轮动性，才能最大限度发挥资金的效能。这也就要投资者踏准板块轮动的节奏，切勿搞错时机。很多投资者总是感叹自己进场的时候板块炒作结束，割肉的时候板块又启动了。这就是踏错节奏的表现，结果就是在大好环境里不赚反赔。因此，我们需要在板块启动的第一时间跟进，在最疯狂时择机出局，留出资金准备进入下一个热点板块。

五、板块的协同性

板块具有明显的协同性，即一旦板块启动就会带动板块大多数个股上扬，极少有两极分化现象。正是由于板块的协同性，投资者即便后知后觉，也能从中分一杯羹。虽然我们并不欣赏追击板块排行板尾的股票，但投资者因各种原因，未能及时识别和抓住买入龙头股的时候，也可以退而求其次，去追击次龙头股，从而分享板块的盈利盛宴。

六、板块效应使龙头股更加可靠

选择龙头股时要先看大盘，后看板块，再选个股，原因在于，同一板块内的股票之间具备板块效应，要涨同涨，要跌同跌。如果一个板块有大量资金的介入，说明主力非常看好这个板块的未来走势，那么我们在这个热点板块中选择龙头股的盈利概率就会大大增加，因为板块效应会使龙头股更为可靠。以下是几个例子。

1. 生意宝（002095）随互联网金融板块强势上涨

图3-46是互联网金融指数2015年4月和5月的走势图，从图中可以看到，5月8日互联网金融指数大涨5.93%，多只相关个股出现了涨停走势。是什么原因导致整个互联网金融板块出现全线大涨呢？从消息面上来看，2015年5月7日国务院发布《关于大力发展电子商务加快培育经济新动力的意见》（以下简称《意见》），从八个方面推进电子商务发展，加快培育经济新动力，鼓励符合条件的互联网企业境内上市，合理降税减负、加大金融服务支持，积极发展农村电子商务、推动电子商务走出去。《意见》明确指出：各有关部门要按照各自职能，加大金融服务支持；建立健全适应电子商务发展的多元化、多渠道投融资机制；支持商业银行、担保存货管理机构及电子商务企业开展无形资产、动产质押等多种形式的融资服务；鼓励商业银行、商业保理机构、电子商务企业开展供应链金融、商业保理服务，进一步拓展电子商务企业融资渠道；引导和推动创业投资基金，加大对电子商务初创企业的支持。

这些利好消息导致整个互联网金融板块出现大涨，个股普涨，见图3-47和图3-48。

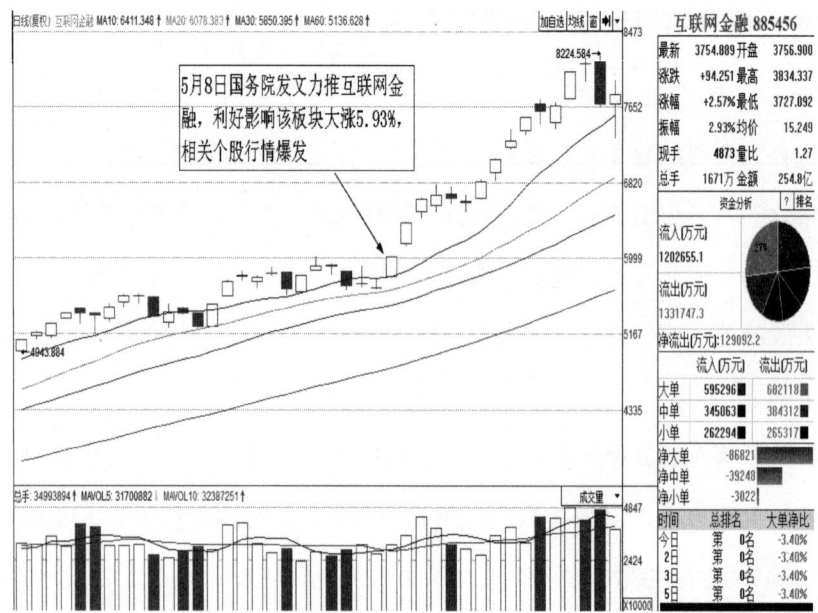

图3-46

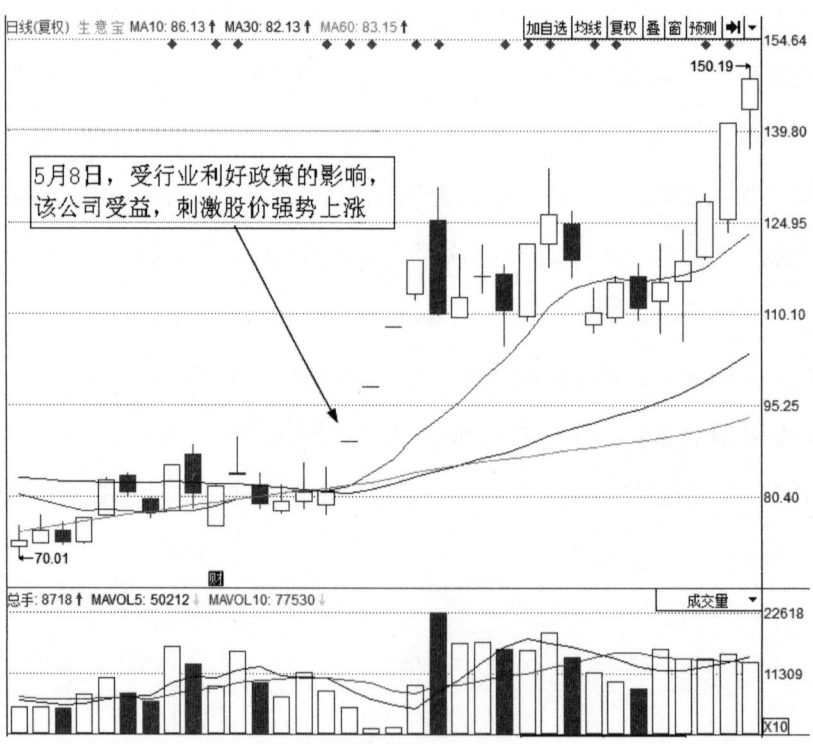

图3-47

图3-47是生意宝的走势图，从图中可以看到，生意宝在2014年5月8日跟随互联网金融板块一起出现大幅上涨，除《关于大力发展电子商务加快培育经济新动力的意见》的利好消息刺激外，生意宝公司自身基本面优良、业绩增长进入快轨等也是股价上涨的直接推动力。生意宝反应非常强势，连续三个一字涨停和一个阳线涨停，短期上涨幅度非常大。

图3-48所示的焦点科技（002315）也属于互联网金融板块股，该股也在政策利好刺激下，伴随板块大涨，一改下跌走势，高开涨停。

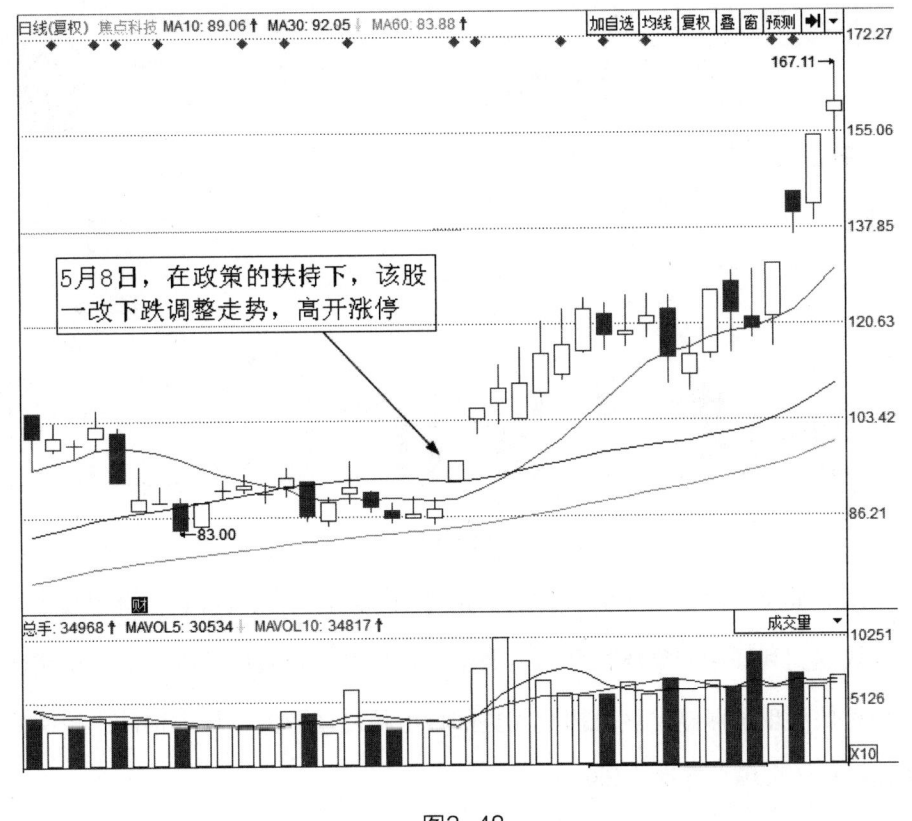

图3-48

2. 上海电气（601727）受益于核电板块连续涨停

图3-49是核电指数2015年4月至5月的走势图，从图中可以看到，核电板块4月16日大涨5.68%，核电板块相关股11只涨停。我们可以从消息面上寻找

到原因：2015年4月16日，李克强同志在国务院会议中表示，决定核准建设华龙一号三代核电技术示范机组，在调整能源结构中促进稳增长。而这一利好消息的释放，导致整个核电板块集体大涨，业内龙头股受到关注。

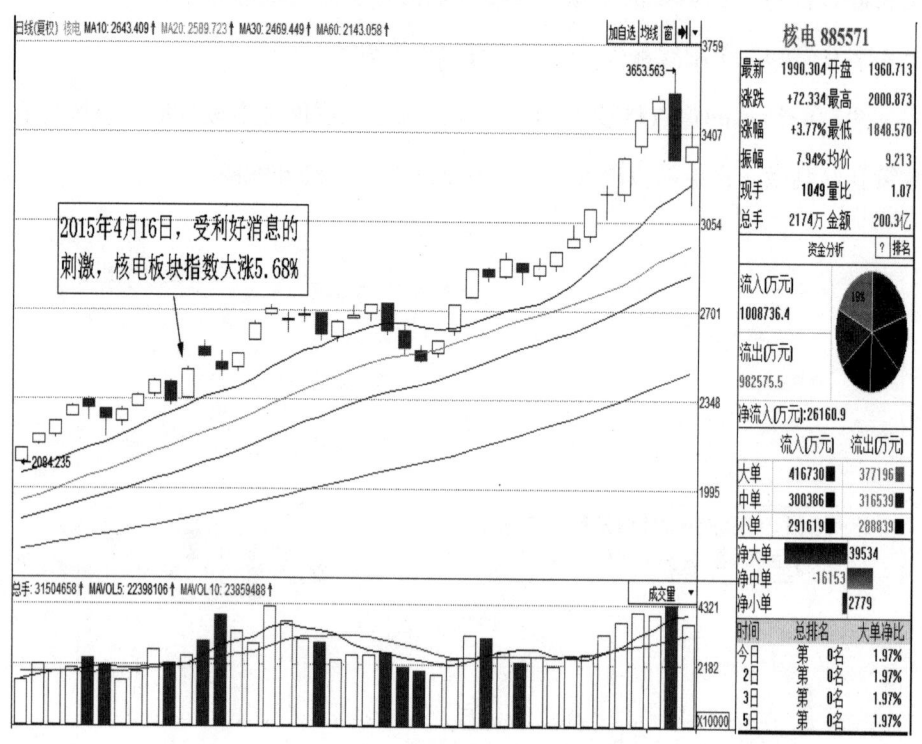

图3-49

图3-50是上海电气（601727）的走势图，从图中可以看到，由于整个核电板块受到利好影响集体拉升，上海电气在核电板块效应的推动下，也跟随整个板块出现了涨停。该股拥有完整的核电核岛产业链，堆内构件、控制棒驱动机构的市场占有率达到95%。

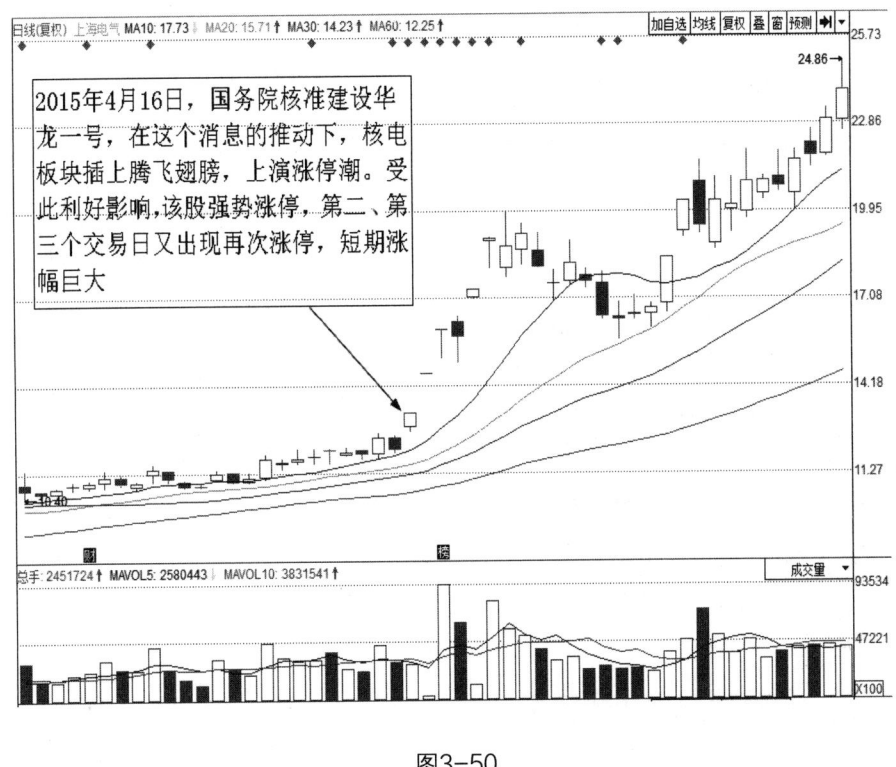

图3-50

总之,板块效应会使龙头股的走势更为可靠,投资者如果想捉牢龙头股,就必须在板块上下功夫,这样才能轻松地、准确地捕捉龙头股。

第五节 利用热点捕获龙头股

一、热点是龙头股的诞生地

龙头股与热点是息息相关的,市场热点是龙头股的诞生地。比如,2009年的4万亿计划,基础建设股股价闻风而动,整个市场所有参与者都对这个热点非常关注；2010年的海南国际旅游岛热点爆发；2011年的稀土永磁概念板块热点的爆发以一声惊雷的方式登场；2012年的转融通热点；2013年的自贸区热点；2014年的国企改革热点；2015年的"一带一路"热点；2016年的股权转让热点；2017年的食品饮料板块；2018年的周期类个股；2019年的5G板块；2020年的白酒板块；2021年的"碳中和"板块；2022年的旅游酒店板块；2023年的新能源板块；2024年的科技和华为生态链板块。以上这些热点大多由新闻和重大事件刺激，诞生了很多龙头股。

在每一波行情中，热点板块和热点龙头股上涨最快，幅度最大，而非热点股涨幅明显落后于大盘。投资者如果没有把握住主流热点，那么结果只会是只赚指数不赚钱。

二、关注涨幅榜和板块排名

热点的启动在盘面上会有所反应，最简单的方法就是看涨幅榜和板块排名。行情软件都会显示板块涨幅排名和个股涨幅榜排名，找到板块排名，热点板块和龙头个股就会一目了然。如图3-51所示，上半部分是板块排名，下半部分是板块内个股的涨跌排名，这样龙头个股一目了然，非常有利于操作。

如图3-51所示，板块涨幅排名的前三名是科创次新股、国产软件和计算机应用。再看排行第一的科创次新股，当日有6只个股涨停，其他个股涨幅也大。这就是最简单的跟踪热点板块和龙头个股的方法。

图3-52是2024年11月8日的热门涨幅板块排行榜，在这个排行榜中可以看到，科创次新股、国家大基金持股、太赫兹分别位列板块涨幅的前三甲，我们知道了当天行情的热点板块题材，再选龙头股就容易多了。很明显，科创次新股是当天的热点，我们就在这个板块中筛选龙头股。

	板块名称		涨幅%↓	涨速%	主力净量	主力金额	量比	涨家数	跌家数	
1	安防	⊕	+5.47%	+0.02	4.56	+7.58亿	0.93	17	4	
2	国产软件	⊛	+5.41%	-0.14	2.92	+8.07亿	0.90	24	2	
3	计算机应用		+5.22%	-0.05	3.67	+20.20亿	0.99	82	6	
4	公交		+5.13%	+0.15	-4.27	-1.69亿	0.87	7	0	
5	网络安全	⊛	+4.64%	-0.08	2.31	+3.66亿	0.97	17	2	
6	车联网	⊛	+4.58%	+0.10	0.94	+1.88亿	0.72	17	1	
7	计算机设备		+4.57%	+0.05	1.05	+3.40亿	0.80	30	5	
8	徐翔概念股	⊛	+4.57%	-0.02	1.76	+2.55亿	0.88	17	1	
9	4G	⊛	+4.54%	+0.04	-2.02	-3.71亿	0.86	33	4	
10	智能医疗	⊛	+4.51%	+0.00	0.85	+7.54亿	0.77	20	5	
11	P2P概念	⊛	+4.50%	-0.04	0.64	+1401万	0.74	16	1	
12	通信设备		+4.45%	+0.04	-0.06	-8109万	0.86	38	6	
13	氟化工	⊛	+4.42%	+0.08	1.24	+1.02亿	0.79	7	1	
14	通信服务	⊛	+4.38%	+0.00	-2.14	-3.15亿	0.81	17	2	

	代码	名称		涨幅%↓	现价	主力净量	主力金额	涨跌	涨速%	总手
1	300074	华平股份	⊛	+10.04	8.44	0.82	+2365万	+0.77	+0.00	43.36万
2	600728	佳都科技	⊛	+10.01	18.02	2.06	+1.47亿	+1.64	+0.00	31.89万
3	300053	欧比特	⊛	+10.01	21.98	0.80	+2922万	+2.00	+0.00	20.15万
4	300367	东方网力	⊛	+9.99	37.53	-0.01	-37.72万	+3.41	+0.00	72851
5	300168	万达信息	⊛	+9.98	20.93	0.57	+1.16亿	+1.90	+0.00	53.88万
6	300020	银江股份	⊛	+9.97	13.57	0.65	+5059万	+1.23	+0.00	48.75万
7	300075	数字政通		+9.42	18.70	0.72	+3362万	+1.61	+0.00	20.76万
8	300098	高新兴	⊛	+8.91	19.44	0.06	+255.4万	+1.59	+0.05	94668
9	002583	海能达	⊛	+8.74	15.31	0.18	+1076万	+1.23	+0.07	14.31万
10	000938	紫光股份	⊛	+6.95	52.30	0.24	+2670万	+3.40	+0.00	11.08万
11	300155	安居宝	⊛	+6.86	11.06	0.07	+238.4万	+0.71	-0.18	20.24万
12	300270	中威电子	⊛	+6.51	11.94	0.09	+156.3万	+0.73	+0.08	42888
13	600260	凯乐科技	⊛	+5.85	8.32	0.14	+656.5万	+0.46	+0.00	22.70万
14	000836	鑫茂科技	⊛	+4.91	14.73	-0.06	-265.3万	+0.69	+0.07	70719

图3-51

	板块名称	涨幅↓	1分钟涨速	主力净量	主力金额	涨停数	涨家数	跌家数	领涨股	5日涨幅	10日涨幅
1	科创次新股	+12.81%	+0.15%	17.92	+2.56亿	4	15	0	欧莱新材	+24.73%	+15.16%
2	国家大基金持股	+5.46%	-0.03%	0.63	+7.61亿	2	50	0	国芯科技	+18.41%	+13.91%
3	太赫兹	+5.10%	-0.02%	2.97	+11.24亿	1	20	3	创远信科	+16.77%	+10.99%
4	半导体	+4.99%	-0.11%	0.90	+10.96亿	7	153	2	欧莱新材	+16.18%	+8.59%
5	军工电子	+4.86%	-0.04%	2.49	+12.75亿	2	63	0	上海瀚讯	+16.37%	+10.72%
6	军工信息化	+4.73%	-0.04%	1.61	+17.40亿	5	84	9	创远信科	+16.47%	+11.20%
7	注册制次新股	+4.44%	+0.02%	1.74	+4.65亿	5	77	9	C健尔康	+14.02%	+6.68%
8	存储芯片	+4.43%	-0.06%	0.97	+11.12亿	3	83	1	国芯科技	+14.57%	+10.28%
9	6G概念	+4.28%	-0.04%	0.60	+17.97亿	4	51	8	创远信科	+14.24%	+10.68%
10	卫星导航	+4.26%	-0.02%	1.88	+41.93亿	10	167	11	创远信科	+15.77%	+12.18%
11	光刻机	+4.11%	-0.08%	2.76	+7.26亿	3	32	0	东方嘉盛	+13.12%	+13.96%

	代码	名称	涨幅↓	现价	主力净量	主力金额	涨跌	换手	1分钟涨速	总手	5日涨幅	10日涨幅
1	688262	国芯科技	+20.01%	27.89	0.77	+5645万	+4.65	4.75%	+0.00%	12.55万	+37.25%	+22.59%
2	301269	华大九天	+20.00%	124.62	0.40	+1.22亿	+20.77	3.42%	+0.00%	89724	+32.93%	+19.83%
3	688691	灿芯股份	+20.00%	64.98	3.84	+6169万	+10.83	20.90%	+0.00%	53292	+33.48%	+15.23%
4	688709	成都华微	+16.08%	26.50	0.48	+923.9万	+3.67	13.65%	+1.38%	10.53万	+30.67%	+20.18%
5	430139	华岭股份	+15.88%	42.83	0.53	+5974万	+5.80	8.08%	-0.16%	21.08万	+45.52%	+13.23%
6	300659	中孚信息	+14.73%	24.47	-0.18	-795.7万	+3.16	11.12%	-0.49%	21.17万	+55.92%	+42.90%
7	688072	拓荆科技	+12.49%	199.78	0.24	+6891万	+22.18	3.06%	-0.04%	47130	+28.90%	+23.69%

图3-52

图3-53是达梦数据（688692）的走势图，从图中可以看到，2024年11月8日该股随着科创次新股的走强，一路上涨，创出新高。在基本面上，科创板汇集了大量半导体、电子行业公司，其中大量公司在AI热潮中获益，且背后还有新股示范效应支撑。在行业、个股都是利好的基础上，投资者完全可以追逐这样的热点龙头股。

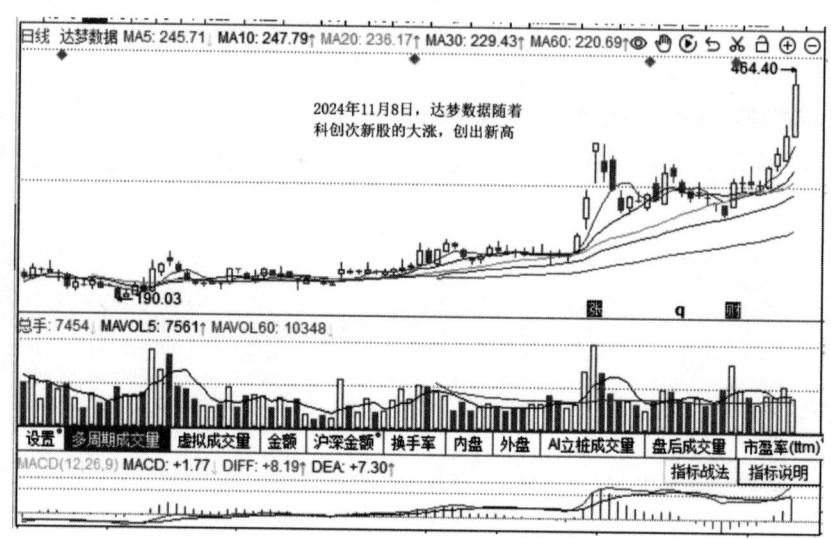

图3-53

三、热点滋生的沃土——大盘走势

热点涌现的前提是什么呢？当大盘在熊市时，大部分时间都没有多少机会进场，也就无所谓热点，即使有也是短命的热点，进场可能就被套牢。所以热点涌现需要有肥沃的土壤，即需要大盘的配合。所谓大盘配合，就是需要指数进入多头走势，市场整体向好。如此热点才会层出不穷，且可能维持较长时间，也只有大盘向好，普通投资者才有机会跟进，不至于进场就被套牢。

判断大盘向好的方法有很多种，最简单的方法就是看上证指数是否站上60日均线和60日均线的方向朝向。60日均线是多空分界线，也有投资者用半年线或年线作为多空的分界线，这反映出不同的风险偏好。我们一般用60日均线作为判断标准。

下面我们看下实例，图3-54是2015年1月至5月的走势图，上证指数多头排列，明确站在60日均线之上，且60日均线方向朝上，大盘十分强劲。可以想象，在大盘如此强劲的背景下，市场交易活跃度会非常高，热点肯定层出不穷，个股也异常火爆。

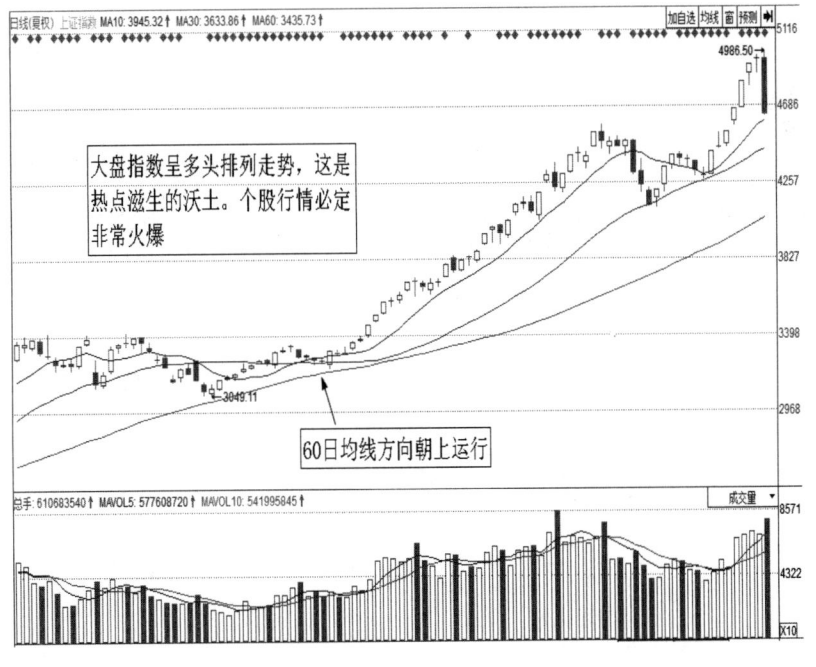

图3-54

四、捕捉热点板块的龙头

热点板块容易掌握，捉住龙头则不容易，哪个是热点板块的龙头，走出来以后大家才恍然大悟，但如何在盘中及时发现呢？其实也没有那么神秘。最简单的方法就是对比，当板块启动的时候，看板块个股排名，涨幅排名越前的越可能成为龙头，最快封住涨停的当属龙头。通过对比，我们可以快速找出龙头，从而买进。

这里顺便提一下为什么要跟进龙头股操作。我们会发现，即使跟对热点板块，如果个股不给力，收益也相对较低。而龙头股涨幅大，且不易反转，相对比较安全。这就要求我们要克服追高的心理障碍，敢于追高，宁愿买涨幅第一的龙头股，也不要去追随那些末尾的跟涨股。

下面我们来看实例，如图3-55和图3-56所示，厦工股份（600815）和厦门国贸（600755）同是厦门概念个股，厦工股份自2015年3月19日开始加速上涨，涨幅翻倍，而同期的厦门国贸涨幅不大，两股相差极大。事实上，从启动时这两个股票就有明显差异，厦工股份在3月19日是涨停，而厦门国贸只上涨3.99%。涨停与非涨停相差甚远，不可同日而语。想获取超预期的收益就要勇敢追高，龙头与非龙头的差距是十分巨大的。

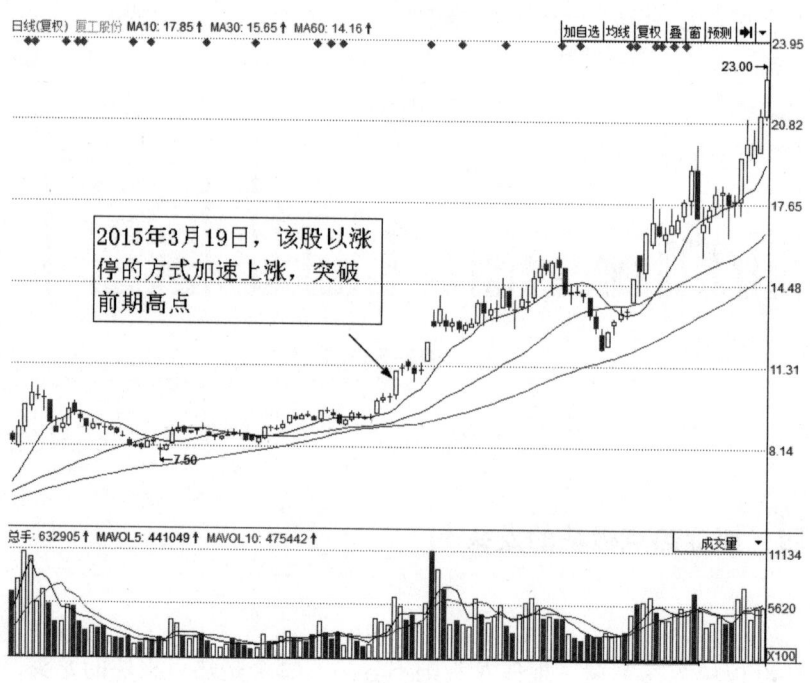

图3-55

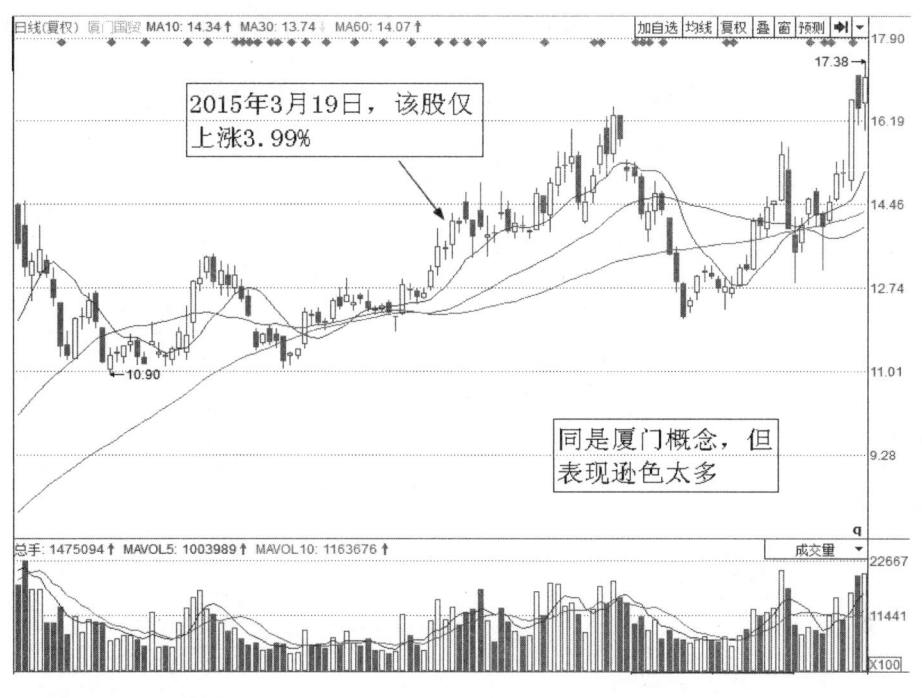

图3-56

五、找出集众多热点于一身的股票

投资者总感觉热点来得快去得也快,跟进的时候往往也就是热点消退的时候。这里介绍一个避免热点过早夭折的方法,那就是寻找集多热点于一身的股票,这种股票不是单一的热点,具备几个热点题材,因此会左右逢源,东方不亮西方亮。一个热点结束,另一个热点又跟上,导致涨幅可能会出类拔萃。

下面我们来看两个实例。

如图3-57所示,秦川机床(000837)是一家业绩一般的股票,但走出了相对出色的行情。该股自2015年2月27日启动,经过两波快速拉升,股价接近翻番。这个股票有如此出色的表现,并不是由业绩推动的,而是具备了几个热点题材,且吻合当时的炒作热点。秦川机床有智能机械、机器人、3D打印、丝绸之路、高铁、航天、军工热点概念,这些热点在当时都炙手可热,而该股集众多热点于一身，想不飙升都难。这种具备多热点题材的个股恰是我们首选的股票，投资者不妨多下点功夫关注下这种类型的股票。

图3-57

如图3-58所示，朗玛信息（300288）也是一个集多热点于一身的股票，首先是4G，其次是网游，都是当时热点，还有就是大数据，也是炙手可热的概念，另外该股还有互联网医疗。如此众多的题材集于一身，在A股中也不多见，因此该股走出了非常可观的行情，涨幅巨大，图中股价由最低点到最高点，涨了4.3倍。

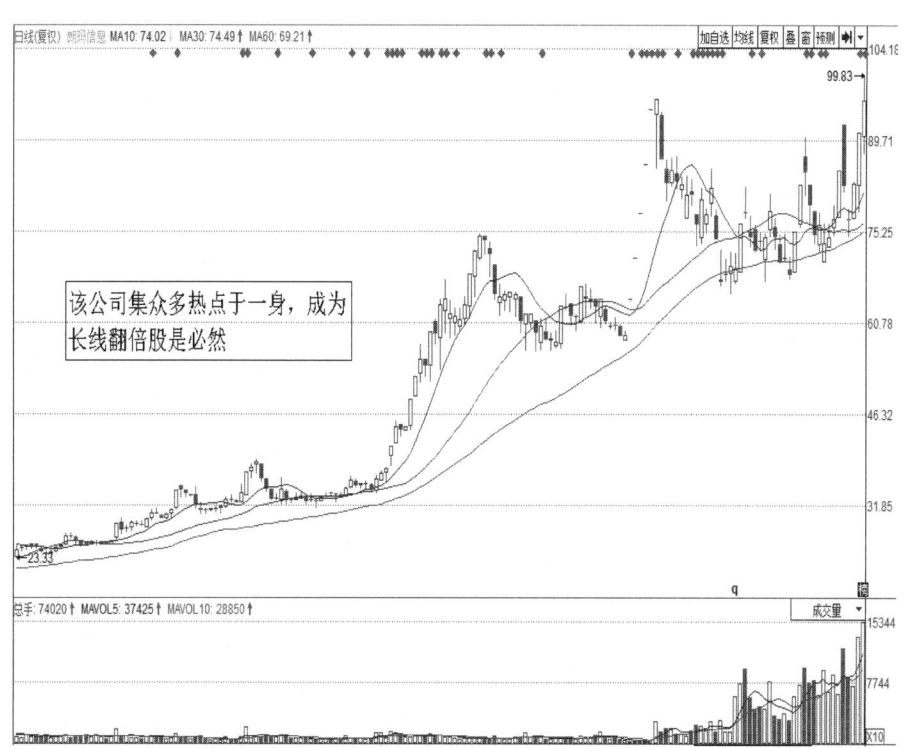

图3-58

六．掌握好热点龙头股的间歇性启动时机

很少有热点龙头股只是一波上涨，后市往往存在多次炒作机会。大部分热点都会在一个较长的时间里间歇性启动，一波炒完后休息一段时间，然后在某个时间再度启动行情，这种热点的间歇性启动也给了投资者很好的跟进机会。正是有这样的间歇性启动机会，我们才可以在热点再度启动的时候熟门熟路地找到曾经的龙头，并及时跟进。

如图3-59所示，云天化（600096）出现了多轮炒作的机会，该股时不时地表现一下，展开上涨行情，给了波段和短线投资者极佳的买入机会。

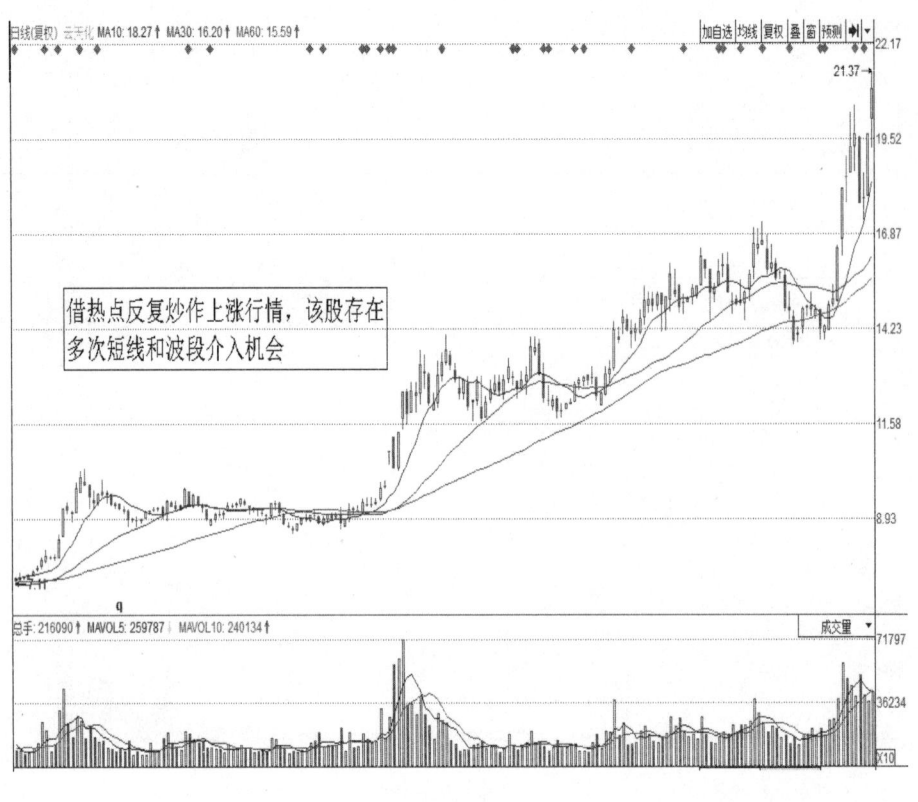

图3-59

如图3-60所示,三峡水利(600116)作为水利板块的龙头股,具有很多当时热点题材,集电力改革、国企改革、环保、含权高送转、重庆等诸多热点于一身。该股的股价有很多次短线的快速拉升,存在多次炒作机会,只要我们能把握好介入时机,短线和波段获利不是难事。

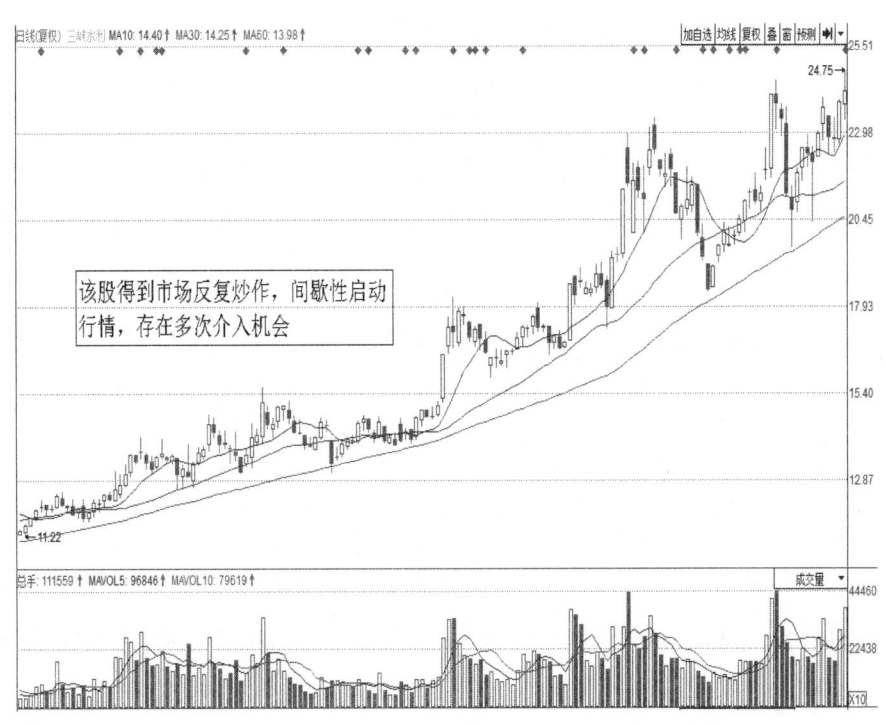

图3-60

七、热点的持续时间长短

热点的持续时间是不一样的，有的连续表现，持久性强，有的仅是昙花一现，很快就偃旗息鼓。我们需要的是能持续火爆的热点，至少能持续3天的热点才具有参与意义。为了能炒作好热点，我们必须预估好热点的持续时间，下面是一些经验要点。

（1）有政策刺激的热点，才是大热点；单个新闻刺激的热点，通常是小热点。

新闻会制造热点出来。媒体刚报道某个事件，就马上形成了一个热点，这样的热点持续时间比较短，有的甚至是一日游，这种行情一闪而过，不做也罢。而政策刺激产生的热点，往往代表国家导向，这种热点比较有持续性。如"一带一路"、自贸区、工业4.0、环保、国产科技创新等，都可以持续很长时间。

单个新闻的热点往往缺乏长久生命力，只有国家政策的扶持，才会形成有长久生命力的热点板块。

（2）行情决定热点。通常情况下，好的行情会形成持续性热点，指数行情和赚钱效应行情容易诞生大热点，差的行情只有短暂的热点出现，无法形成持续的热点。

（3）盘子大小。大盘股的热点不易持续，小盘股的热点容易持续。这是因为操作大盘股需要大量资金，没有牛市，大盘股很难形成热点；而小盘股则相对容易很多，需要的资金少，即使连续涨停也占用不了多少资金，容易炒作持久。

第四章

龙头股涨停操作技法

股市中最刺激、最令人高兴的莫过于手中持有的股票或刚买入的股票当天封住涨停。股票能够当日报收涨停板本身就说明它是领涨大盘的短期龙头股，如果随后该股持续上涨，甚至连续拉涨停，那恭喜你，该股一般就是阶段的龙头股了。

虽说捕获涨停板是每个进入股市的投资者都梦寐以求的事情，但从理论上讲，没有一种方法或理论能够提前精确判断个股次日一定涨停，这使得捕捉涨停板的难度极大。但是，经验丰富的高手不仅可以在个股涨停前一两天的走势中发现一些蛛丝马迹，而且在看盘过程中当股价涨幅超过7%时就可以判断出个股将要涨停。

在股价向上推动过程中，涨停板是我们可以经常看到的一种市场现象，是个股向上表现最强烈的一种波动形式。涨停板是市场多空力量严重失衡的现象，它是股价上涨过程中的极限状况。事实上，涨停是多头的攻击信号，是所有黑马股的摇篮，也是龙头股的发源地。

下面我们来重点介绍下龙头股涨停操作技法。

第一节　大盘背景的支持

使用龙头股涨停技法，要特别注意回避系统性风险，即大盘下跌的风险。投资者一定要明白在什么样的市场环境中，才适合采用此技法。虽然在大盘恶化的情况下，也会有极少个股强势涨停，但在大盘单边下跌的环境中，个股涨停的概率远小于牛市环境中涨停的概率。

因此，涨停操作技法对市场环境有严格要求。

一、牛市环境推荐使用

大盘指数处在牛市环境中，资金不断流入，股价总体趋势向上。在这种环境中，虽然有些投资者可能因为短期追涨而被套，但股价经过一段时间的整理之后，随着后续资金不断流入，投资者有很大的概率解套，所以这时使用涨停操作技法被套的概率较小，如图4-1所示。

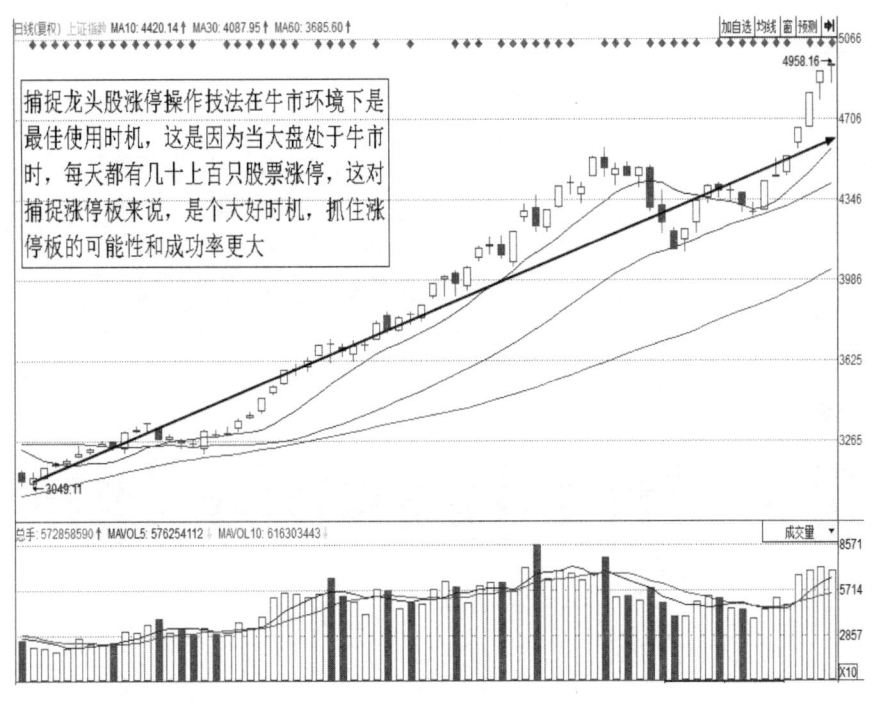

图4-1

二、震荡行情谨慎使用

大盘处在震荡市中，投资者能抓住行情的情况下，谨慎使用涨停操作技法。当大盘处在震荡市场中时，大盘指数一般进行箱体震荡。每次发生在箱体底部的震荡点，就相当于一次短暂的底部，可以预见大盘后市会有一段上升时期。在这种市场环境中，投资者使用涨停操作技法被套的概率也较小，如图4-2所示。

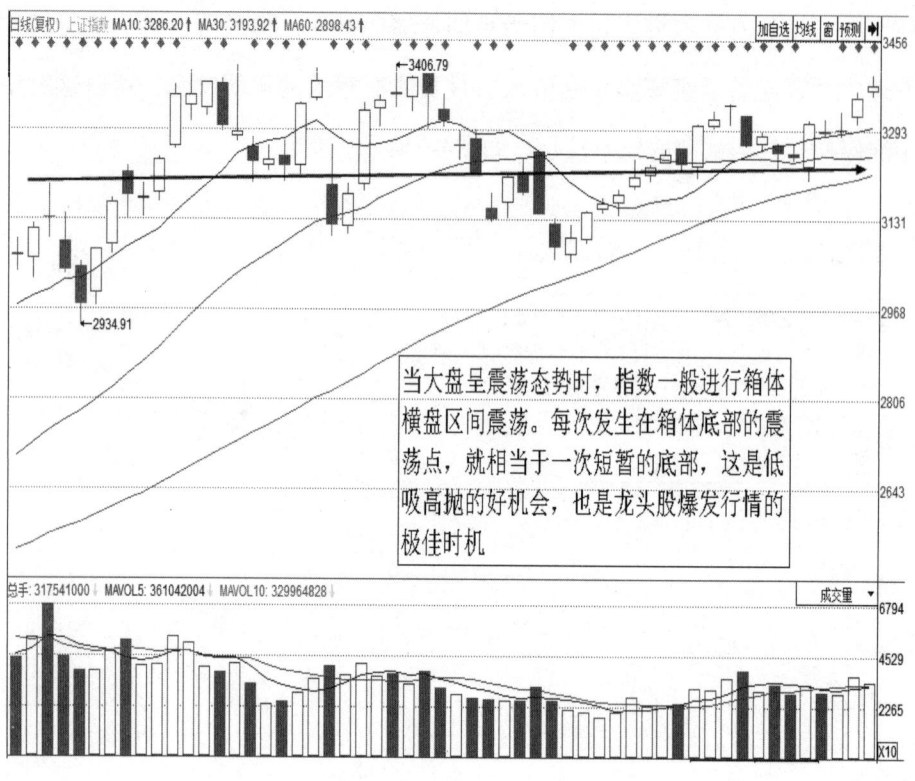

图4-2

三、熊市头部初期选择使用

熊市头部初期,可以择股以适当仓位参与。在熊市形成头部时,大部分个股都在做顶部。少部分后知后觉的主力,在这个时候依然大力拉升股价,投资者在找准这些个股的情况下,可以选择用适当的仓位来操作,如图4-3所示。

四、熊市下跌阶段禁止使用

熊市下跌是异常残酷的,几乎所有的股票都处于下跌中。即便是一些看上去走强的个股，也只是处于暂时的下跌调整中。在这个阶段，只要投资者还持有股票，都会感觉很难受，幻想的上涨不会发生，每天面对的是不断地创新低，幻想一天天破灭，一些投资者甚至开始麻木和绝望。在这个阶段，投资者应该坚决持币，不介入任何股票，牛市持股不动是功夫，熊市持币不动也是功夫，如图4-3所示。

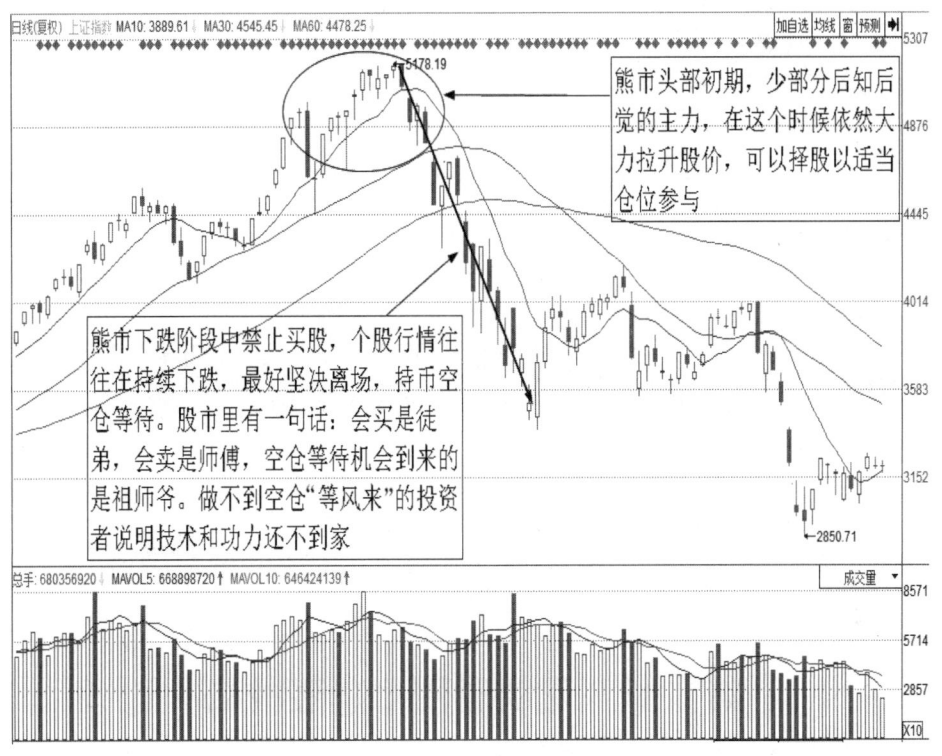

图4-3

五、熊市下跌反弹阶段可以使用

熊市下跌反弹阶段可以使用涨停技法，操作以短线波段为主，注意控制好仓位。在熊市中，一个长时间和足够深的下跌后，市场也会发生相应的反弹，反弹的力度视前期下跌的时间长度和下跌深度决定，如图4-4所示。

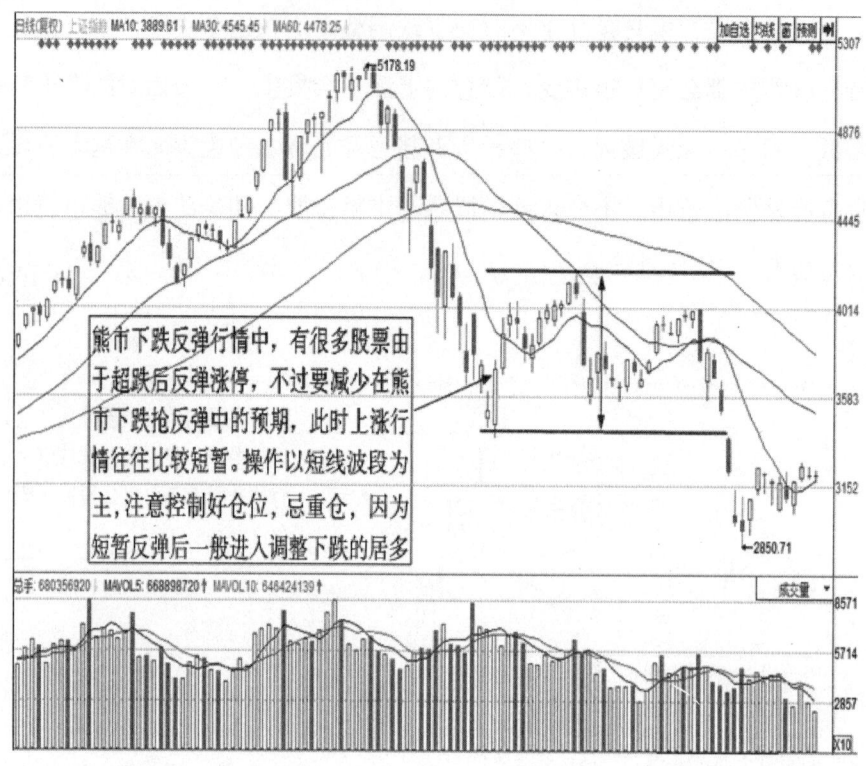

图4-4

第二节 龙头股涨停选股技巧

应用龙头股涨停操作技法,选股需遵循以下要点。

一、兼顾价值投资和成长性投资

选股时要兼顾价值投资和成长性投资,同时要重势不重价。

(1)优先考虑操作热点板块的龙头股,这类股票往往能够得到市场的青睐,上涨力度最强,操作起来也最安全。

（2）新兴产业的高成长性小盘股优先考虑。成长性投资已经成为世界成熟资本市场投资者的共识。

（3）即将迎来业绩拐点的上市公司股票优先考虑，关注上市公司的未来发展状况，如有重组预期则更好。

（4）个股流通盘不超过10亿，流通盘小一些为好，原则上不参与蓝筹股的涨停。

二、选择日K线走强阶段的个股

（1）个股低位调整充分。通过K线图走势分析，首先确认个股股价已经止跌企稳。

（2）股价有转强的迹象，MACD在0轴线上形成金叉。

（3）股价小幅放量上涨，回调时成交量萎缩得越小越好。

（4）股价低位放量上攻重要均线或前期高点时，如遇阻缩量回落，在确认是洗盘行为后，应放入自选股里，作为重点跟踪观察对象。

（5）前期有涨停的个股，跌到前期涨停启动价格，应列入重点跟踪对象。

第三节 捕捉龙头股涨停的技法

选对个股是成功的第一步，更重要的是掌握捕捉龙头股的操作方法。龙头股一般波动幅度较大，快涨易跌，把握不当容易坐电梯，因此，掌握买卖技巧很重要。

投资者要快准狠地及时买入，要有追涨停板买入的胆量，捕捉龙头股离不开敢作敢为的勇气和信心。

龙头股启动初期，若大盘行情配合，应敢于追涨。在大盘反弹或者上涨时，龙头个股的涨幅普遍都超过大盘很多，涨幅翻倍甚至几倍的品种亦不少见。因此冒有限的风险，追求超预期的收益，是追击龙头股的动力。

捕捉涨停板的龙头股，是在强势股中寻找强势股。实战中，以5日线和10日线两条经典均线作为依托的操作技法较易把握。

一、5日均线技法

涨停板龙头股爆发行情时，往往会展开单边逼空行情，这类股票通常会沿着5日均线上行，投资者应积极把握买入机会。下面我们分三部分详细介绍。

1.5日均线放量上涨势头

股票想要大涨，在技术形态上必须是K线站稳在5日均线上，且5日均线的方向朝上，这样，才有捕捉涨停板的价值。要想选到涨停的股票，短线形态上涨势头至少要强，不符合此要求的个股，不宜买。如图4-5和图4-6中所示股票就是属于5日均线放量上涨势头的股票，这是涨停板的前兆，投资者要掌握。

只有5日均线呈上升态势的股票，才有可能在短时间内有大涨行情的发生，投资者要想捕捉涨停板，要关注5日均线呈上升态势的个股。

5日均线运行角度的陡缓，都显示了股价短期上升或下跌力度的大小。想要抓住涨停板的投资者，要对5日均线上涨角度进行分析，角度越大，涨停的概率越大。股票上涨速度快，5日均线角度则大。股票上攻速度慢，5日均线角度则小。当股价上涨行情极强时，5日均线角度大于60度。当股价以45度角时上涨时，上涨力度也非常强，是中度上涨。

股价收盘价连续几日站上5日均线时，可介入股票，抓住涨停板的可能性很大。

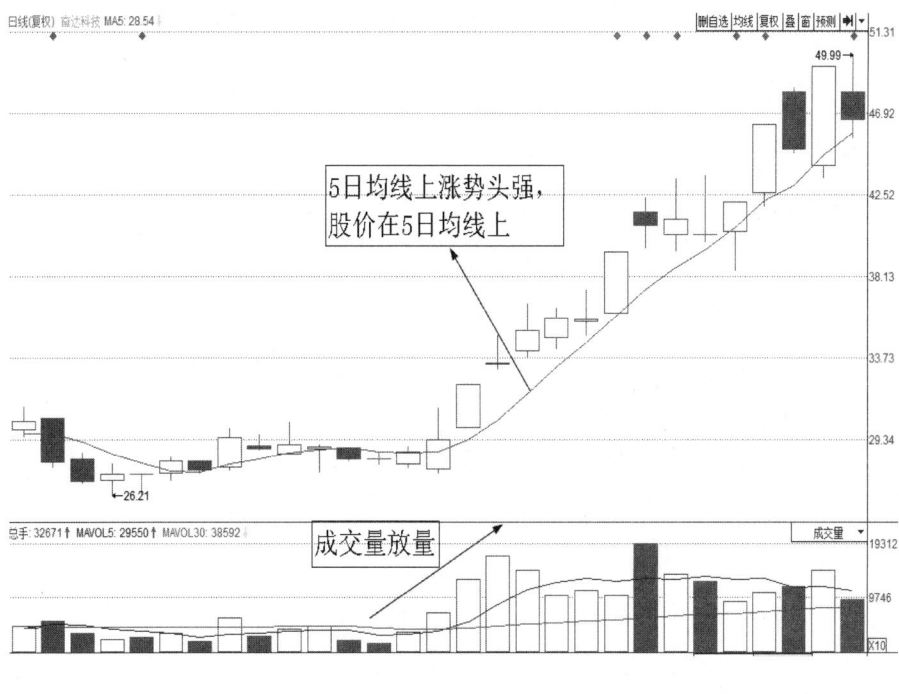

图4-5

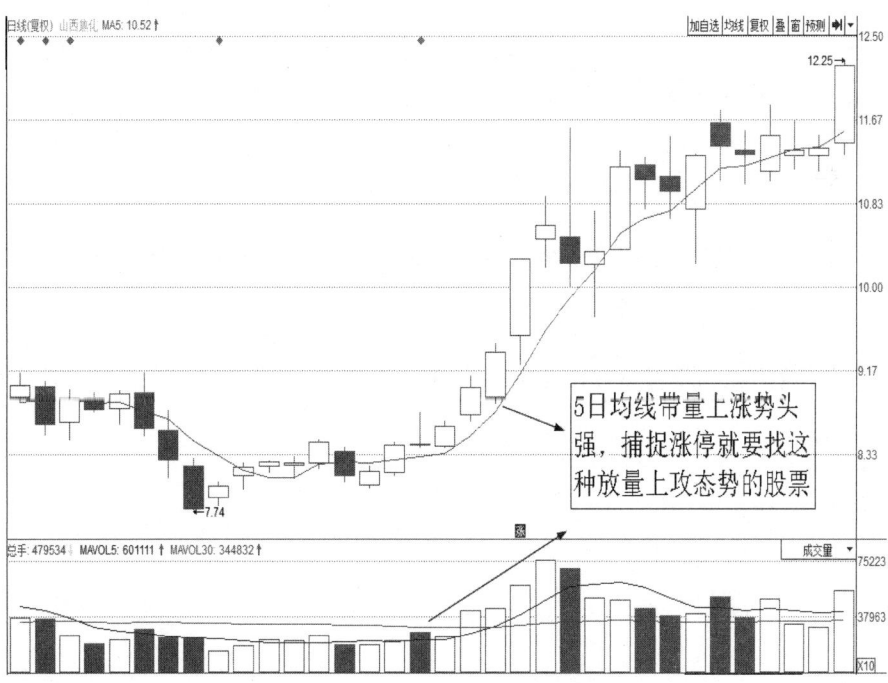

图4-6

图4-7是海欣食品（002702）的日K线走势图，该股走势非常强，多方完胜，一路逼空，股价沿着5日均线上涨，投资者要坚定地持股，途中能捉好几个涨停板。

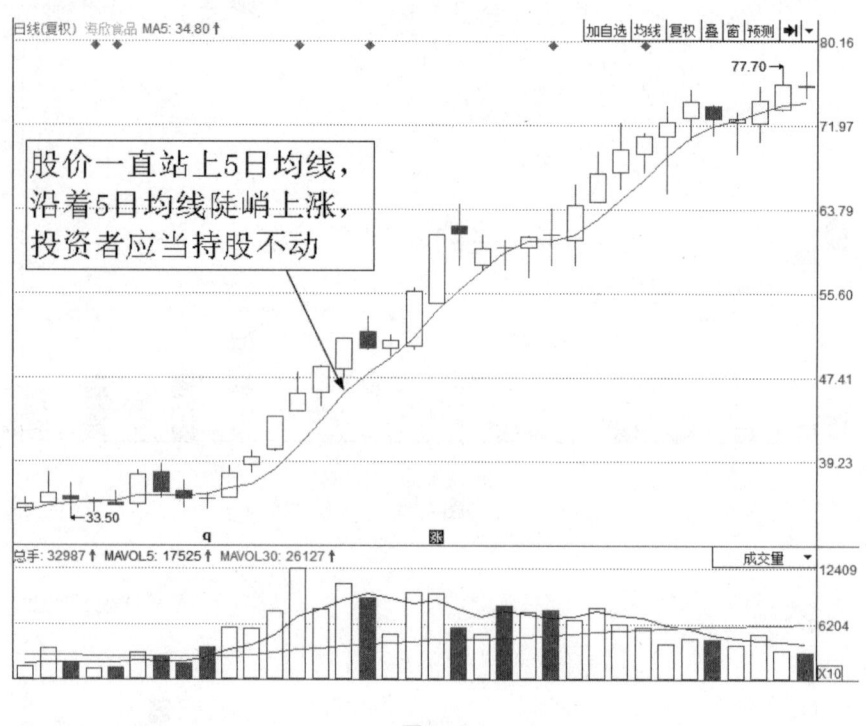

图4-7

股价沿着5日均线持续上攻，表明股价正处于强势上涨阶段，投资者应该毫不动摇持股的决心。

图4-8是中超电缆（002471）的日K线走势图，股价沿着5日均线陡峭上涨，走势没有走弱之前应一直持有。

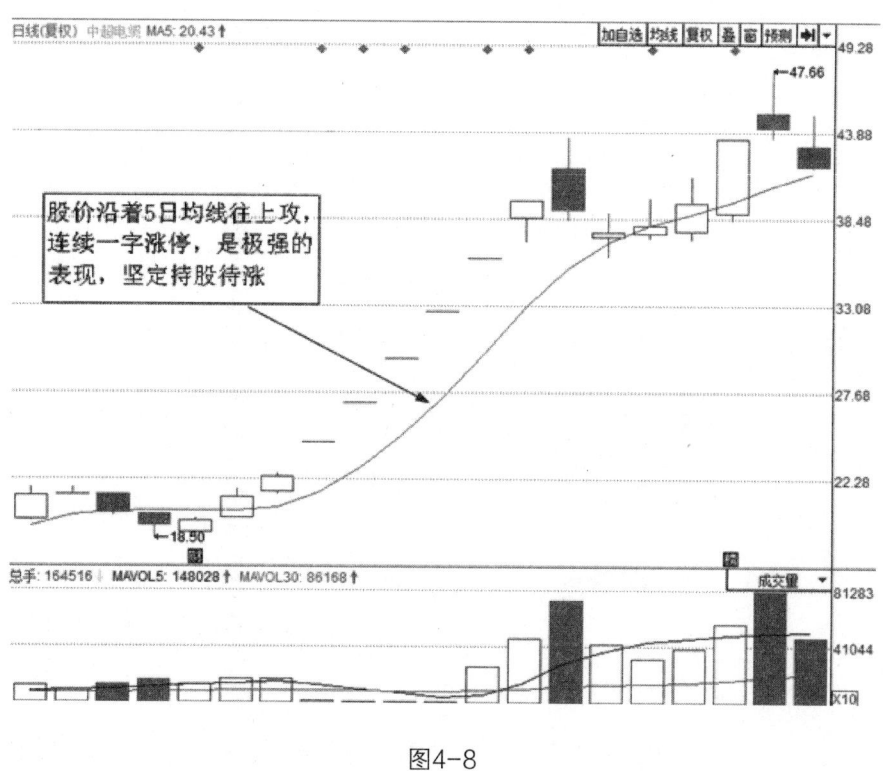

图4-8

2. 5日均线呈横盘盘整态势

当5日均线处于横向调整的走势时,可以研判其短线处于盘整的状态,短线内不具备上涨的客观条件和基础,只能以观望为主,此类个股不具备捕捉涨停板的买入价值,如图4-9所示,这种类型的股票只能是有待观察,无实战操作价值。

股价在一段时间内上下波动,呈现震荡整理的状态,在这种情况下,一般难以盈利,投资者无法忍受长时间的横盘,这是令投资者煎熬的地方,上下反复止损,投资者可在横盘整理行情结束,股价选择向上突破时,或者股价K线收盘价连续几日站上5日均线且放量时,再次考虑介入股票。

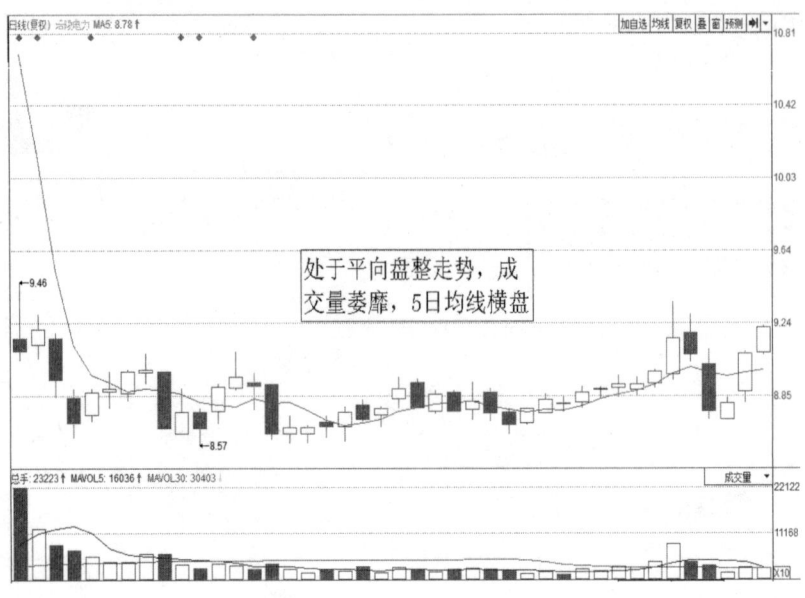

图4-9

图4-10是万丰奥威（002085）的走势图，投资者应选择观望来应对5日均线横盘，在蓄势整理后，等待5日均线拐头向上且放量机会来临，再介入股票。

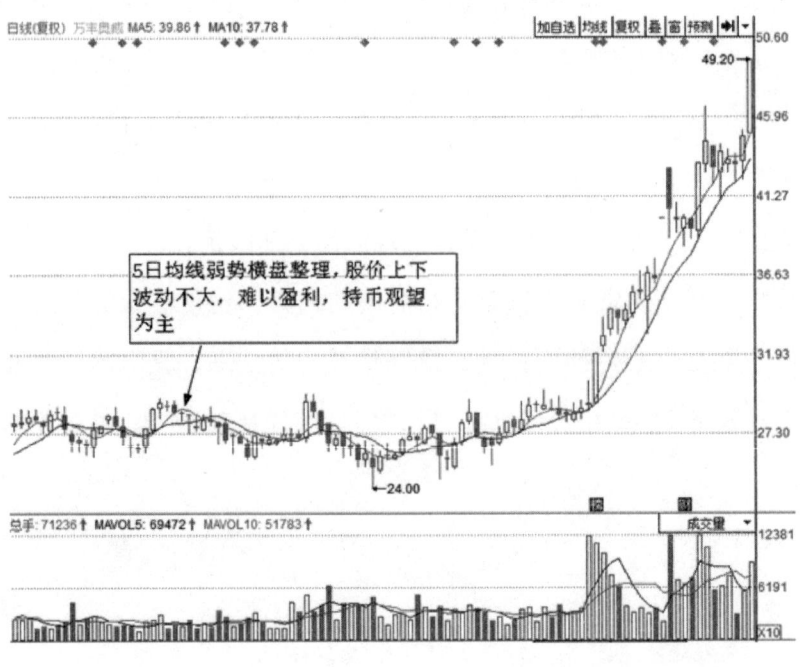

图4-10

3.5日均线方向向下

在股价的上涨过程中，短线投资者在股价跌破5日均线时就应该卖出，以规避风险，可在后续行情中另找良机。

如果股票的5日均线是向下的，可以研判其短线处于下跌的状态，近期内不具备上涨的客观条件和基础，投资者不必再浪费时间和精力，应尽量避免持有此类股票，马上平仓离场，规避此类个股后续的下跌风险，如图4-11所示。

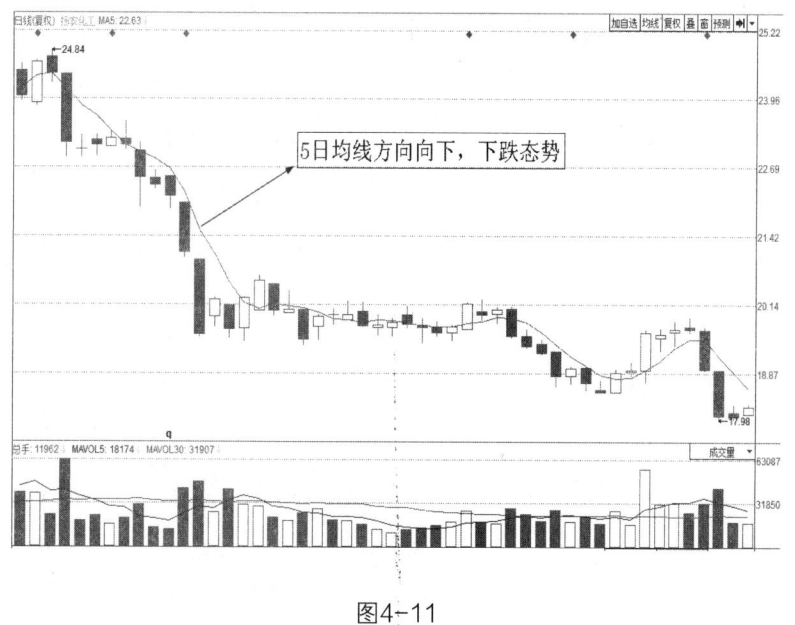

图4-11

股价跌破5日均线且均线向下，是短线交易的平仓点，也是强势龙头股短线离场标准，特别是对于前期连续大幅拉升或连续涨停的龙头股，收盘跌破五日线即无条件卖出或减仓，这是纯技术的卖出方法，简单干脆，操作起来直观易行，如图4-12所示。

股价站稳在5日线不破就坚持持有，收盘跌破5日均线且5日均线的方向朝下，卖出股票走人即可，这种处理方法不用费精力去关注企业复杂的基本面，是很纯粹的技术行为，操作方法令人轻松愉快。

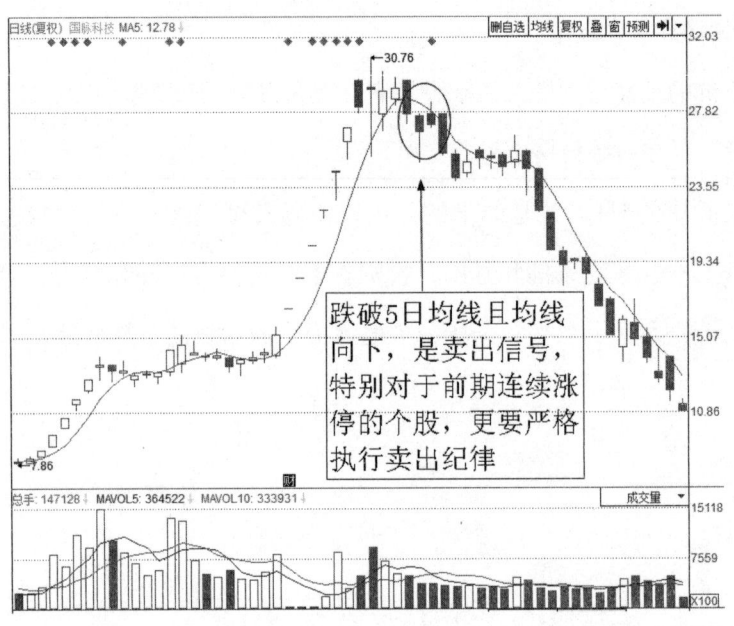

图4-12

图4-13是通鼎互联（002491）的日K线走势图，该股走出大牛股的走势，股价一直沿着5日均线上涨，顶部出现两次巨量跌停板，短线不妙，且第二个跌停板收盘价跌破5日均线，此时，投资者应及时平仓离场。

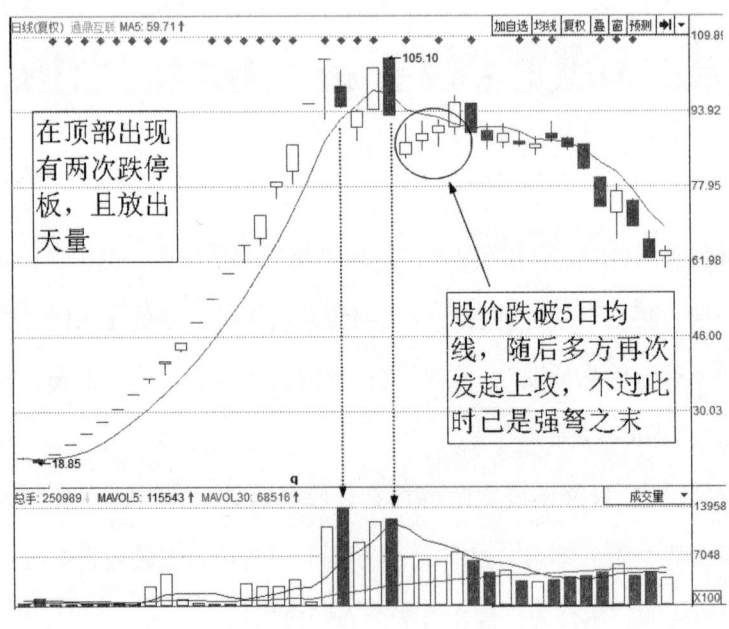

图4-13

二、10日均线技法

10日均线是一条短期均线,代表了近10个交易日内投资者的平均交易成本。其周期短,如果股价处于10日均线上方,成交量能够随之同步放大,此时抓住涨停板的概率也很大。

10日均线和5日均线应用差不多,相比而言,10日均线运行得更平稳一些。在实际操作中,10日均线应用更为广泛,所以也有人称10日均线为操盘线。10日均线的可靠性和可操作性都比5日均线强得多。

买入技巧:股价在10日均线上买入,在10日均线下不参与,持币观望。

当股价向上突破10日均线,说明短线看好,此时是一个很好的介入机会,如图4-14和图4-15所示。

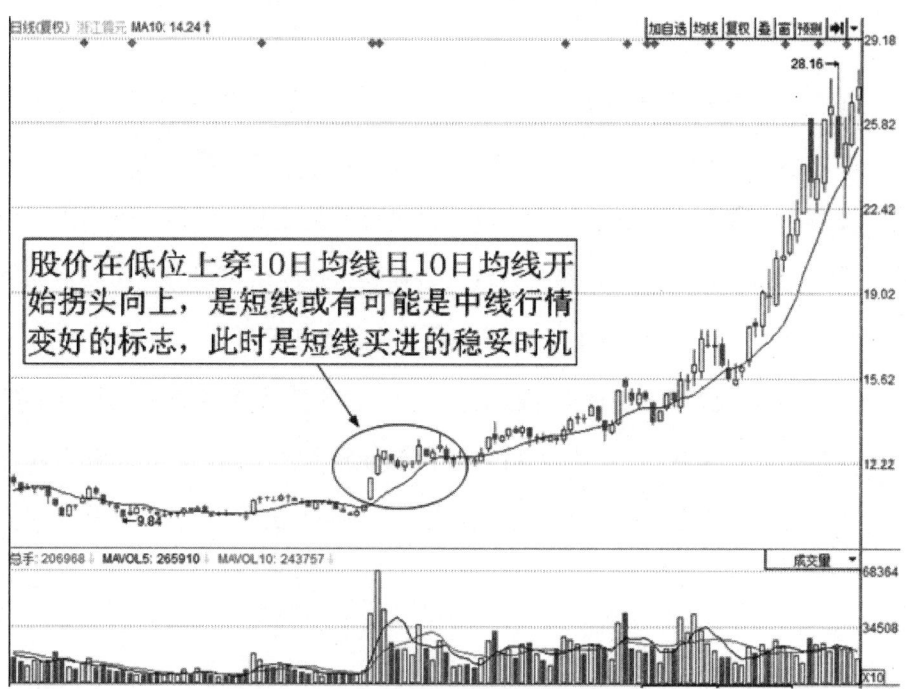

图4-14

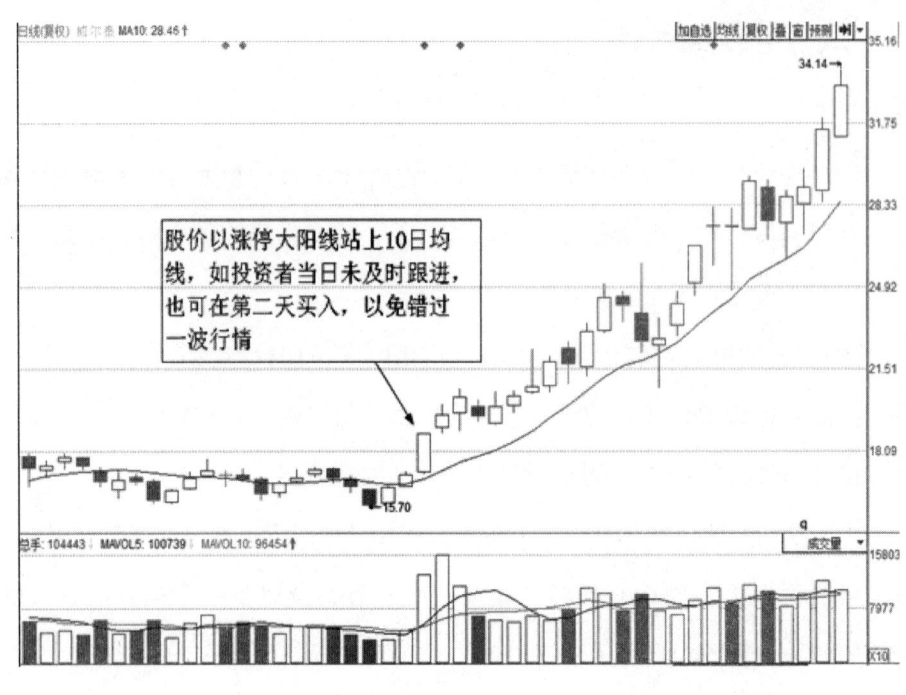

图4-15

如图4-16所示,荣丰控股(000668)前期股价一直运行在10日均线下方,股价从14.5元左右一路下跌,最低跌至11.44元,之后股价横盘企稳,在这一过程中,我们不宜过早买入,虽然这里可能是底部,但后市方向尚不明确。等股价站上10日均线,多头力量开始强劲,这时就可以分批买入,如果不跌破10日均线,投资者可耐心持有,途中总能抓涨停板。

10日均线可以作为捕捉涨停板的参考线,实现了化繁为简、轻松获利的目的,投资者要重视这条均线的价值。大部分股票在上涨的时候,都在10日均线上,特别是在连续拉升上涨之后,投资者务必要把握。

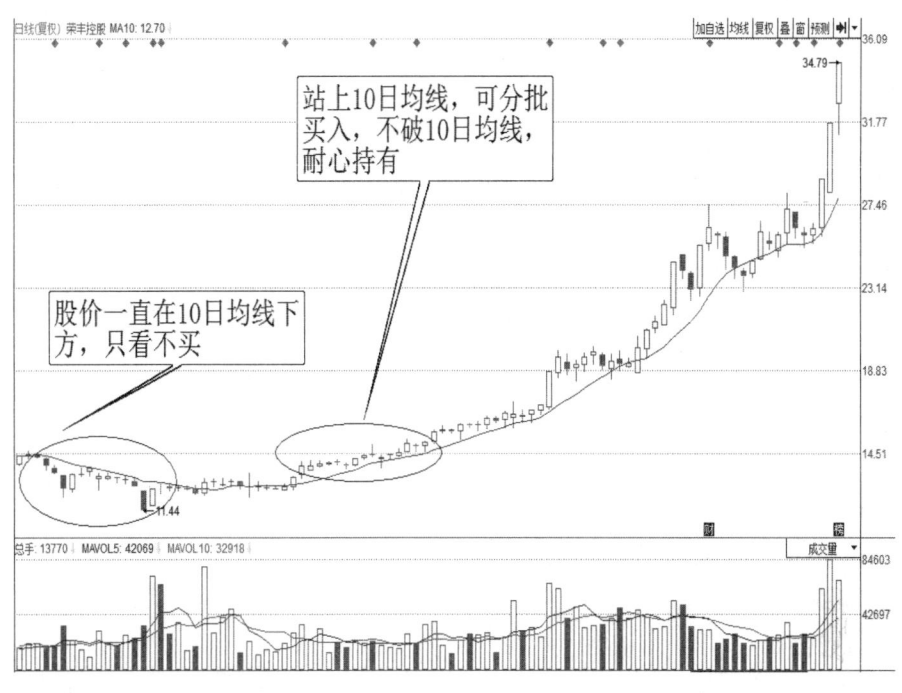

图4-16

突破10日均线买入还需要看10日均线的方向,并非所有的突破10日均线都是很好的买入时机。10日均线代表着短期的趋势,当短期趋势还在下行时,10日均线对股价有压制和向下牵引的作用,因此,当10日均线还是下行趋势时,股价突破10日均线并不是非常好的买点,因为此时很可能仅仅是个小反弹,股价或许还会在10日均线的牵引下再次下探。比较可靠的买入点应该是在10日均线往上翘时,才是真正的突破,这时候买进就比较可靠。

图4-17是智度股份(000676)的日K线走势图,如果在A点买入,虽然股价站上10日均线,但却是一个失败的买入点,需要止损,为什么这个买点会失败呢?最大的原因是股价在突破10日均线的时候,该均线还呈下跌趋势,下跌趋势的10日均线说明短线还是空头市场,下降的10日均线对股价有向下的牵引作用。C点是买入的好时机,这时股价在10日均线上方运动,有力突破10日均线且均线往上翘。

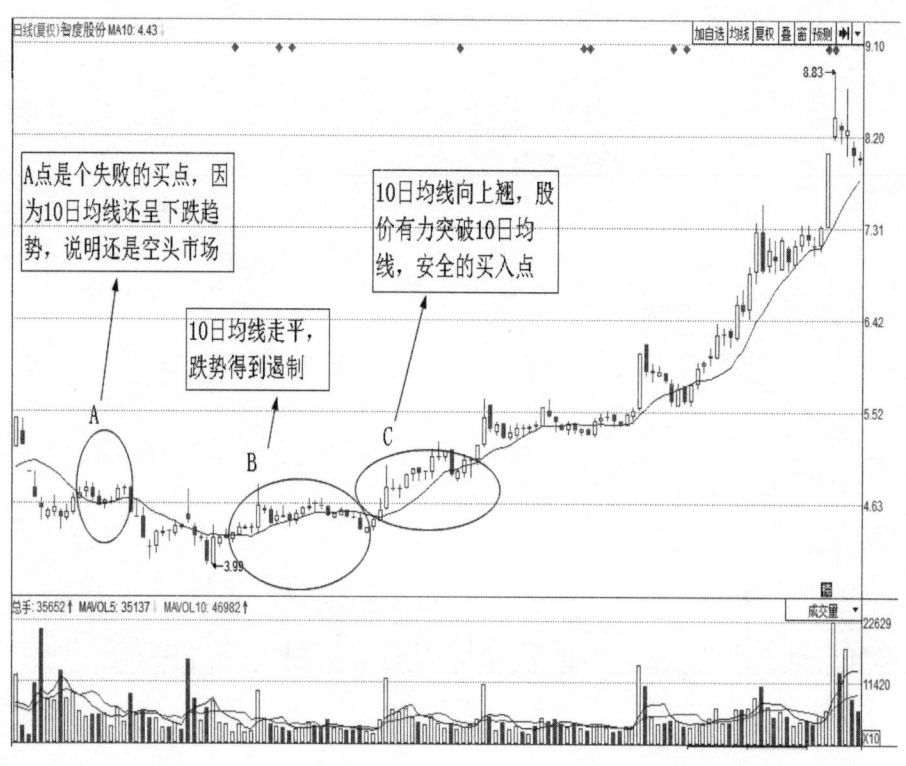

图4-17

　　图4-18是领益智造（002600）的日K线走势图，一个涨停板就把股价拉升至10日均线上，股价依托10日均线不断上涨，日K线涨跌错落有致，成交量收放有序，这种走势表明主力正在按部就班地执行自己的操盘计划，操作手法成熟稳健，股价后市走出大行情。

　　图4-19的股价刚从底部回升，在低位出现涨停板后，龙佰集团（002601）的股价站上10日均线上，股价稳步推高，成交量同步放大，投资者可积极买进。

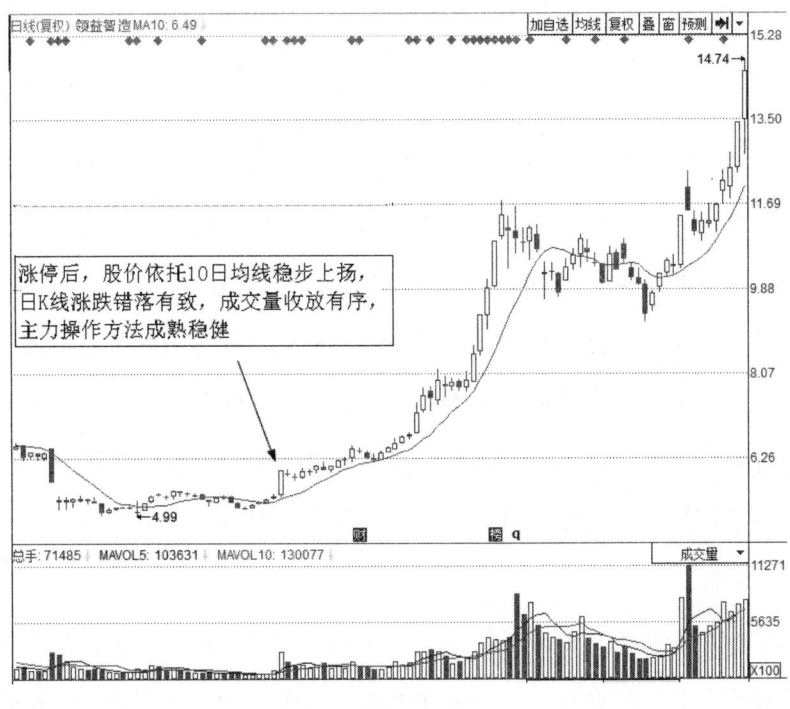

图4-18

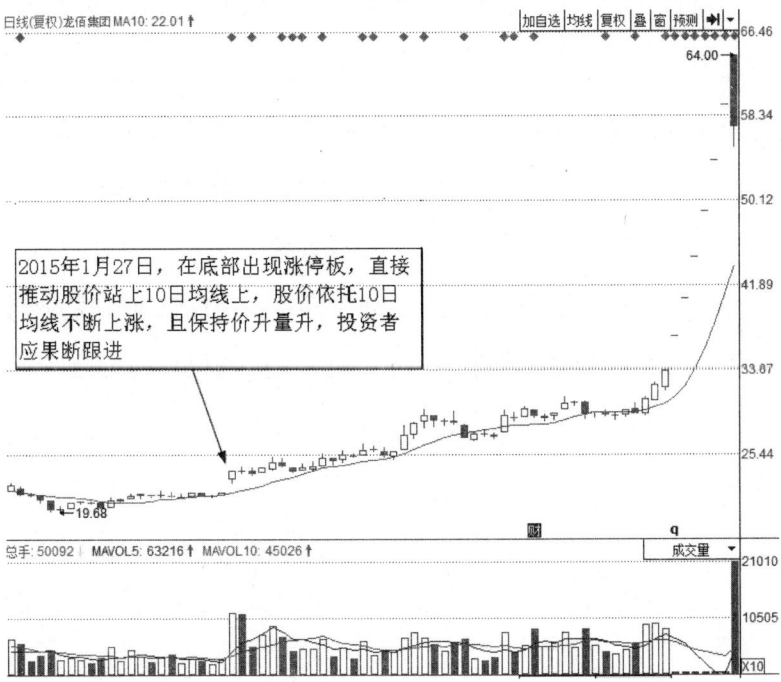

图4-19

三、敢于追涨的勇气

龙头股启动之后，表现往往强者恒强，此时只要成交量能够配合，分时图保持强而有力的上攻态势，投资者就可以考虑尝试性追击建仓买入，追击涨停板。这样不仅获利多，而且在时间成本上的花费也很低。

龙头股涨幅翻倍甚至翻几倍的品种亦不鲜见，冒有限的风险，追求超预期的收益，是追击龙头股的最大动力。要敢于买进强势的龙头股，尤其是前期有过涨停的或者已经涨停的个股，要多研究，看准了追涨买进，即使前期已有一定的涨幅，也可以追进，追涨应该及时、果敢，因为后面还有不错的升幅在等着你。

图4-20是海德股份（000567）2015年4月21日的分时走势图，当日开盘价小幅高开后回落，但在10：15分后成功站上黄线，黄线代表当日股票成交的均价，即均价线，且放量越过开盘价，之后多头坚决捍卫分时均价线，股价上升时成交量也逐步放大。此时，看好者可以考虑买入，图4-22是该股当天及其后的走势。

图4-21是海德股份（000567）的日K线走势图，该股在前期已有一定的涨幅，2015年4月21日放巨量涨停，当天没有介入的投资者也可第二天买入。投资者要敢于去追快速涨停的个股，有一些投资者不敢去追那些能够直冲涨停的个股，结果第二天个股高开高走又冲击涨停板，白白错过赚钱的良机，所以我们要关注那些能涨停的个股，并且还应该敢于及时快速追涨。

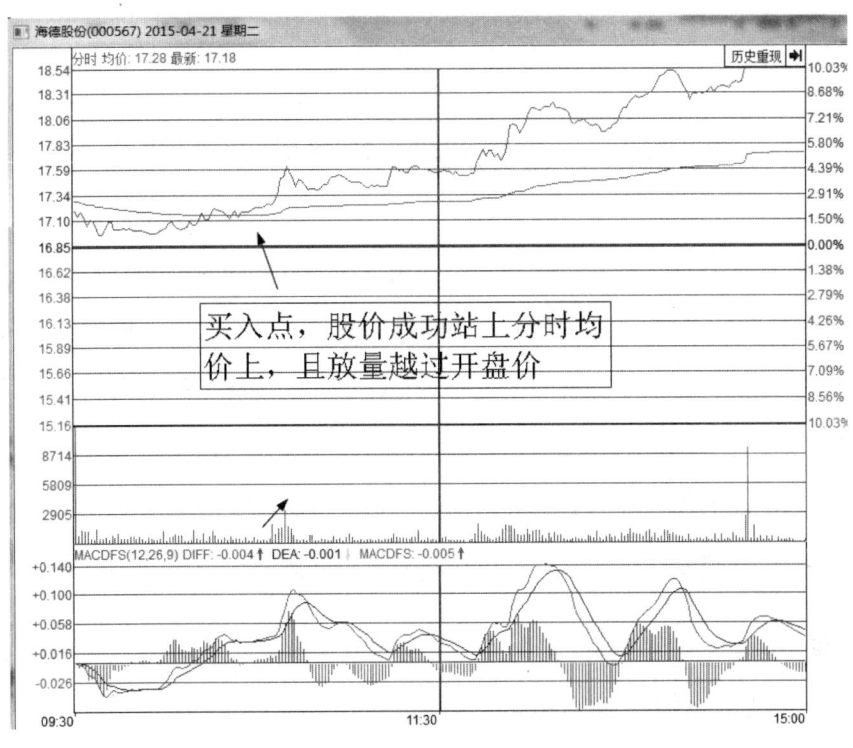

图4-20

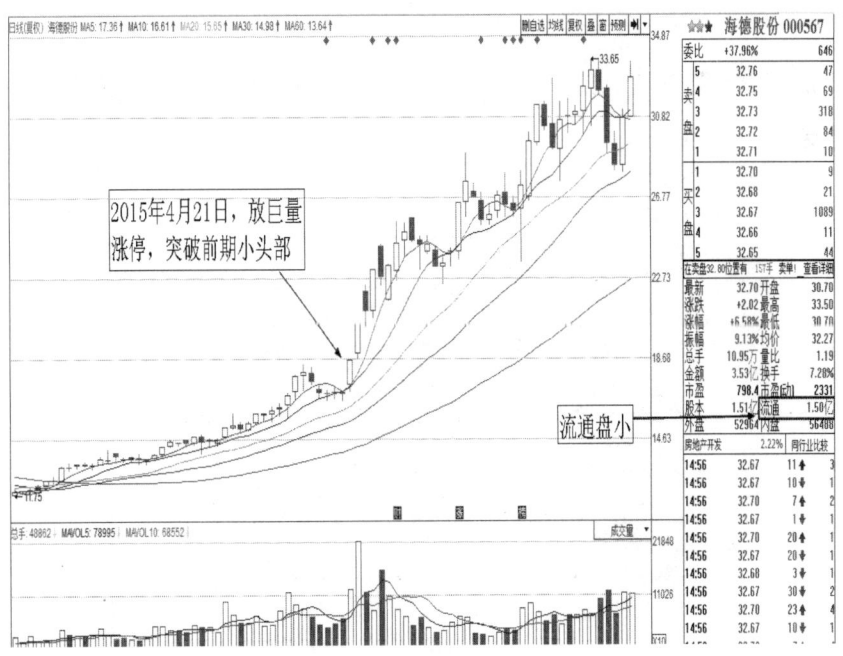

图4-21

第四节　分时图追击涨停龙头股

在捕获涨停板的选股过程中，核心是如何预先判断股价当日会涨停。为实现这个目标，对分时图的研判就显得尤为重要了。分时走势图在实战研判中的地位超然，是即时把握多空力量转化，即市场变化的根本所在。分时图呈现着多空双方的实时交锋信息。通过分时图，我们可以了解到股价在盘中波动的情况，然而这只是它的表面信息。如果深入探究，分时图会带给我们更多有价值的信息，这些信息可以让我们更为准确地预测价格的短期走向。

一、追击涨停板买入技巧

1. 即将封涨停时，追涨买入（图4-22）

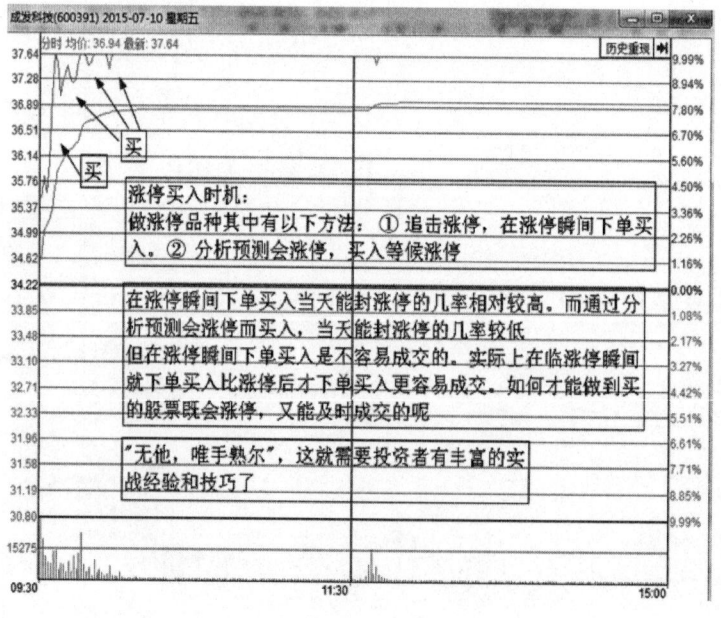

图4-22

图4-23是中体产业（600158）的分时走势图，该股开盘以3.14%高开，之后冲击涨停板，小幅回落，后又迅速封住涨停板，全天再无打开，在开盘12分钟内，投资者有足够的时间，在该股即将封住涨停板时，追涨介入。

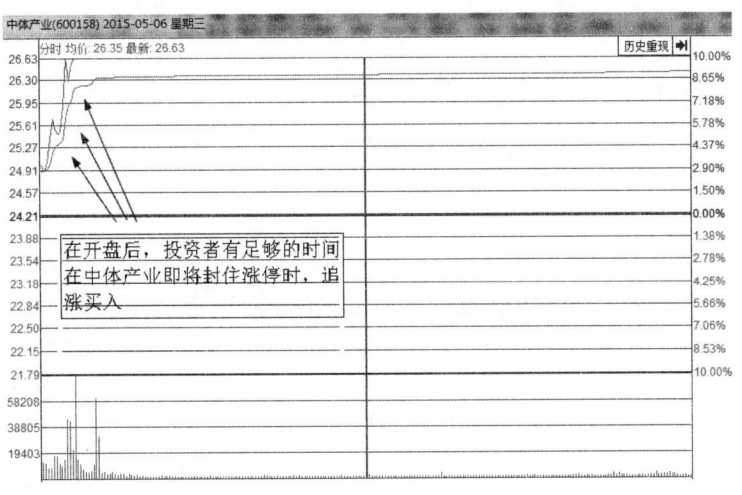

图4-23

图4-24是山东威达（002026）的分时图，从图中可以看出，该股在开盘后不久就强势封死涨停，投资者可在即将封涨停时刻，追涨买入。

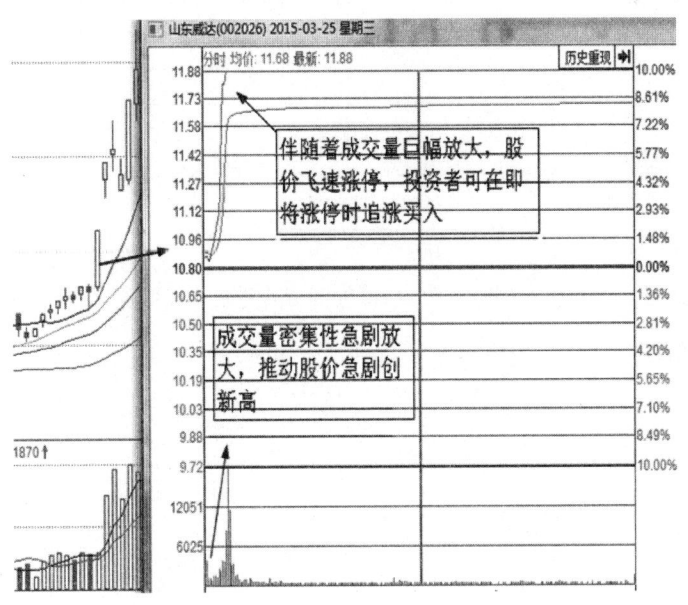

图4-24

2. 在龙头股打开涨停时，追涨买入

如果投资者的研判能力较弱，没能及时识别和抓住即将涨停的买入机会，或者投资者错过了买进的最佳时机，还有一个补救方法，就是可在涨停板被打开时跟进，使用这种方法有一定的风险，适合水平高的和进取型的投资者轻仓买入，如图4-25至图4-31所示。

图4-25是大唐电信（600198）的分时走势图，该股封涨停后不久，涨停板就被打开三次，投资者都有机会介入。

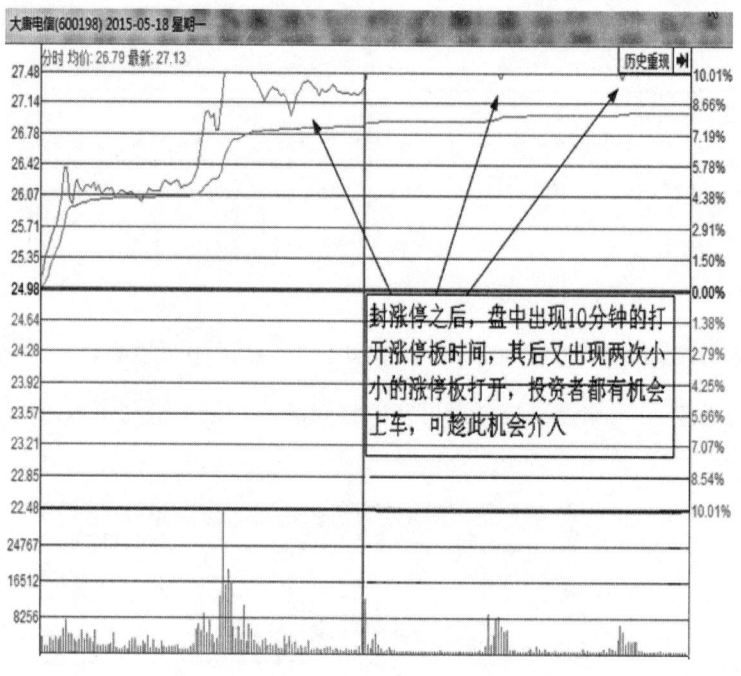

图4-25

图4-26是国电电力（600795）的分时走势图，该股封涨停板后，盘中有20分钟的涨停板打开，投资者趁机会进入，可坐享后市拉升行情。

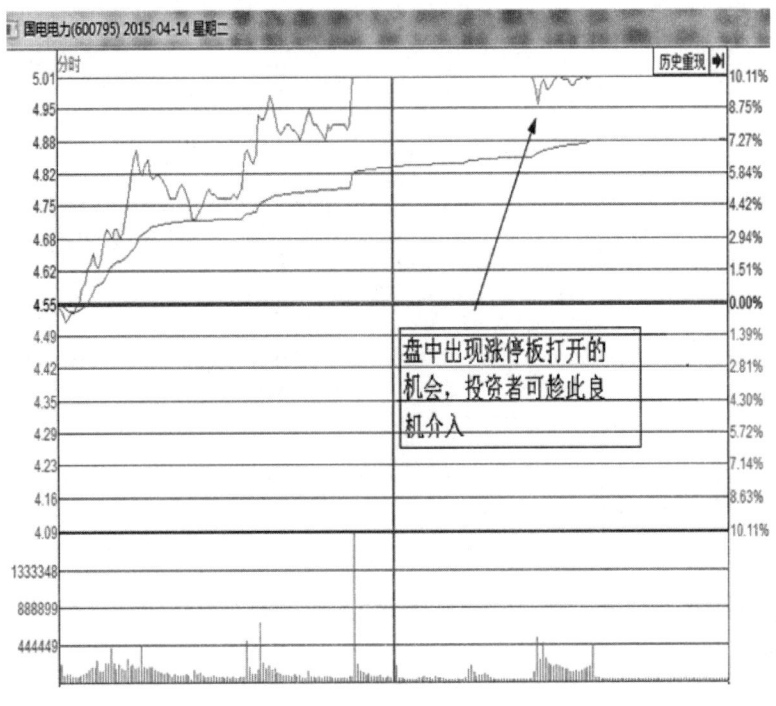

图4-26

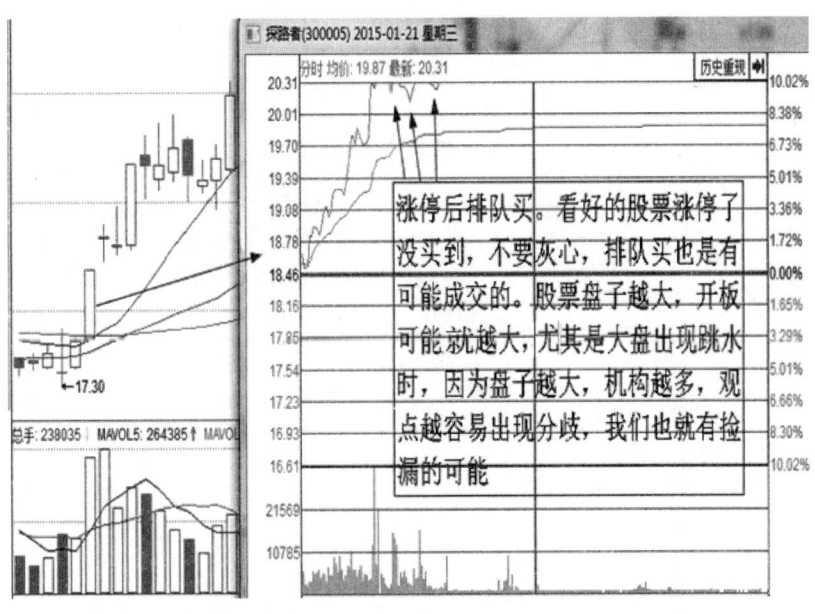

图4-27

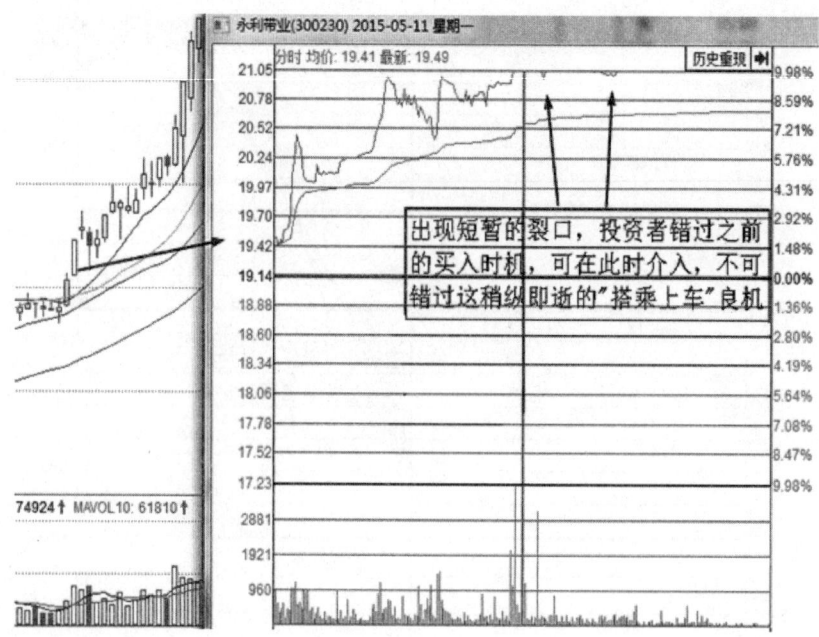

图4-28

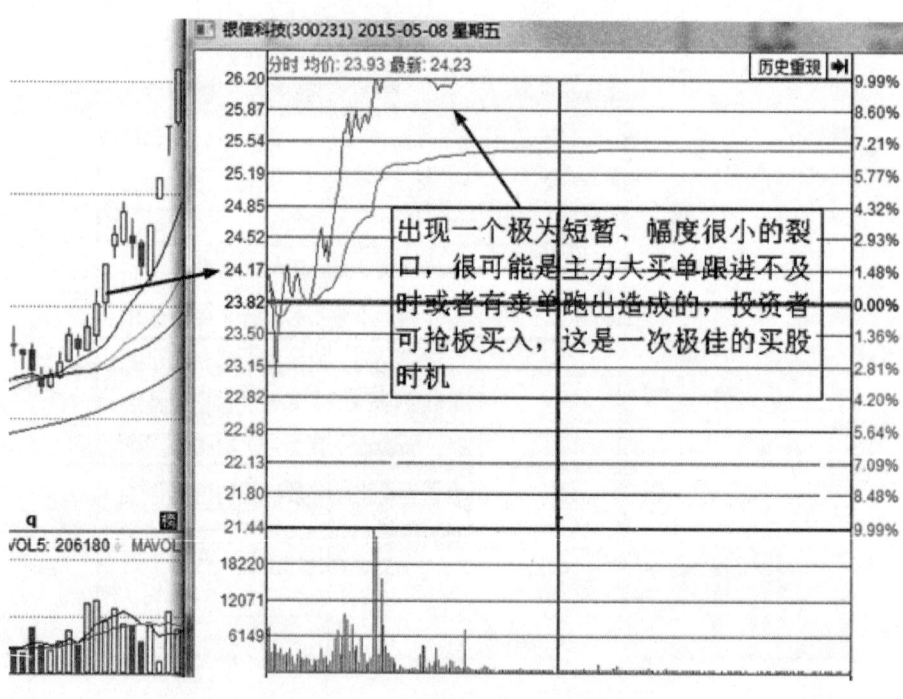

图4-29

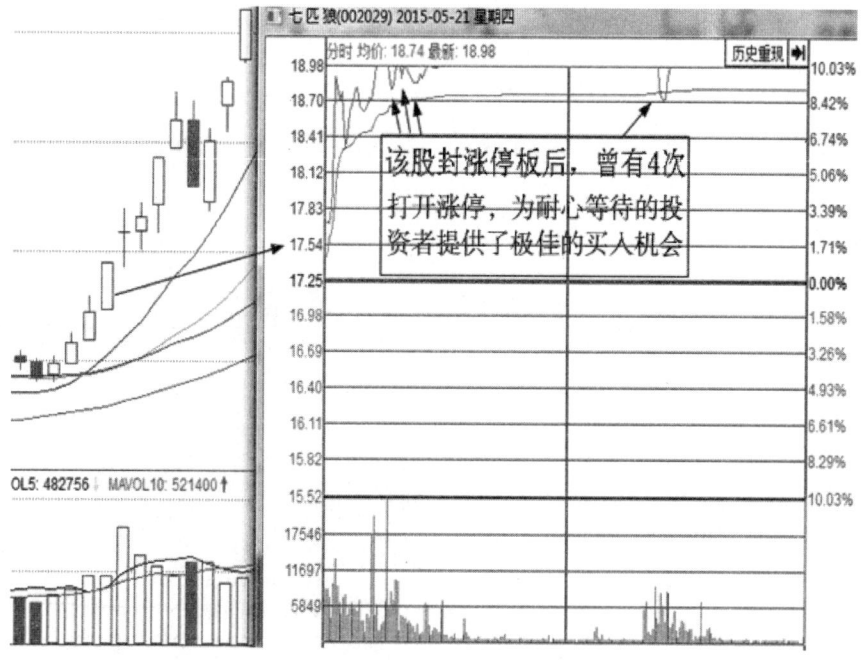

图4-30

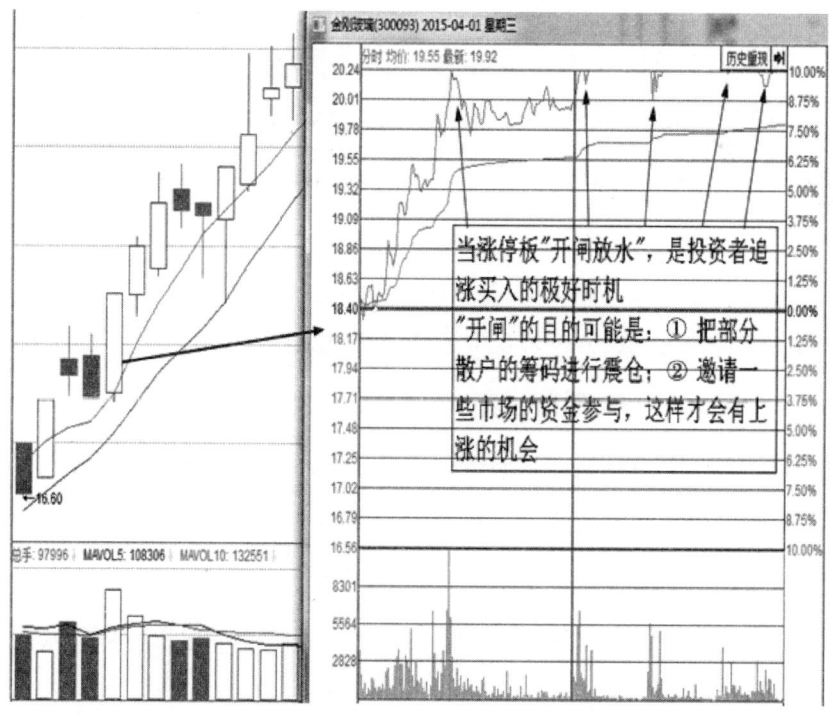

图4-31

在这里我们要补充说明一下,相对来说,第二次(或第三次)封板时买进更为安全,为什么第二次封板时买进更为安全呢?

股价"涨停—打开—再次涨停",在股价即将第二次涨停时买进,就是第二次封板买入法,如图4-32所示。

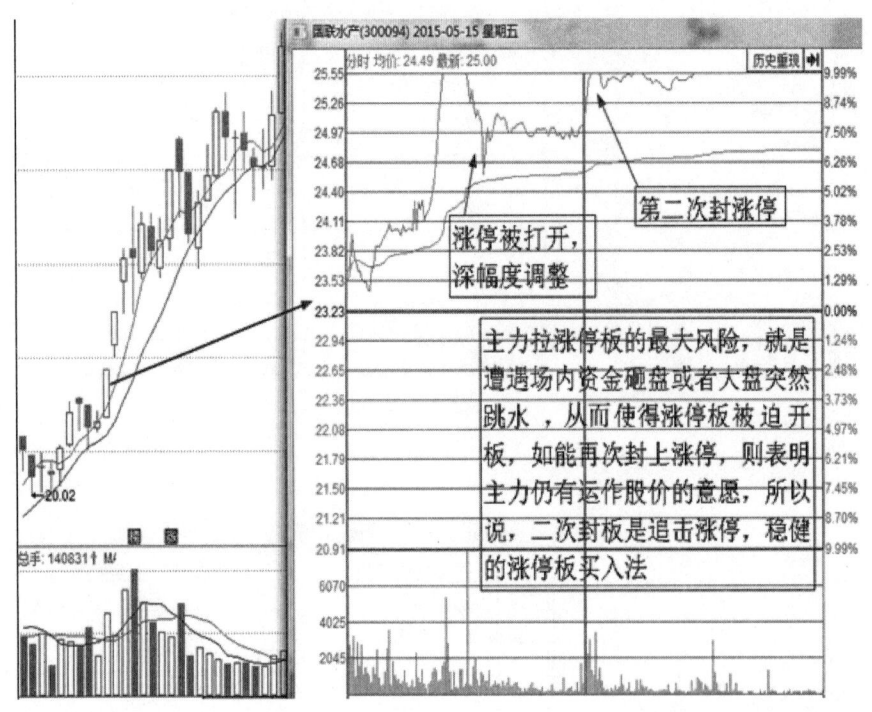

图4-32

第二次封板时追进,也是稳健的涨停板买入法。这是因为,主力拉涨停板的最大风险,就是遭遇场内资金砸盘或者大盘突然跳水,从而使得涨停板被迫开板。如果主力认栽,则通常会放弃动用资金再次封板。反之,股价如能再次封上涨停,则表明主力仍有运作股价的意愿。在大盘震荡市中,特别推荐大家采用第二次封板买入法。

不过,要提醒的是,低风险与高收益难以兼得。很多龙头股涨停,很少会给我们第二次开板买进的机会。

涨停板被打开时买入,最好要满足以下几点要求。

（1）涨停板被打开后最好短时间内被封住，从打开到被封住的时间越短越好。

（2）看该股中长线的走势，是否有获利的空间，是不是上升趋势，是上升趋势的股票，才可操作。

（3）盘中的涨停板不能多次被打开，否则，第2天应该考虑卖出。

（4）要能看懂主力是否用涨停板出货。

（5）轻仓。

（6）必须结合各项指标来配合日K线的走势，设好止损点。

下面是结合其他各类指标来配合日K线走势的分析，如此做操作时成功率才能更高。

（1）股价站上5日、10日均线最佳。

（2）MACD在0轴之上且金叉，发出买进信号。

（3）突破箱体在即，买进信号。

（4）KDJ也发出金叉买进信号。

（5）6日RSI上穿12日RSI发出金叉。

（6）股价运行在布林线下轨，股价底位横盘多天，有蓄势上攻的能量。

（7）成交量比前一交易日有效放大。

配合以上七点，涨停板被打开时可轻仓介入。

追涨停板是短线高风险炒股类型，特别是在我国这种"T+1"交易制度下，当天买进不能当天卖出，碰到下跌风险无法回避，在涨停时买入的那一瞬间，谁也没有把握该股是不是会打开涨停板往低走，在面对未知行情时，请做好风险控制，严格执行资金纪律管理，仓位上也不宜重仓买入，因为这是一种高度的投机，收益大，风险也大。

3. 盘中追涨

龙头股启动时，在分时图上表现为当日开盘后会出现冲高的走势，冲高的过程伴随有成交量的逐步放大，在股价向上冲击后出现回落窄幅整理行情，这是投资者进场的时机。

例如，科华生物（002022）在2015年3月4日启动上涨行情之时，见图4-33和图4-34。

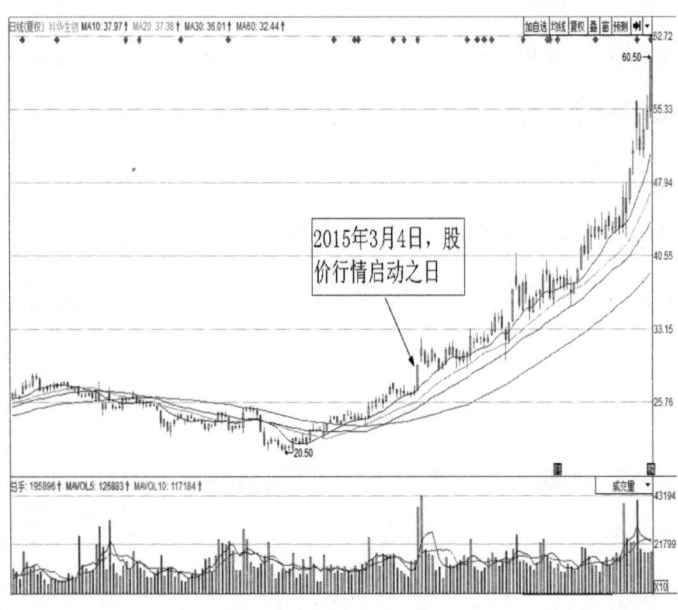

图4-33

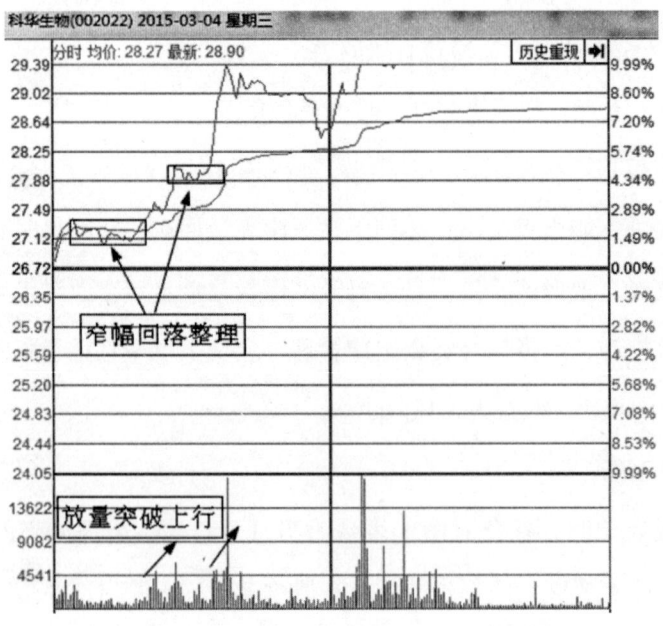

图4-34

图4-34是科华生物（002022）2015年3月4日启动上涨行情当天的分时图，该股开盘后小幅放量上涨，随后回落转入窄幅整理走势，这为投资者提供了适宜的盘中追涨买入机会。

4. 在龙头股强势整理期间介入

即使最强劲的龙头股行情，中途也会有整理的阶段。这时也是投资者参与龙头股操作的买入机会，投资者需要把握其休整的机遇，积极参与。

图4-35是美晨科技（300237）的日K线走势图，从图中可以很清晰地看到，该股在16元和23元附近构筑两次小型整理平台，盘中下探未破，表明市场仍属于强势，平台整理期间是投资者介入的良机，休整结束之后，股价再展雄风，短线涨幅巨大。

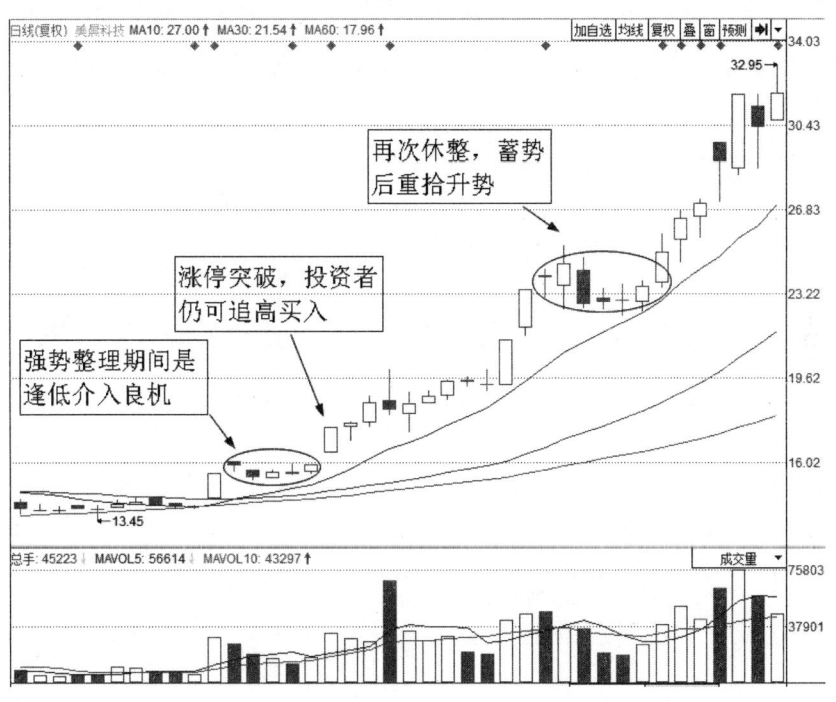

图4-35

二、关键点:"买一"委托买入量

"买一"就是现在这一时刻委托买入的单子中,价格最高的那些集合笔数与价格。

涨停时的"买一"价格就是涨停价。"买一"委托买入量的大小对是否能稳稳封住涨停板很重要。

涨停"买一"委托买入量越大的股票,其后走势通常持续上涨的潜力越强,继续涨停的可能性会更大。

从图4-36中我们可以看出,涨停"买一"委托买入量越大的股票,涨停板越不可能被打开,股价就会被牢牢封住涨停板,已经买进股票的投资者可以继续持股,但未买进股票的投资者就很难买进该股了。股市变化莫测,复杂多变,"买一"委托买入量也是可以撤单的,投资者要随机应变。

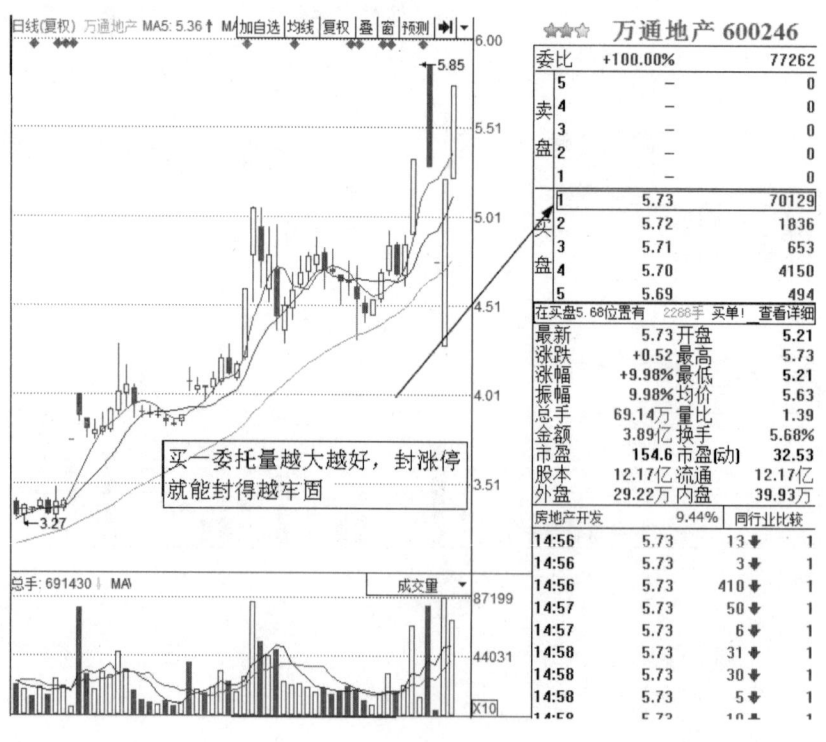

图4-36

这里再提供两个看委托盘的涨停板买入法，供读者参考：

（1）等涨停价格上的卖单被吃掉至少1/4。若股票极度看好，进取型投资者可在涨停价成为卖一价时迅速买进。

（2）当涨停价格降为卖一价至卖五价时，马上买进，这适用于高价的小盘股。高价股涨停时，往往是跳价扫单。若等涨停价成为卖一价时，往往买不上。此方法特别适合连续涨停板的龙头股。

三、从分时图角度研判主力意图

当个股有主力在里面操盘运作时，重要关头主力往往会出来干涉股价的涨跌态势，或者引导股价往其想要的方向运转。细心认真的投资者通过分时图走势、盘口挂单、单笔大单成交等可以察觉出来。主力的运作对个股股价的走势影响很大。在实战中如发现目标个股明显有主力在操盘，就应该注意研判主力操盘的做盘细节，以及操盘意图。具体如图4-37至图4-41所示。

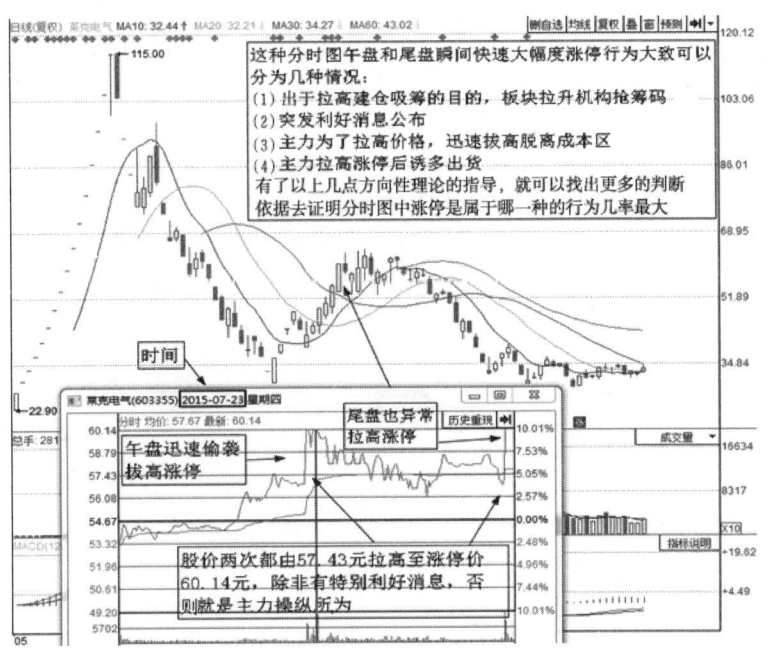

图4-37

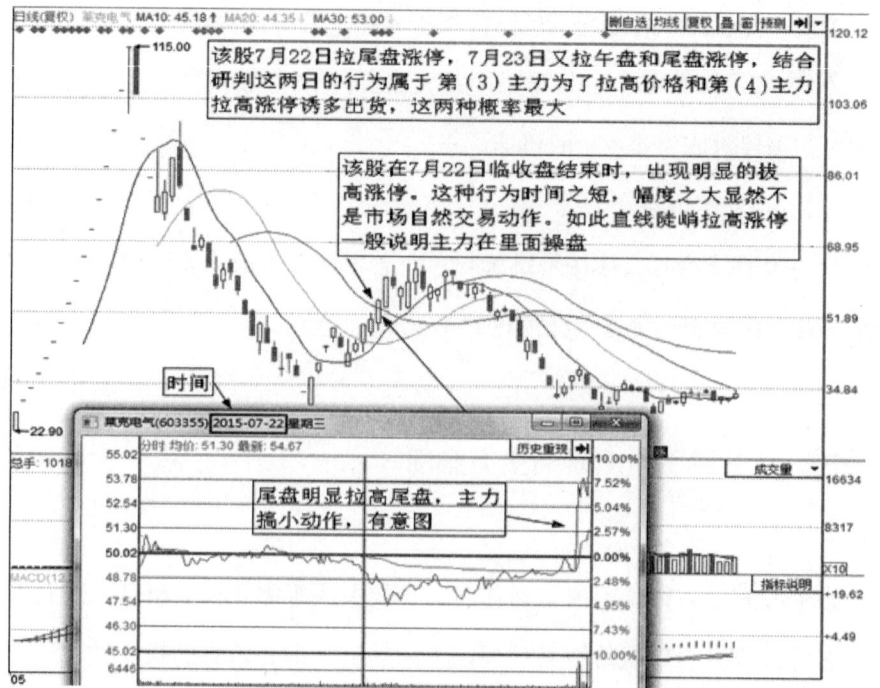

图4-38

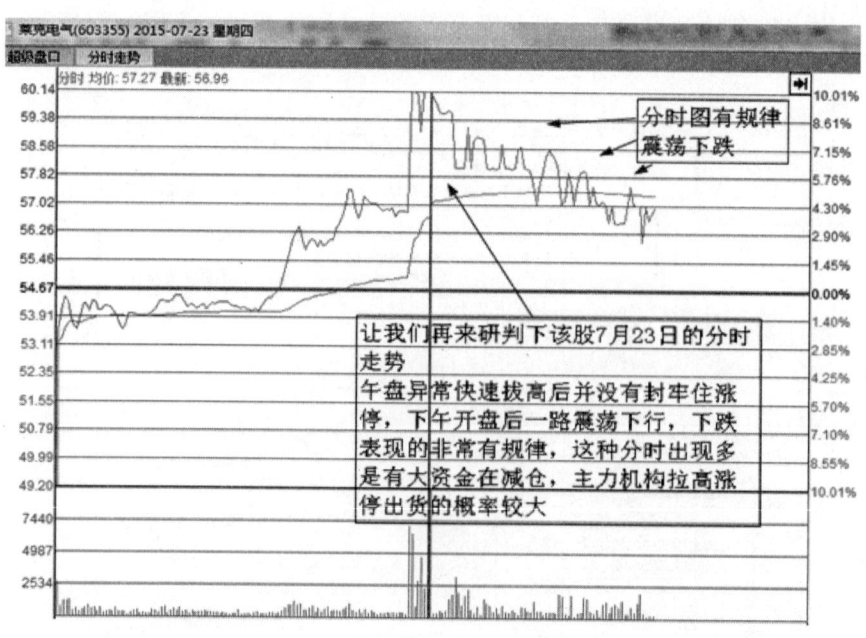

图4-39

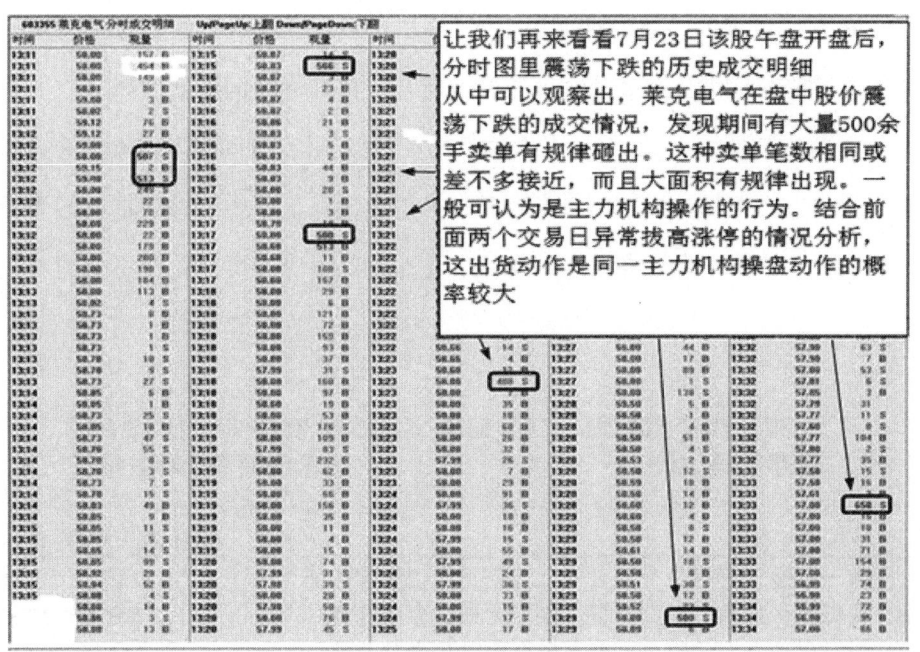

图4-40

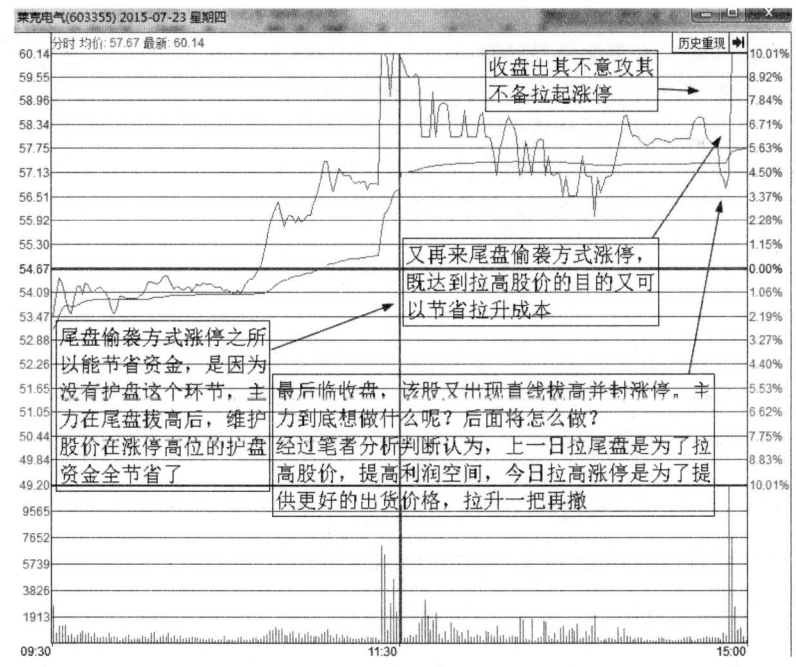

图4-41

如图4-42所示,通过对莱克电气7月23日公开交易数据研究发现,该股是上海游资在运作。上海几个证券营业所与安信证券厦门营业所属同一主力的分仓概率非常大。理由是这几个营业所在7月23日当日同时出现大量的买和卖。卖出方面大都是真正面对市场其他人的卖出。这其中既存在真正的为了拉高而买入的买,也存在一定的对敲。这么大的量当中可能存在不少的对敲成交。

上海证券交易所每日交易信息交易日期:2015年07月23日
证券代码:603355　　　　　　　　证券简称:莱克电气

买入营业部名称:	累计买入金额(元):
(1) 第一创业证券股份有限公司上海巨野路证券营业部	112589010.50
(2) 安信证券股份有限公司厦门湖里大道证券营业部	99890862.78
(3) 新时代证券有限责任公司上海金桥路证券营业部	28456749.56
(4) 中山证券有限责任公司北京车公庄大街证券营业部	25726911.00
(5) 方正证券股份有限公司上海保定路证券营业部	21172962.04

卖出营业部名称:	累计卖出金额(元):
(1) 安信证券股份有限公司厦门湖里大道证券营业部	64429333.00
(2) 第一创业证券股份有限公司上海巨野路证券营业部	48448115.00
(3) 新时代证券有限责任公司上海金桥路证券营业部	38353791.00
(4) 华泰证券股份有限公司扬州文昌西路证券营业部	28760735.14
(5) 招商证券股份有限公司深圳沙头角金融路证券营业部	15446615.00

图4-42

为什么要对敲成交呢?为了吸引更多人去抢进接下卖单,操盘手自己不断用买单分批往卖单吃。制造活跃的买盘交易引诱市场资金进入和抢涨停。主力这种交易成交性质实际上就属于一种左口袋的钱进右口袋的对敲行为。该主力快速拉高涨停的行为目的是减仓和出货。

让我们再来看一看涨停分时图里盘口挂单中明显的主力行为,如图4-43、图4-44和图4-45所示。

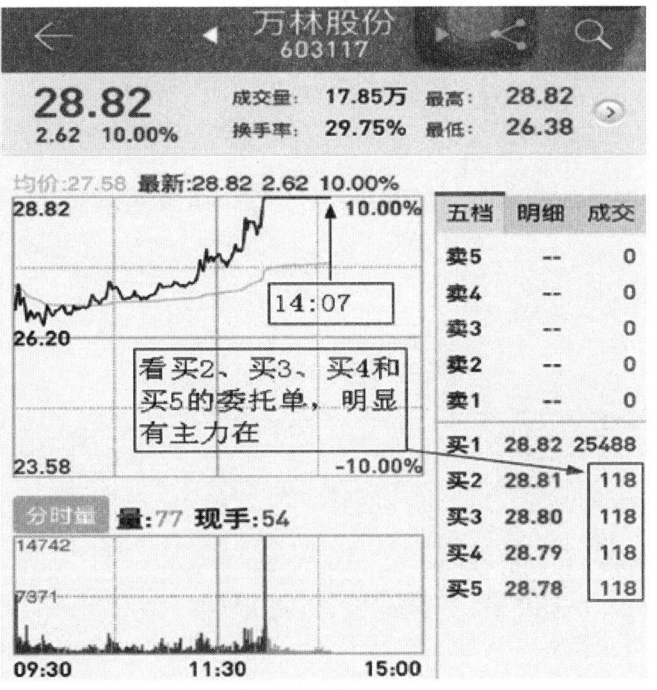

图4-43

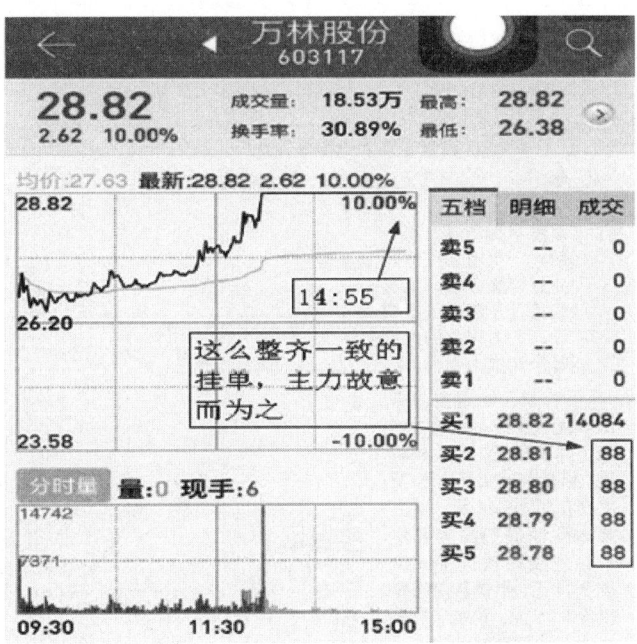

图4-44

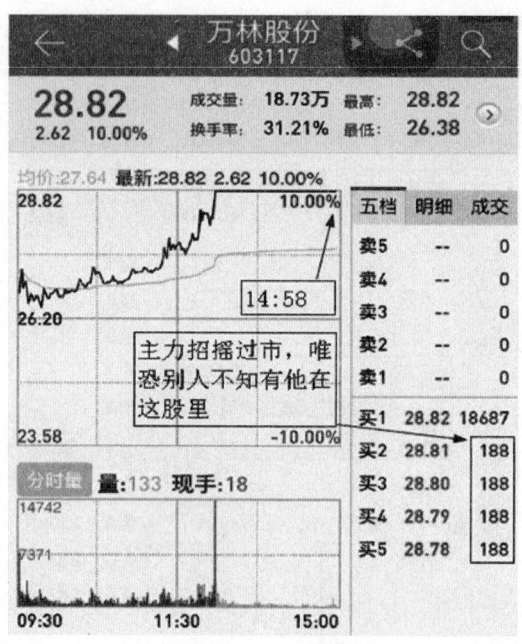

图4-45

下面我们再来介绍一些关于追击涨停的主力操盘分析,从而分析主力的作盘心理,如图4-46至图4-50所示。

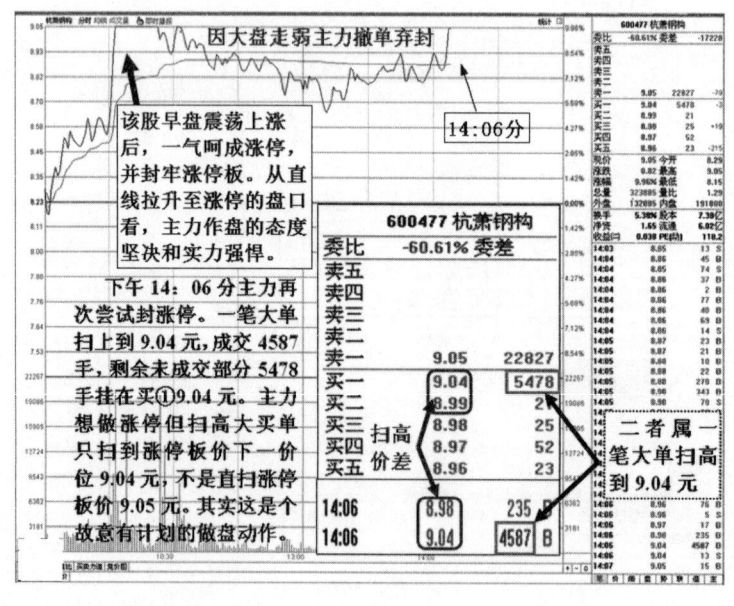

图4-46

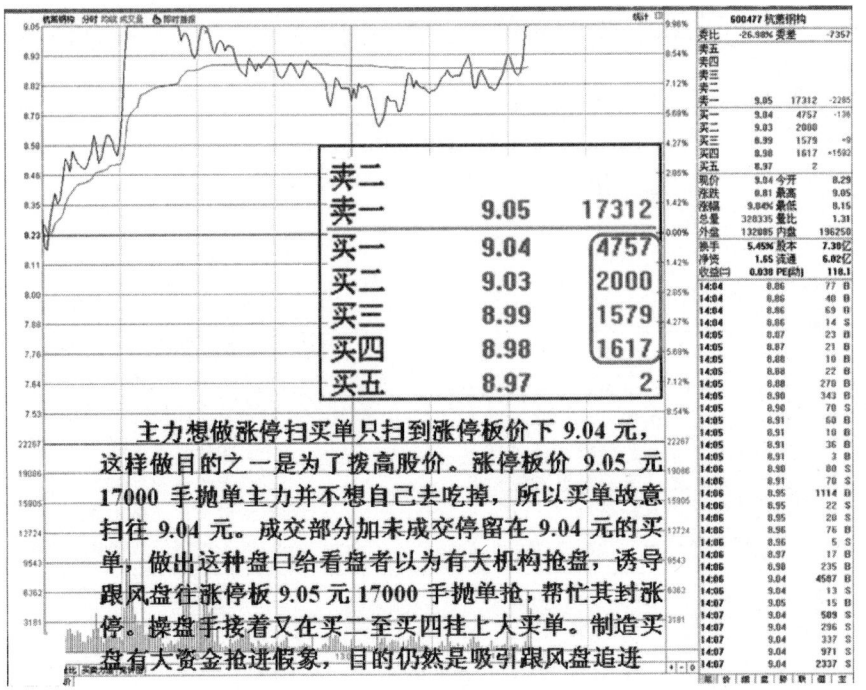

图4-47

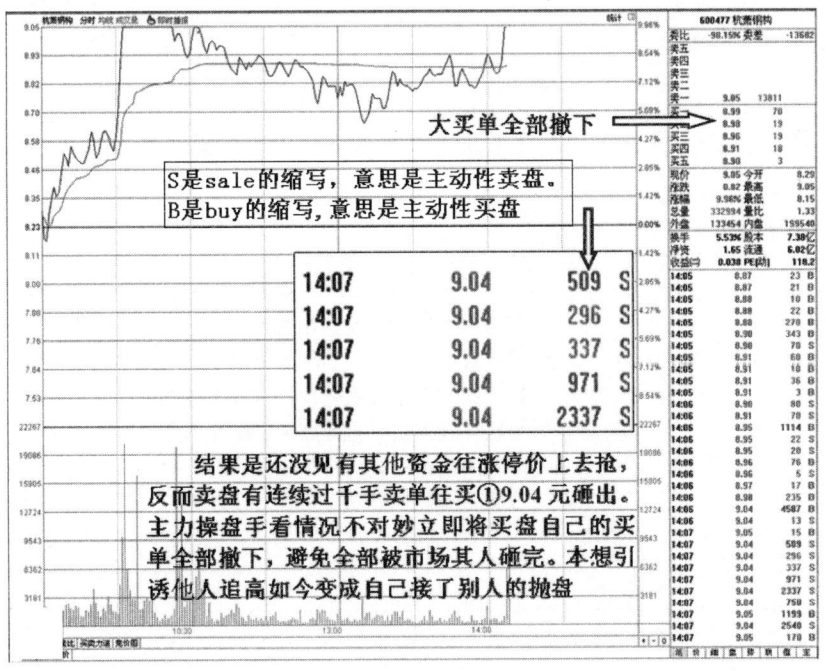

图4-48

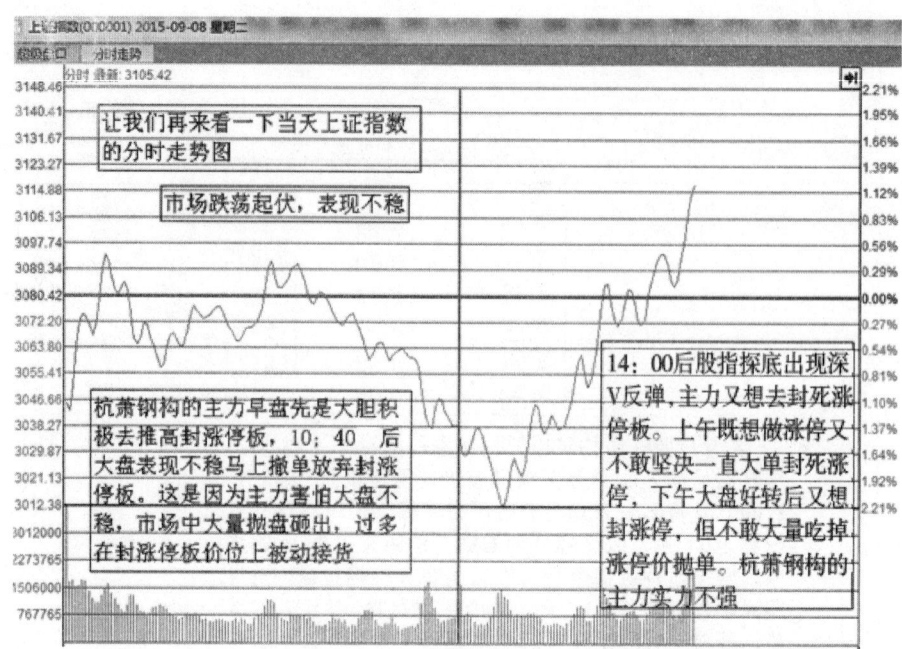

图4-49

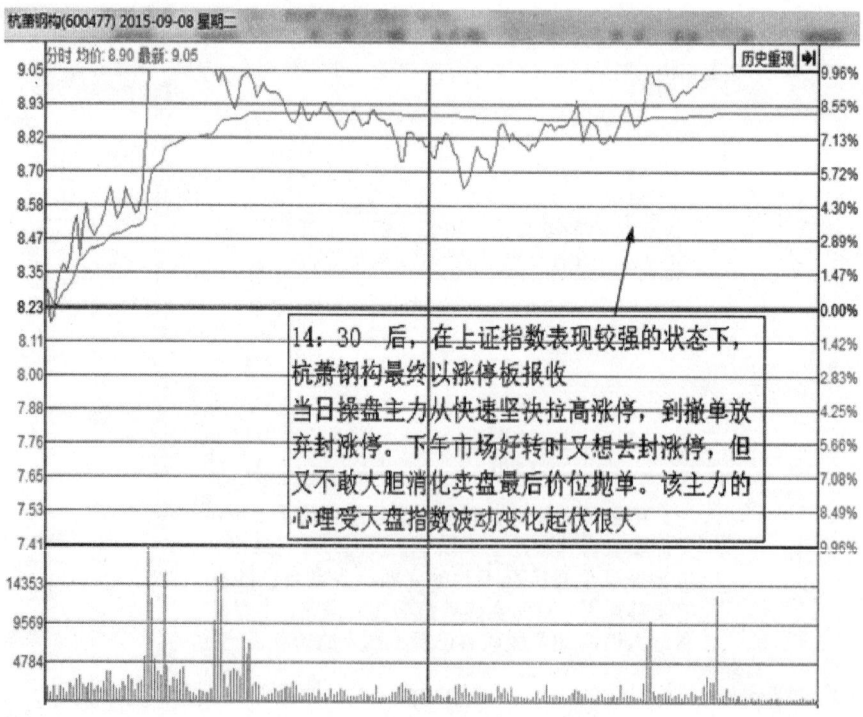

图4-50

第五节 龙头股涨停操作要点

一、在热点板块里捕捉涨停板

如果市场中出现明显的热点效应，就要及时介入热点板块的个股，最好是板块的领涨龙头股品种。虽然领涨龙头股品种可能已经有了比较大的涨幅，却往往是最安全的，最终涨幅也是可观的。

如果板块持续性强，则涨停板追入获利机会更大。投资者应尽量避免介入冷门板块和股性不活的涨停股票。

二、注意回落的幅度

股价冲高上涨后自然要回落整理，这是一种自然现象，也是股价波动的必然规律。但是这并不意味着股价冲高回落没有什么操作价值，相反股价冲高回落的幅度深浅，对个股的走势有着至关重要的意义，它决定着股价短期走势的强弱。

如果个股股价回落不破开盘价，或者不破昨日收盘价，说明强势特征依旧明显，可以在股价调头向上攻击时买入。这样即使不能捕获到涨停板，也很有可能保证当日买进后处于盈利状态。如果早盘涨停后打开，回落的幅度保持在1%至3%时，再向上去封涨停之前，可以挂单追击买进，但这种情况需要投资者对消息、板块和大盘走势精确把握，才能介入。

三、注意攻击时的态势

所谓态势，就是指该股目前的运行趋势，攻击态势可以从上攻的均线上翘角度和成交量能上体现出来。股价上攻角度越大，攻击越流畅，其动能就越大，当上攻角度大于60度时，它集中反映了做多动能的集中宣泄；而量能是股价上涨的原动力，量价齐升的健康关系是决定个股涨停的一个关键因素。

分时图中的均价线是多空双方盘中搏斗的攻防堡垒，其运行的方向直截了当地表明了当日股价运行的未来结果，对股价有着一定的牵引、拉动、支撑和压制作用。当均价线朝上，股价回落到均价线即获得支撑，上涨成为必然，支撑的力度越大，上涨的幅度也就越大。

四、注意集合竞价

集合竞价是主力经历一夜冷静思考以及市场共同预期的结果，很多时候透露出主力资金当日运作意图的一些信息。尤其是当有利好消息、题材出现时，可以让我们敏锐而有效地发现，并且捉住集合竞价中出现的某些稍纵即逝的机会，果断出击，提高捕捉涨停板的成功概率。比如某股前一日收盘时已经呈现强劲的上涨攻击态势，早盘集合竞价带量跳空高开，越过重要阻力位或技术关口，那么该股承接昨日上升走势并发展成为涨停的可能性大，通过全面综合分析确认具备涨停的一系列特征之后，要果断以略高的价格挂单试探性买入，以便能及时进场。

五、在个股涨停前买入

许多龙头股涨停都是采取一波、两波或三波攻击封住涨停。因此，密切关注开盘跳空过重要压力位或关口，同时是近期首次放量、个股本身技术低位、板块联动效应已显现的股票，就可以在涨停前快速果断建立尝试性仓位；一旦刚封住涨停，要敢于及时排队建立追击性仓位；如果大盘同时配合，个股技术处于较低位，同时该股又能带动同板块股票联动上扬，此时打开涨停板，也是我们买入的机会，后市涨升的可能性较大，可大胆建仓买入。

六、控制好风险

计划你的交易，交易你的计划，在买入股票前要严格设置止损点，并动态设置止盈目标，掌握好高抛的机会，一旦出现跌破止损位和破位要果断止损离场，执行交易纪律，安全第一。

龙头股追击涨停既有优点，也有缺点。龙头股行情往往以单边的上涨形式展开，但如果行情到达顶峰，投资者接了上涨过程中的最后一棒，可能损失惨重。

投资者在操作的同时不能忽视风险，应适当注意资金的管理与仓位的控制。

七、细心完善的准备

追击龙头股涨停是一种短线快速获利的技巧，它对投资者的心态、操盘技巧、看盘基本功和应变能力等，有非常高的要求。如果投资者没有对以上各方面进行细心完善的准备，就贸然追涨龙头股，自然容易遭受挫折。龙头股上涨幅度大，振幅大，就像一匹脱缰的野马，稍有不慎就可能被摔下马。

八、观察主力的操盘手法

　　捕获涨停板就是要搭顺风车，是要进入有主力资金介入的股票。许多投资者感觉捕捉涨停板难度较大，就是因为市场中存在着做盘风格、操作手法和操盘细节各不相同的各种主力机构，如游资主力运作涨停的手法往往是快如闪电、来去如风，与基金主力、券商主力、QFII主力等的手法都有较大的差别，而涨停板实际上就是主力资金重兵运作的明显信号，是调整布局、变换节奏的标志。因此，要研究目标股主力的操盘手法，才能做到与主力共舞，知己知彼，百战百胜。

第五章

龙头股突破操作技法

龙头股一般率先启涨，通常会有较大的涨幅，甚至持续不断的涨停，股价翻倍。在行情火爆时，往往会形成主流热点，能够发动富有力度的上涨行情。

龙头股启动之初，总是以藐视群雄的强势姿态面世，以此吸引市场眼球，引领同行业股票。技术面上通常形成了多个关隘的突破，达到震慑浮筹的目的。龙头股突破操作技法由此而来。

突破的定义不仅指股价创新高，也延伸包含了对缺口的突破、技术压力位的突破、均线系统的突破、趋势线的突破等。

突破是股市中常用的买卖操作方法。一般来说，只要股票上升趋势明确，每一次向上突破都是买入机会。突破不仅意味着趋势延续确认，更是一种判断对股票强势状态的主要确认方法。

第一节　放量突破压力线技法

很多普通投资者总是为买入时机犯愁，怕买进就被套，事实上有一个简单的判断方法，就是看股价是否放量突破压力线。一般来说，放量突破压力线就意味着当前的压力已经消解，后市应该有一段上涨空间，因此放量突破压力线是一种较为简单的买入法。

前期高点造成的压力位制约了股票的上涨高度，放量突破前期高点才能释放出股票的上涨空间。用突破前期高点来作为买入的依据，这种方法使用很广泛，因为前期高点通常是上涨过程中的压力点，一旦向上突破了，后势往往会上涨。

当股价在上涨至前期高点附近时，如果能够放量突破，创出新高，说明股价将要在原来的高点基础上，再上一个台阶。此时，投资者可以选择突破当天或者第二天股价走强时买入。

放量突破压力线买入技法的最大优点是,可以让投资者直接参与到股价的上涨过程中,高效快捷地获取盈利。从心理的角度来说,投资者都期望能尽量抓住市场的机会,所以总希望自己买的股票马上就能涨,而采用放量突破压力线买入技法恰恰可以为投资者省去等待的时间,把握股价起飞的阶段。

图5-1是文化传媒板块龙头股ST广电(600831)的日K线走势图,该股股价长期受到压力位的压制,如果该股要出现一波大行情,那么首先就要向上突破这一条前期高点连成的直线。在股价没有向上突破前,这条直线表现为横盘盘整时期中最高的价格阻力线。突破此线代表股价将结束长期底部横盘震荡阶段,后市将展开一波行情,投资者不可错过。

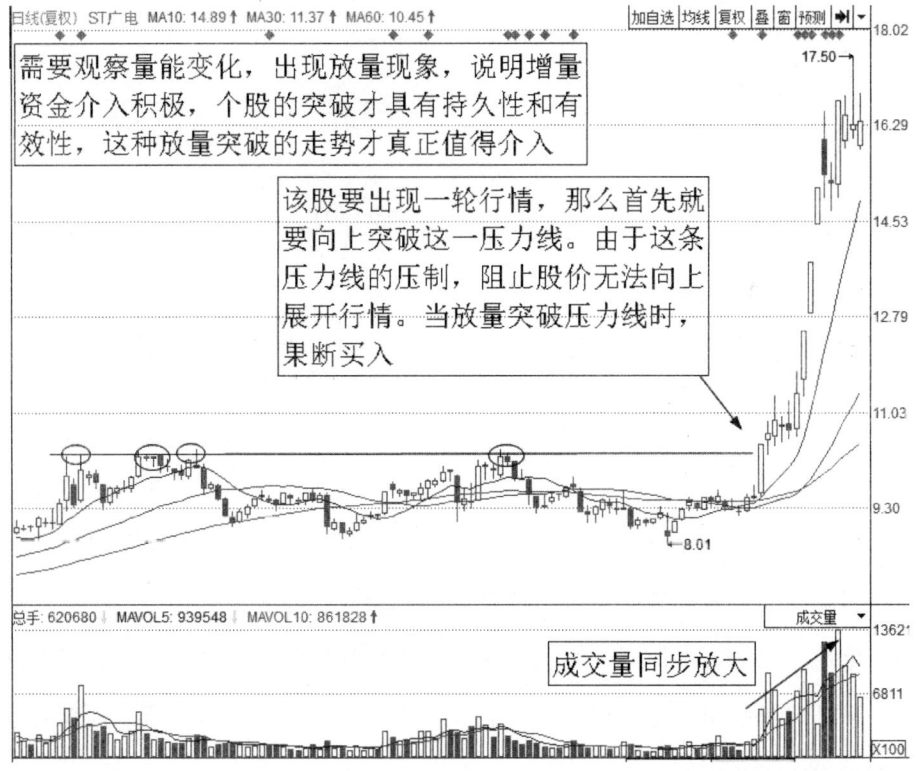

图5-1

图5-2是湖南投资（000548）的日K线走势图，一般来说，前期高点往往会成为股价以后上涨的重要压力位，如果股价能够突破这一压力位，则该压力位就变成了未来股价的支撑位。因此，人们常把压力位能否被突破看成能否创新高的依据。

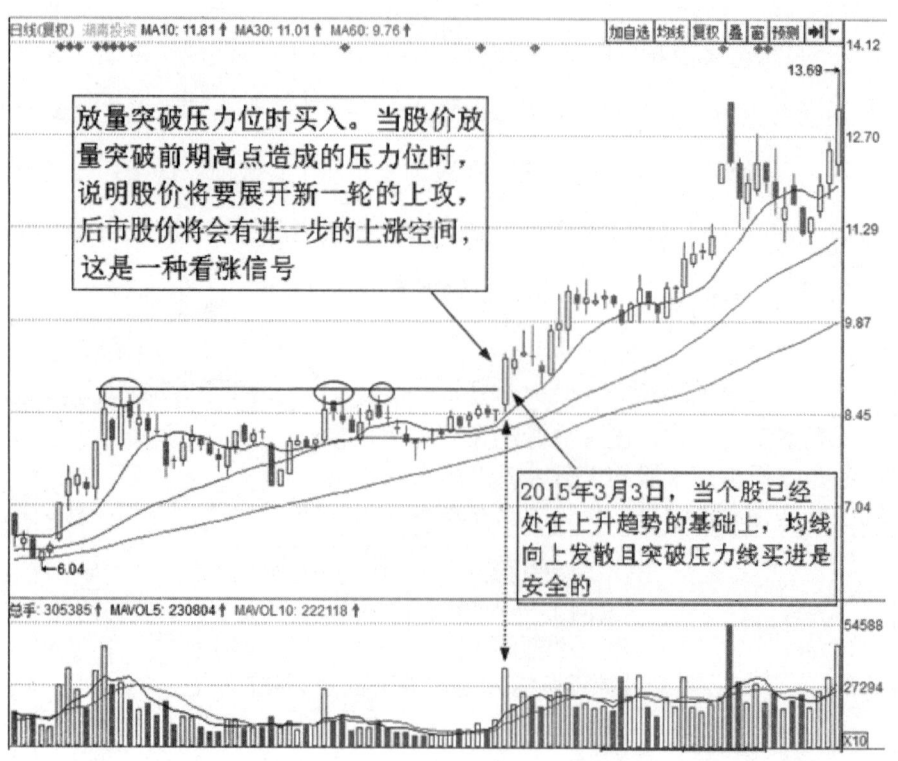

图5-2

在股票市场中，经常会出现强者恒强的经典案例，特别是突破压力线后股价创新高，更是勇不可当，经常成为龙头股。此类个股创出阶段新高之后，解放过去的套牢筹码，有利于主力进行后续拉升，且创出阶段新高的品种，上档一马平川，无任何套牢筹码，无明显技术压力区域，所以通常会继续保持屡创新高的态势。

图5-3是君正集团（601216）的走势图，该股放量突破压力位，同时也创出阶段新高，此后股价一路震荡上行，新高不断，图中累计涨幅两倍有余。

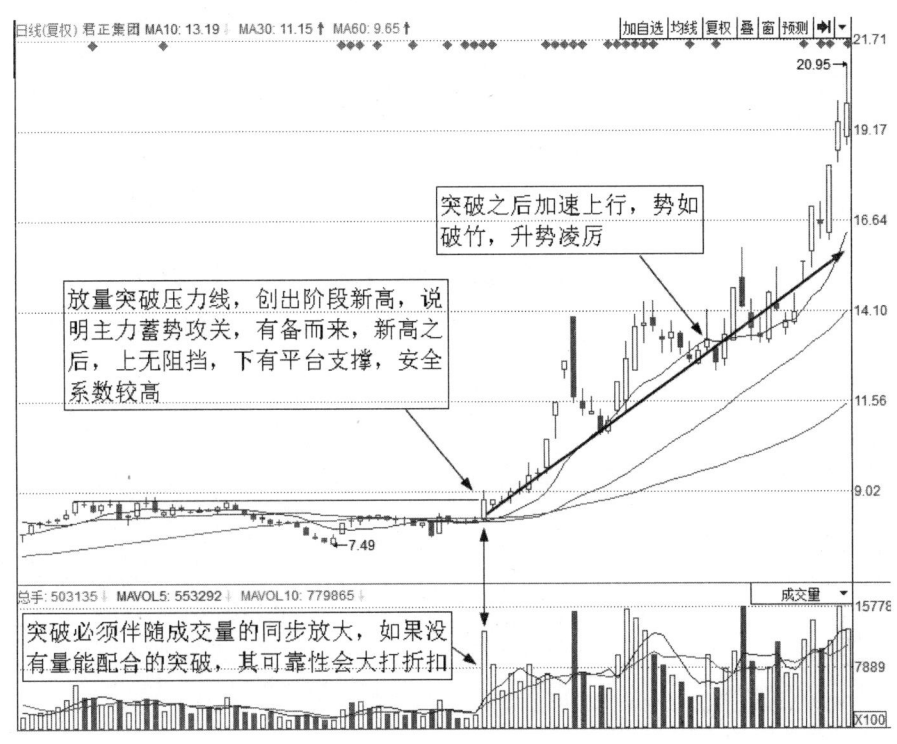

图5-3

图5-4是银行板块龙头股兴业银行（601166）的日K线走势图，我们来看一下其中的一段走势，该股放量突破前高，说明长期横盘调整结束，多头再度强势归来，机会难得，投资者应在盘中积极跟进，这是买股的极佳时机，万不可错过。此后该股快速上涨，给及时跟进的投资者带来了满意的投资回报。

图5-5是摩托车行业龙头宗申动力（001696）的日K线走势图，该股股价经过一段时间的下跌开始企稳，随后迎来了一波反弹上涨行情，股价在接近前一压力位时，横盘平台整理运行半个月，引诱套牢盘抛出筹码，之后在2015年3月13日才放量突破，正式启动行情，说明这个突破是有效的，投资者遇到这种情况时，应该及时买入。

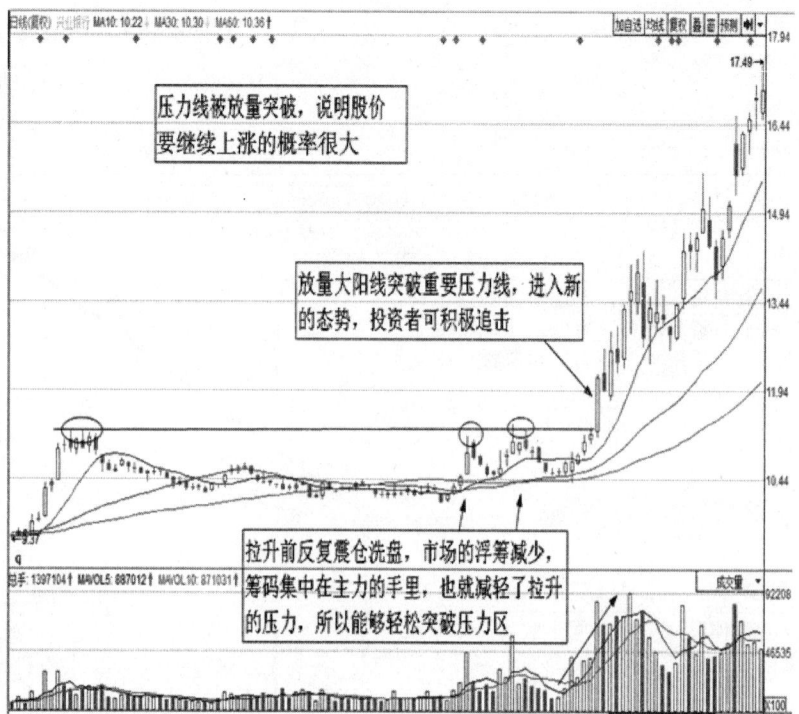

图5-4

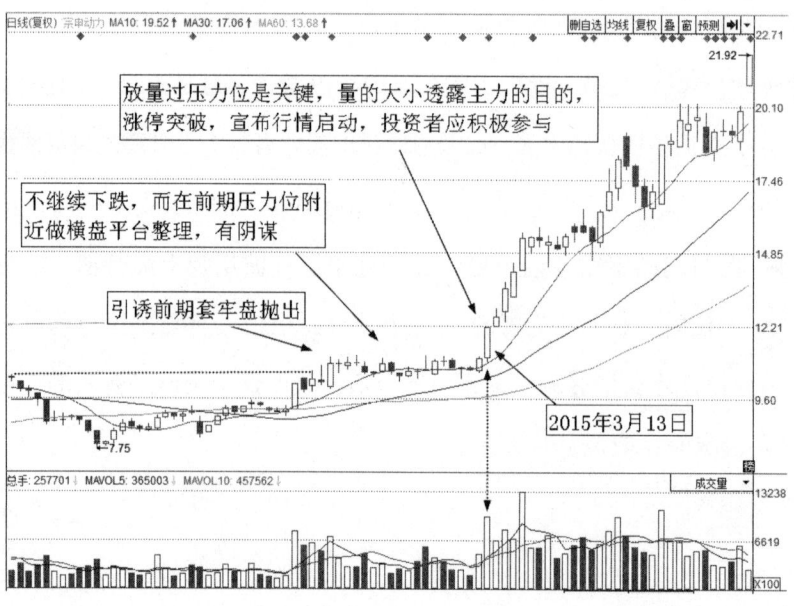

图5-5

图5-6是唐山港（601000）的日K线走势图，该股的这个涨停突破压力位非常有价值，因为压力位由前期两个相同高点构成，压力非常明显。另外，在突破之前，该股有一段时间的蓄势盘整。此次涨停强势突破，自然是买入点，投资者可积极跟进，不可错过。这种突破方法可以轻松获利，不需要绞尽脑汁费力去想买点。

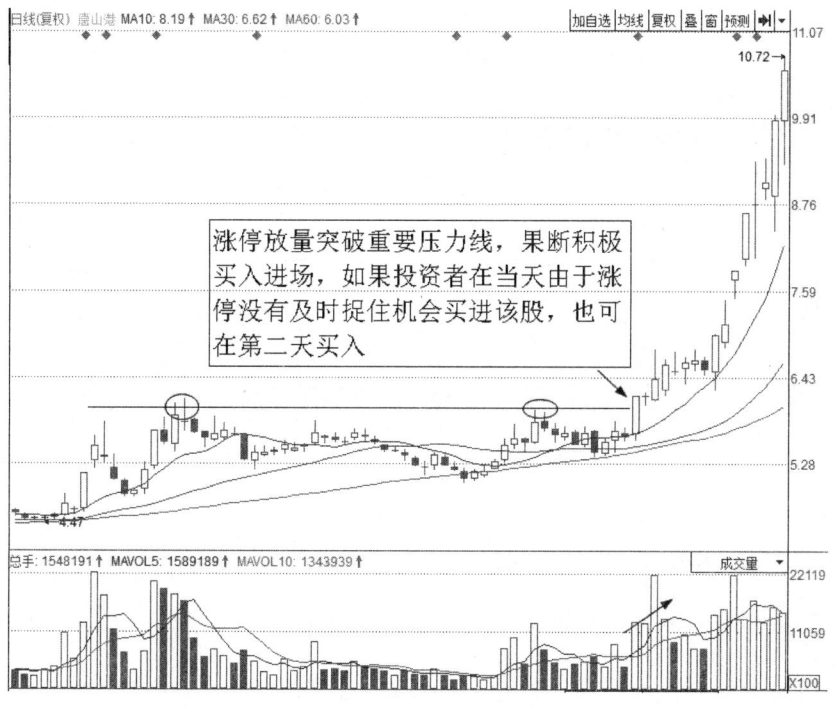

图5-6

如图5-7所示，苏交科（300284）的股价经过回落后再一次上升，在回升到前一高点时，于2015年2月26日很轻松地放量越过开始回落的价位，这就说明股价开始新一轮的上攻，后期股价将会有进一步的拓展空间。

多个高点构成的压力线比单个高点构成的压力位沉重，多次冲击这个位置而不过，显然有很大的压力，而且每次冲击都增加了新的套牢盘，所以这样的压力线不同寻常，一旦突破则是扫清了最大障碍，前途一片光明，就成为极佳的进场时机。

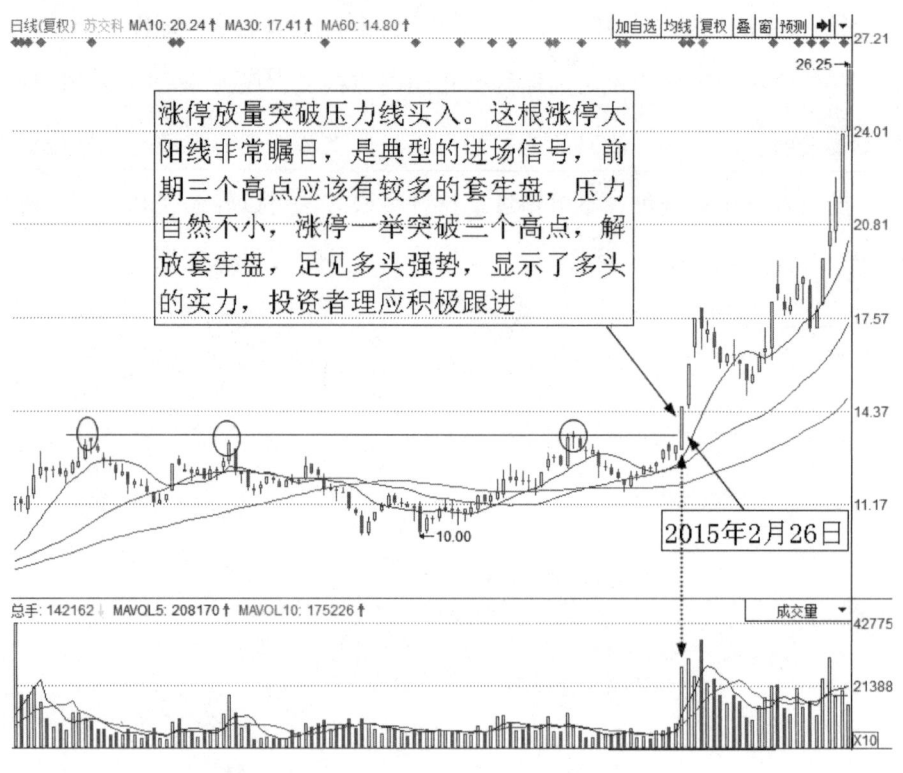

图5-7

图5-8是中南传媒（601098）的日K线走势图，该股的压力线很容易画出，该股的三个高点都相差无几，说明此处有明显的压力。我们这里关注的是突破这个动作，该股在2015年3月4日以涨停板突破，收出大阳线，成交量也有所放大。

图5-9是锂电池概念龙头股骆驼股份（601311）的日K线走势图，该股在15.4元附近有一条很明显的压力线，在这个价位股价曾多次冲高回落，一直难以逾越，说明压力巨大。多次冲击失败也留下了较多的套牢盘，给后市拉升带来不利影响。2015年3月16日该股突然大涨，突破了这条重要的压力线。一旦突破这条压力线，上升的障碍就扫清，后市拉升就变得比较轻松，该股后市走势也确实如此。

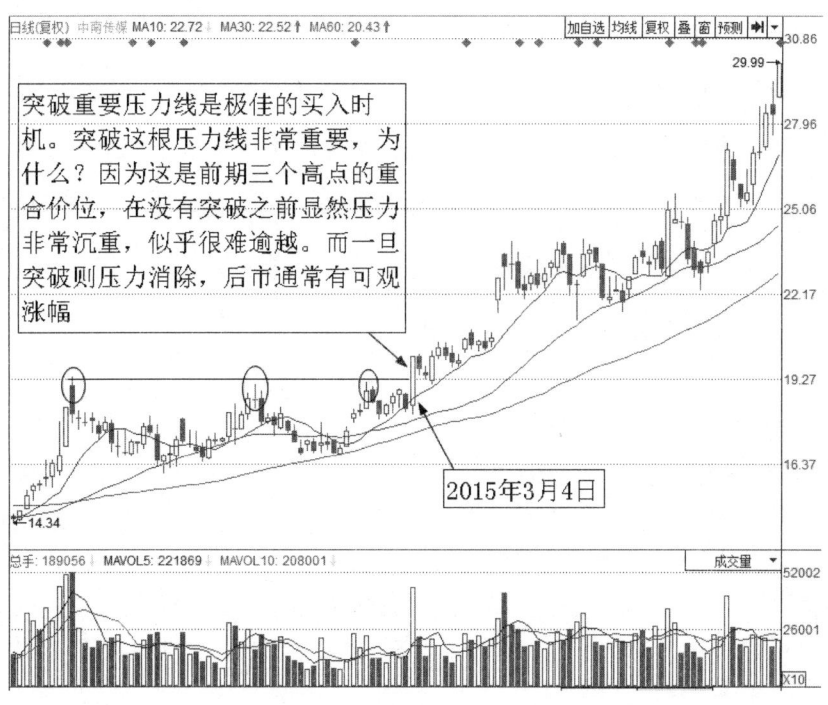

图5-8

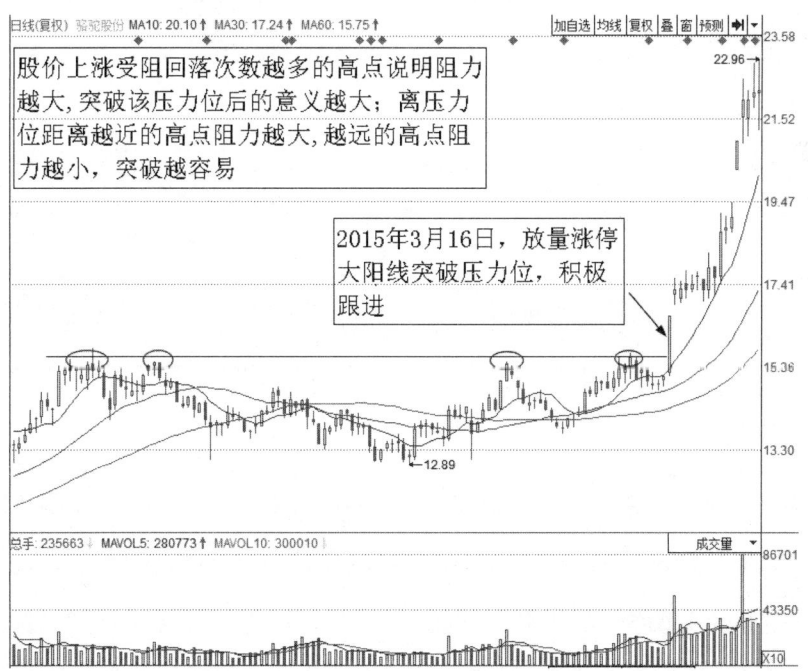

图5-9

图5-10是东峰集团（601515）的日K线走势图，2015年3月5日这个涨停突破非常强势，因为压力位是历史沉淀的几个高点共同构筑的，长时间难以突破，可见压力之大，以涨停的方式突破，更见主力的强悍，完全不惧压力，足见其信心。当然该股主力准备工作比较充分，在突破之前，该股持续长时间震荡，化解压力，后面的突破不过是对空头的乘胜追击，我们自然要积极跟进，突破后该股强势拉升，涨幅可观。

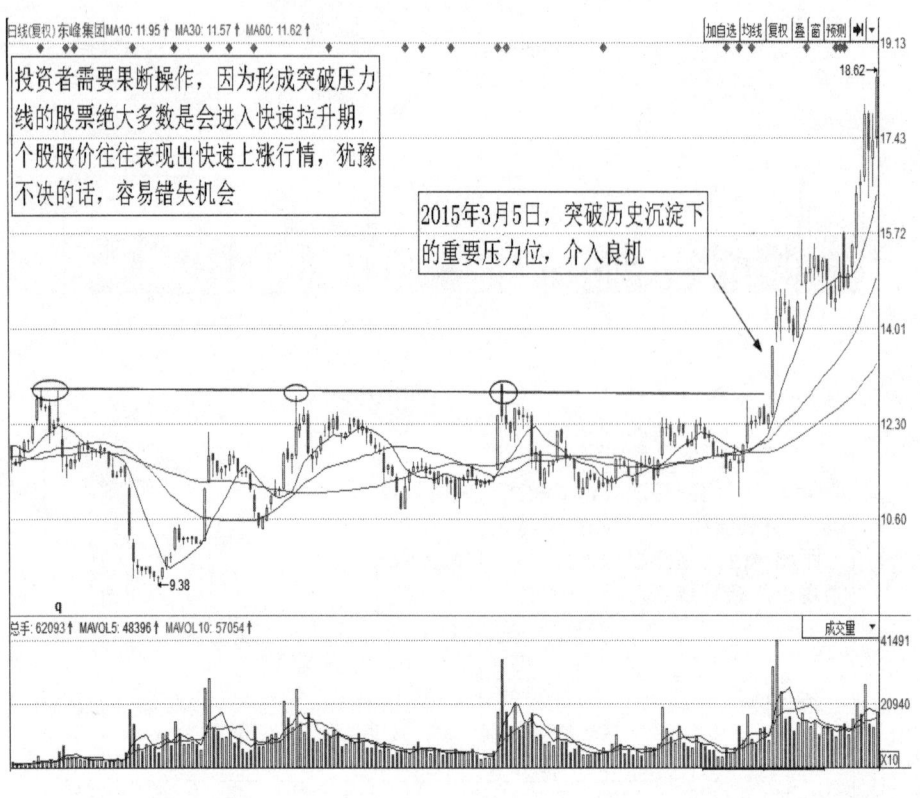

图5-10

图5-11是电商概念龙头股ST易购（002024）的日K线走势图，2015年5月6日，该股开盘小幅高开2.71%，强势突破前期三个高点造成的压力位，主力拉升的目的十分明确，已经跃跃欲试。放量突破压力位，说明这个突破是有效的，投资者要果断出击，买入股票，坐享上涨行情。2015年5月份，大盘行情非

常火爆，展开单边上涨行情，这为个股的强势爆发提供了良好的环境支持。

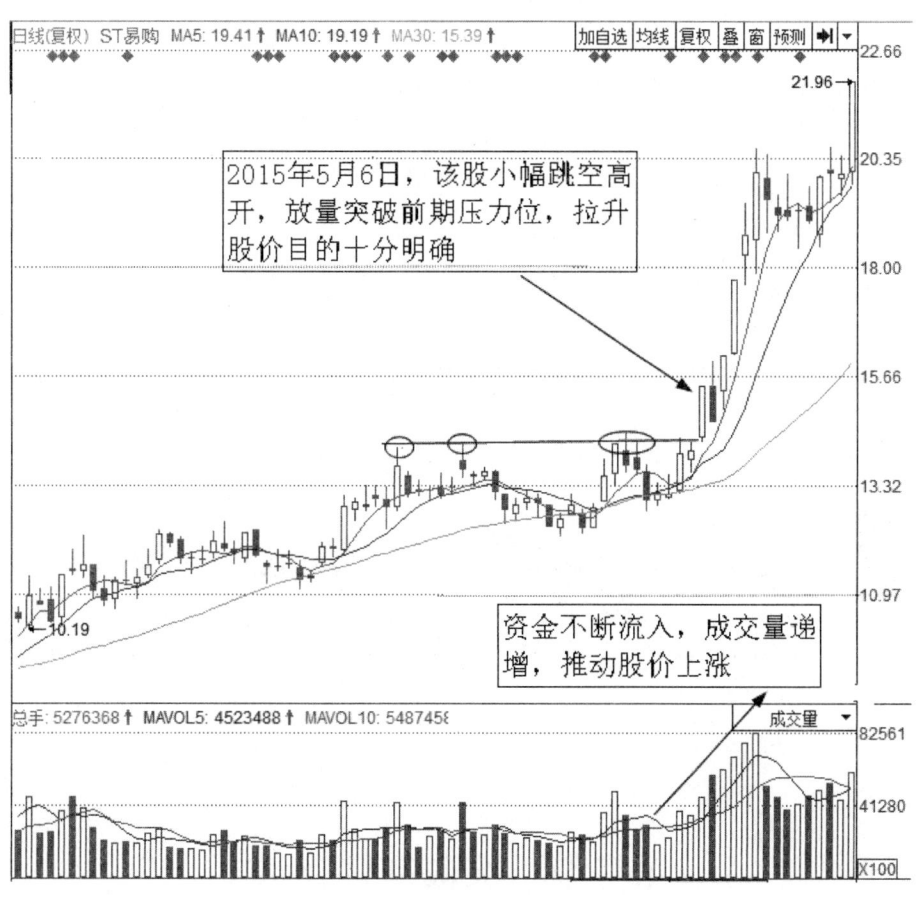

图5-11

如图5-12所示，数字政通（300075）是2015年上半年出现的超级龙头股，我们来看一下其中的一段走势。该股于2015年1月20日收出涨停K线，走势很强。这根涨停K线有很大的意义，因为它突破了一条重要的压力线。这条压力线是几个高点连接在一起的，说明压力较大，始终难以逾越，压力非常显著。最后终于成功闯关，压力得以解除，自然是投资者进场良机。此后该股一路强势加速上涨，屡创新高，图中升幅3倍有余。

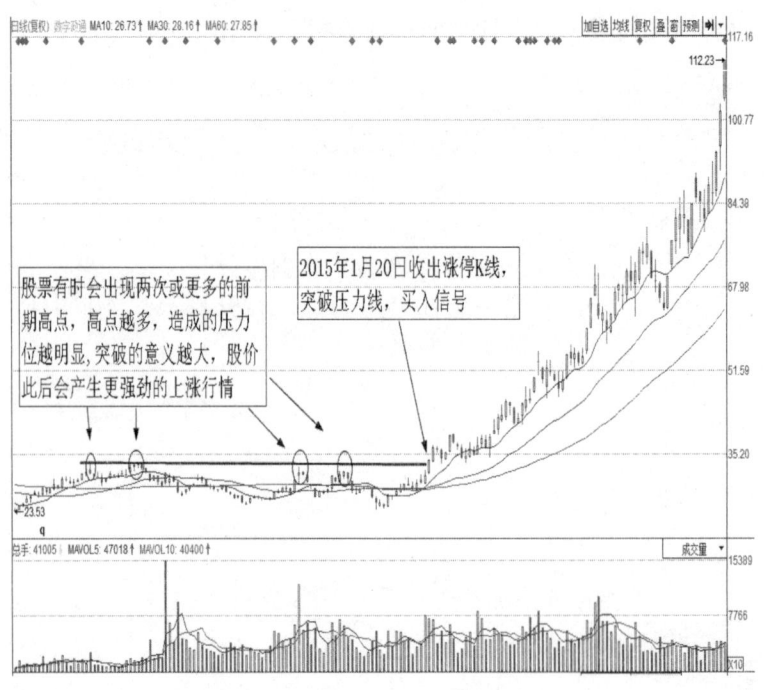

图5-12

第二节　突破缺口技法

缺口是指股价在快速大幅变动中有一段价格没有任何交易，显示在K线图上是一个真空区域，这个区域称为"缺口"，通常又称为跳空。

缺口有很多种，其中最安全的机会应该出现在突破向上缺口。所谓突破缺口就是跳空突破盘整区或者其他压力线留下的缺口，股价经过一段时间盘整，跳空突破，显示了主力经过充分蓄势，开始启动攻势，且攻势比较凌厉，可第一时间介入。有些个股跳空突破后有回踩的动作，只要缺口没有回补，就说明强势依旧，是加仓良机。

缺口有很强的支撑或阻力作用，当股价出现向上突破缺口，缺口就成为重要的支撑地带，如果股价接下来没有回补缺口，就表明上涨趋势的彻底形成。

缺口的出现是一种比较强烈的看涨信号，如果股价在上涨趋势初期或者盘整走势中出现向上的跳空缺口，说明盘中的多方力量强劲，股价上涨的动力充足，为看涨信号。

如果股价以缺口的形式，跳空突破某个重要的阻力位，那该缺口就称为"突破缺口"。突破缺口可以是突破前期重要阻力线，可以是前期高点，也可以是阻力线、均线等。

使用技巧：

（1）在上涨趋势中，如果出现一个向上的跳空缺口，一举突破前期的高位，那么说明盘中的多方力量强劲，股价上涨动力充沛，这是看涨信号，投资者可以在突破缺口出现时买进股票。

（2）如果投资者在出现缺口的第一时间内没有及时跟进，可以在股价出现回调，但并没有向下跌破缺口时跟进。

图5-13是华辰装备（300809）的日K线走势图，该股此前有一段横盘震荡走势，2021年8月20日、23日、24日强力跳空涨停突破，留下一个个缺口。该缺口属于突破缺口，这说明横盘走势已经结束，开始进入上升走势。突破缺口不仅是强势信号，同时具有很强的支撑作用。投资者可以在突破当日跟进买入，也可以在之后股价回踩时买入。

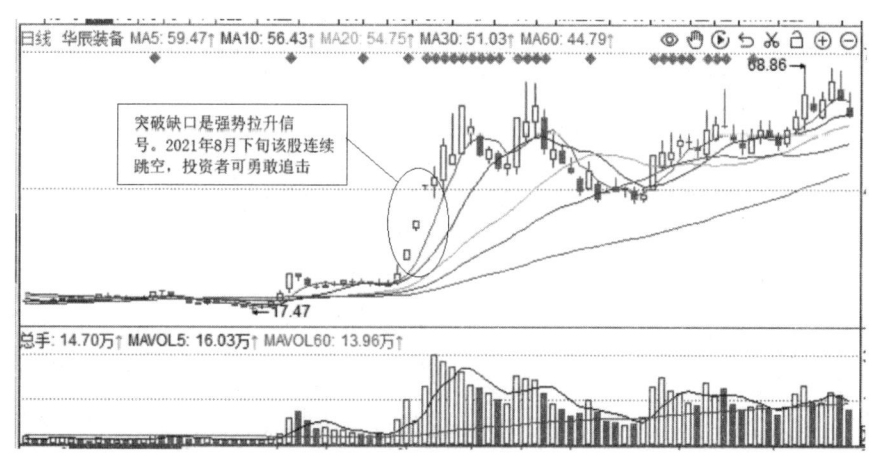

图5-13

突破缺口是在上升途中出现的缺口，是主力强势攻击的表现，短线可适当跟进，最好在出现第一个突破缺口的时候进场。通过突破缺口寻找进场时机不失为一个方法，在股价不太高时可使用。

图5-14是旅游板块龙头股丽江股份（002033）的日K线走势图，该股在2015年3月23日跳空大阳线上涨，当日留下一个细小的缺口。缺口虽然小，但实战的价值非常大。由于此前一天该股已经突破前期压力位区间。突破缺口可以看作一个中继上涨信号。该股自低位一路上升，到突破缺口算一波走势，那后面至少还有一段上涨空间，所以当日跳空上行的时候，投资者可以积极参与，后市该股果然不负众望，短线涨幅远超预期。

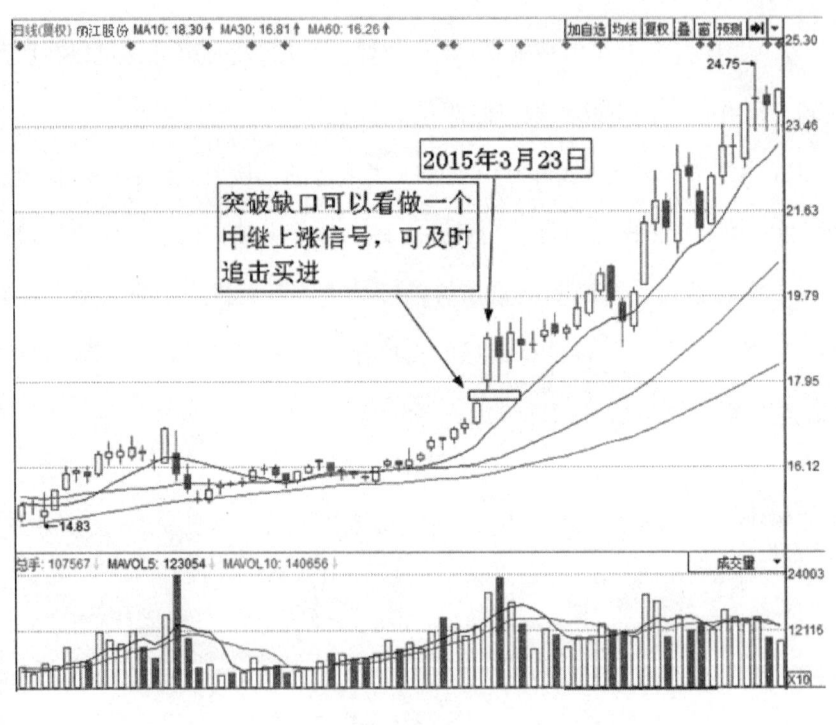

图5-14

图5-15是天津自贸试验区概念龙头股天保基建（000965）的日K线走势图，该股有两个跳空涨停上涨，都是涨停突破前期压力线，都形成一个突破缺口，可以预测后市还有较大涨幅，我们可以在盘中积极跟进。后市该股果

然维持了较强的升势，涨幅不小。

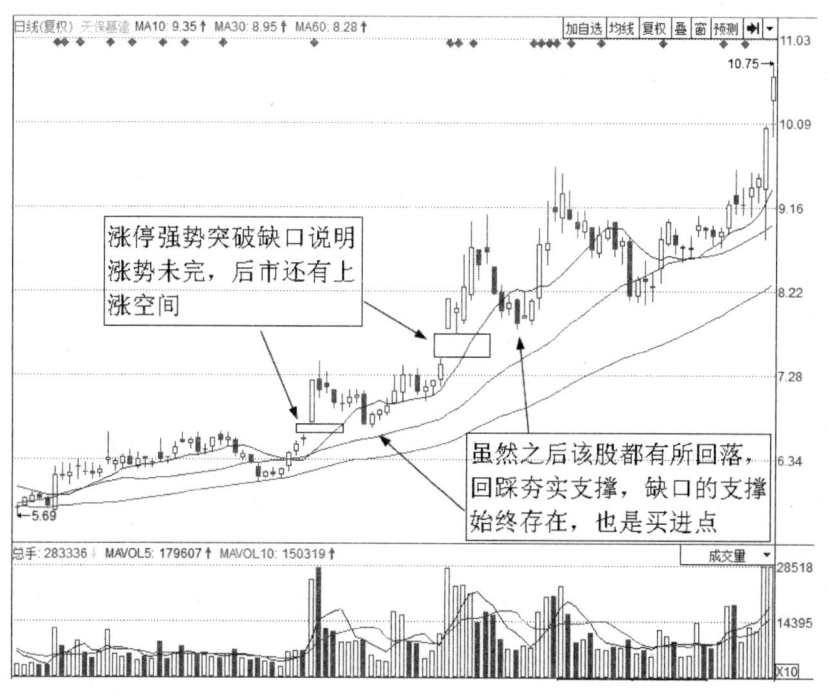

图5-15

图5-16是宝馨科技（002514）的日K线走势图，该股在2015年3月2日跳空上涨，当日强势放量涨停，留下跳空缺口，事实上投资者可以在跳空开盘后进场，因为该股已经成功突破此前重要的压力线。该股出现跳空缺口，在后市应当有不小的涨幅，进场安全度比较高。果然在后市留下的缺口没有回踩，凸显了该股的强势特征。

图5-17是电子元器件龙头股顺络电子（002138）的日K线走势图，该股放量大阳线形成一个突破缺口。股价经过一段时间上涨后回踩，成交量大幅萎缩，很可能是洗盘，投资者可以关注缺口的支撑。果然此后该股在缺口的支撑上方企稳，形成了二次买入机会。正是这个突破缺口的存在，该股才得以保持足够的做多动力，回踩到位就是再次爆发行情的机会，也是短线切入的良好时机。该股回踩后短期上涨强劲，显示出非凡的上涨动力，也得益于此前的突破缺口支撑。

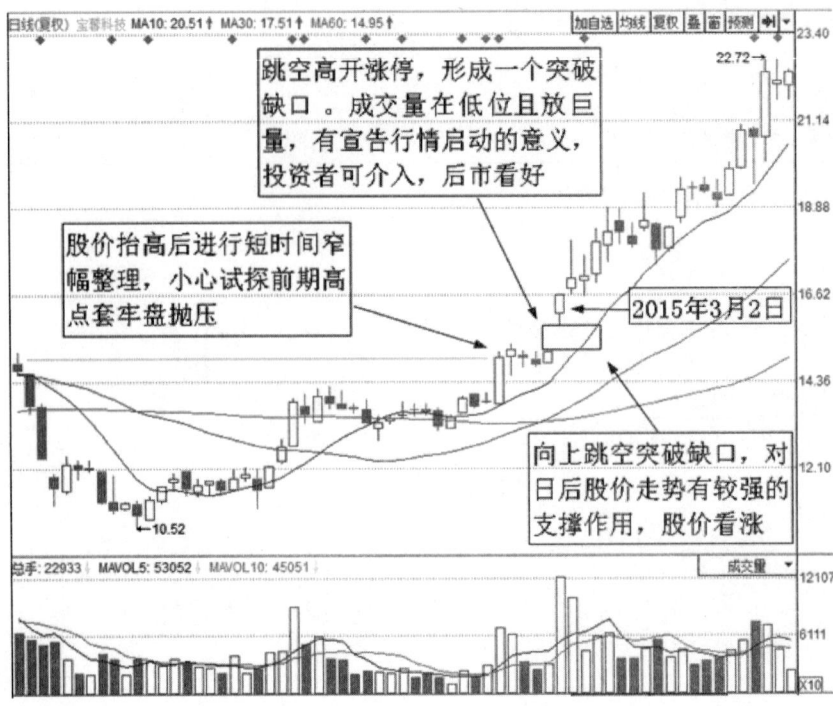

图5-16

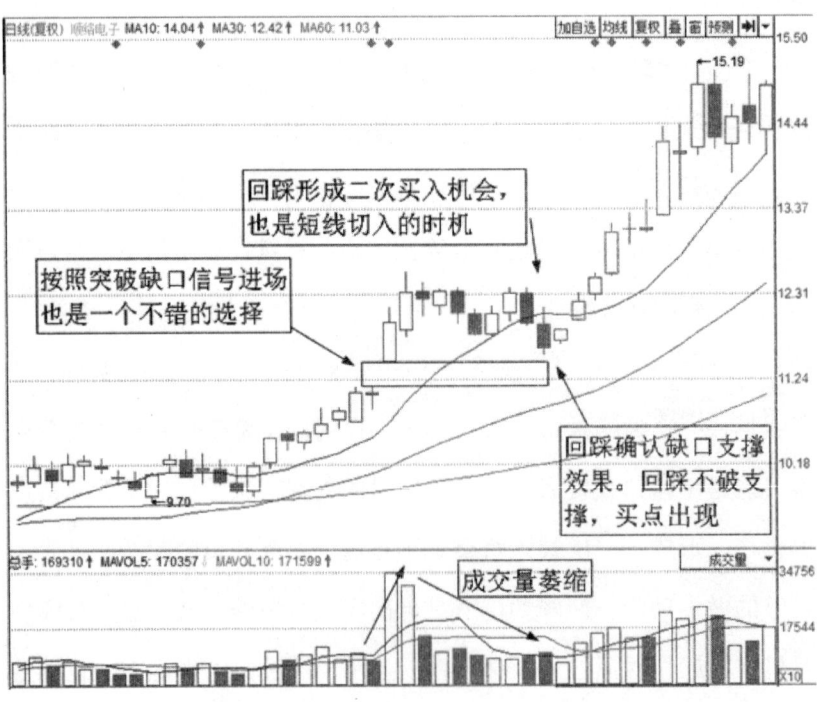

图5-17

如图5-18所示，大东方（600327）的股价在经过一段时间的整理后再次走强，且出现一个向上的跳空突破缺口，该缺口一举突破了前期的高点，说明盘中的多方力量非常强劲，股价上涨动能充足，这是看涨信号，投资者可在缺口出现时第一时间进场买进。

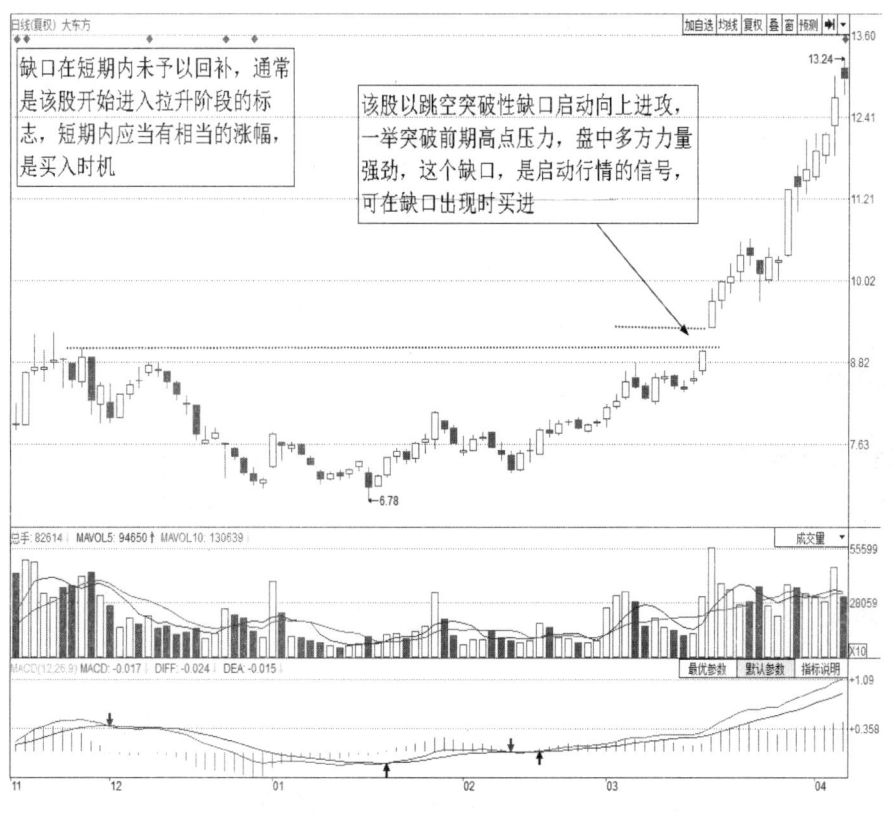

图5-18

图5-19是房地产龙头股万通发展（600246）的日K线走势图，该股股价经过一段时间的整理后，逐渐走稳，突然该股以一字涨停板的形式直接突破前期的高点，形成一个向上的突破大缺口，显示空方已经没有还手之力，股价涨势强烈。没有买进的投资者，也可在股价回调时买入，买点1出现。随后股价在冲高后出现短暂回调，但股价在缺口处获得支撑再次翘起，说明股价回调结束，将要再次进入上涨走势中，买点2出现，应果断跟进。

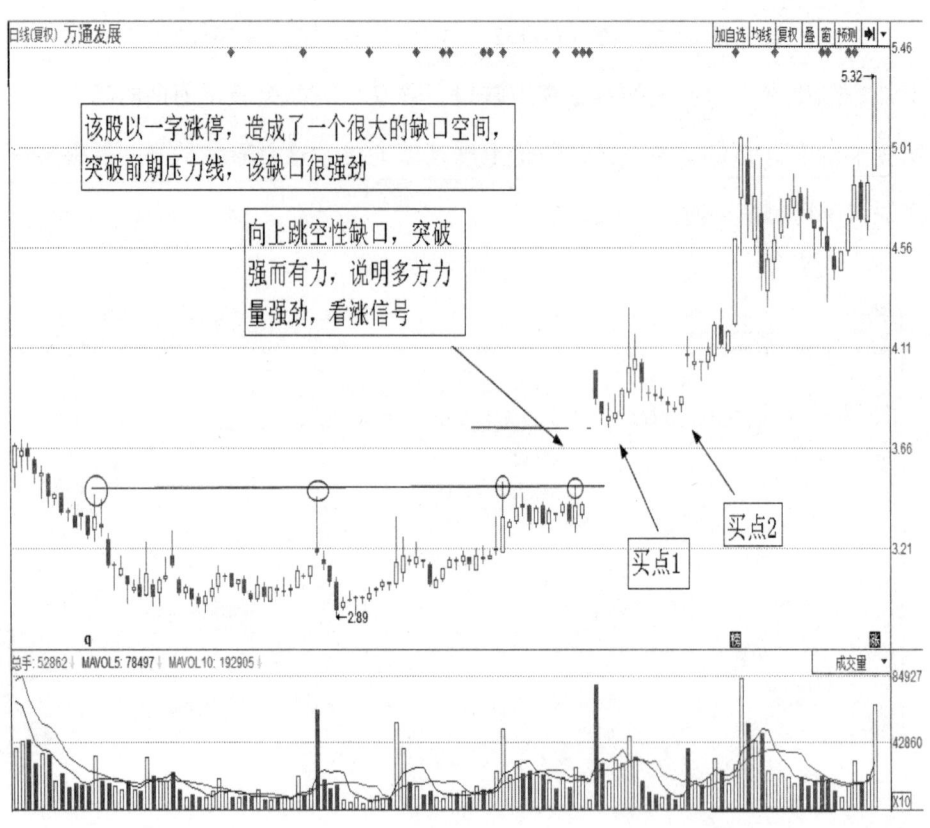

图5-19

第三节 突破箱体上沿技法

突破箱体上沿时，只要盘中伴随较大成交量，就是买入的极佳位置。个股经过一段时间的箱体横盘震荡走势后，如果多方占据主动，那么股价将会在多方力量的推动下，向上突破盘整区间，进入上涨走势。需要注意的是，突破箱体时最好是大阳线，而且伴随成交量放大的情况。

放量突破箱体上沿买入，是属于突破性买入法，放量突破箱体上沿后，个股将加速上升或步入波段主升浪。

图5-20是东方海洋（002086）的日K线图，该股横盘调整时间长达3个多月，时间非常难熬，但整理蓄势洗盘较为充分。箱体平台调整的时间越长，后市的涨幅往往会越大，更值得持有。放量突破甚至是涨停突破为股价启动的标志，应当果断买入。

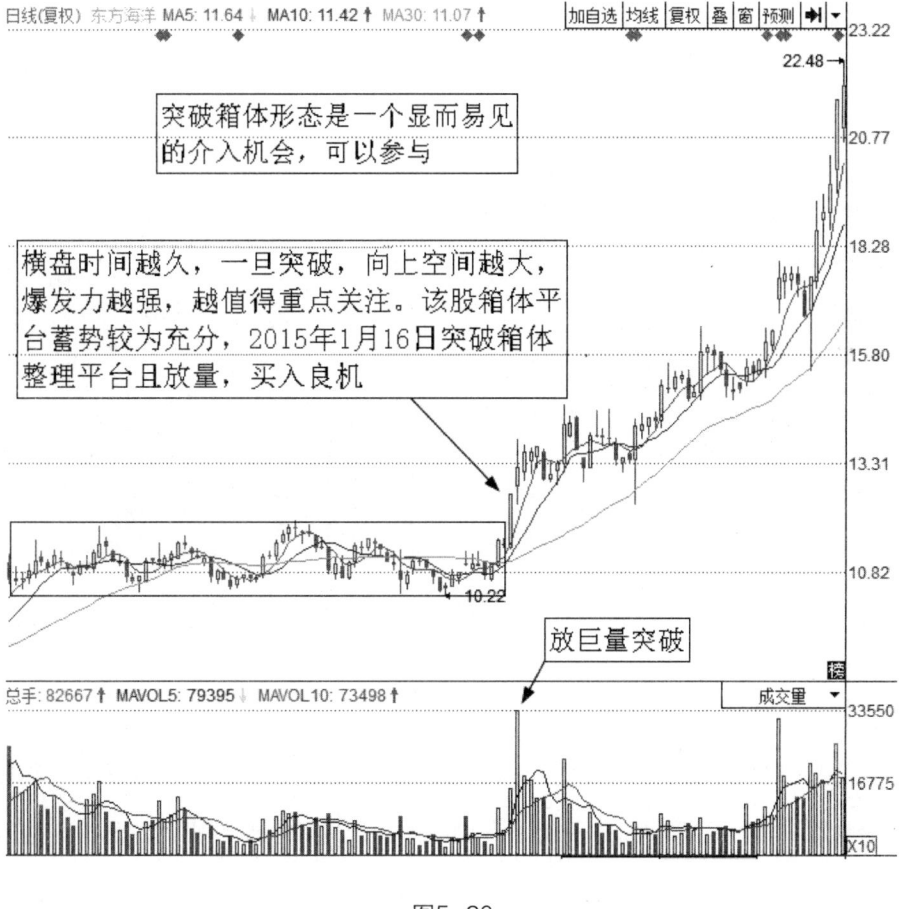

图5-20

图5-21是天银机电（300342）的日K线走势图，2015年4月29日，该股放量涨停突破箱体平台上沿，说明突破有效和突破的真实性可靠，可果断介入。也有的投资者在箱体的时候就先行进去潜伏，这对于捕捉涨停来说不合适，因为难保股价不向下破位，且时间难以确定，最好还是等股价向上突破确认时买进，这时多数是股价的主升浪或上升阶段，这样才能高效省时地获得利润。

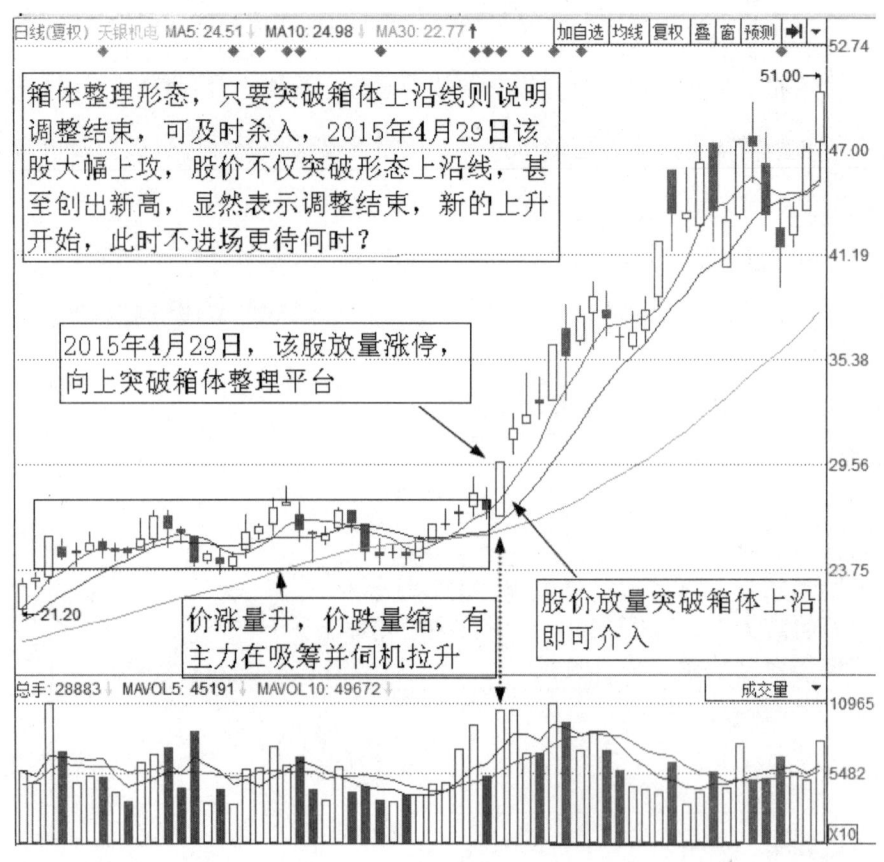

图5-21

放量突破箱体上沿有以下特征：

（1）股价在运行过程中形成一定的价格区间。当股价跌落到箱体的底部时会受到买盘的支撑，而当股价上升到箱体的顶部时会受到卖盘的压力，造成了股价在一定的范围内波动，这样就形成一个价格运行的箱体区间，一旦股价有效突破原箱体的顶部，股价就会进入一个新的阶段运行。

（2）横盘的时间越长，后市涨幅往往越大。股市中有句话"横有多长，竖有多高"，这是因为在较长时间的箱体横盘振荡中，个股已经达到了充分的换手，筹码已经相当集中，主力获得的筹码较多，才能志在长远。

（3）放量突破的成交量越大，突破的真实性越可靠。在上涨趋势中，如果出现窄幅横盘的箱体状态，需密切关注，这是一种极其重要的技术信号，窄幅横盘表示多空双方进入胶着的状态,如发生在趋势发展的初期或中继阶段,突破后,很可能发展为趋势运行的主升浪。

图5-22是军工股龙头中国重工(601989)的日K线走势图,该股出现十多个交易日的横盘,波动幅度很窄,多空双方进入胶着状态,趋势运行尚在初始酝酿阶段,2015年4月14日,该股放量收出一根接近涨停的大阳线,突破箱体的上沿,宣告横盘态势结束,股价放量突破箱体顶部,此时是极佳买入点。后市该股连续上涨,且涨势迅猛,单日涨幅经常达到涨停板附近。

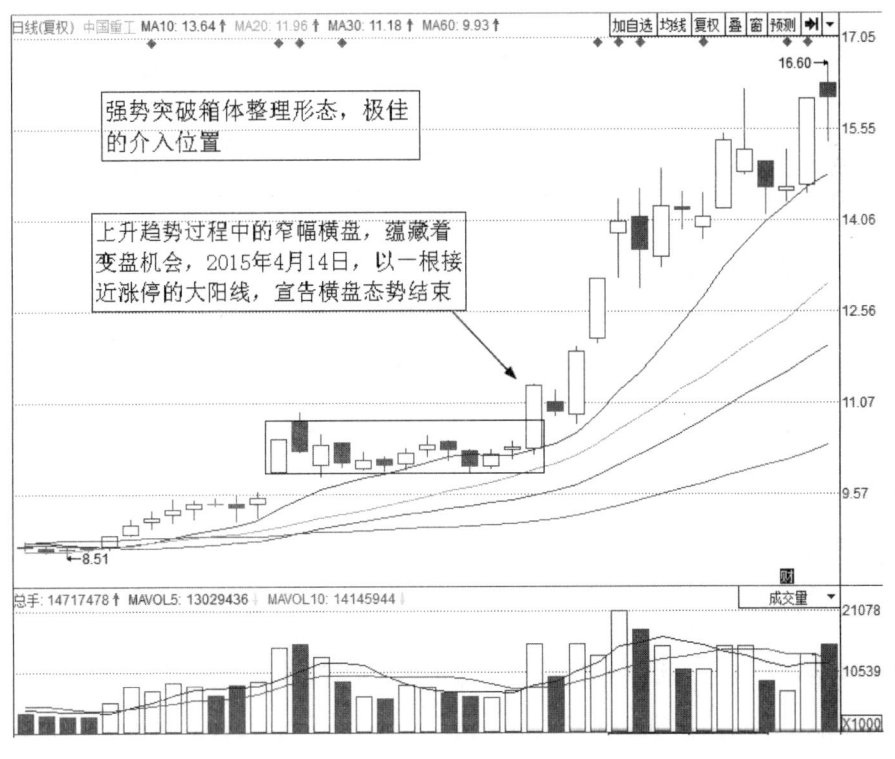

图5-22

图5-23是乔治白(002687)的日K线走势图,在整个箱体震荡过程中,成交量比较稳定,说明筹码比较安静,没有游资做高抛低吸的操作游戏,这也说明该股控盘程度比较高。在上涨趋势中,出现横盘箱体走势,是中继操作的好机会,也是极佳的介入机会。股价放量突破箱体顶部时,是买入时机。

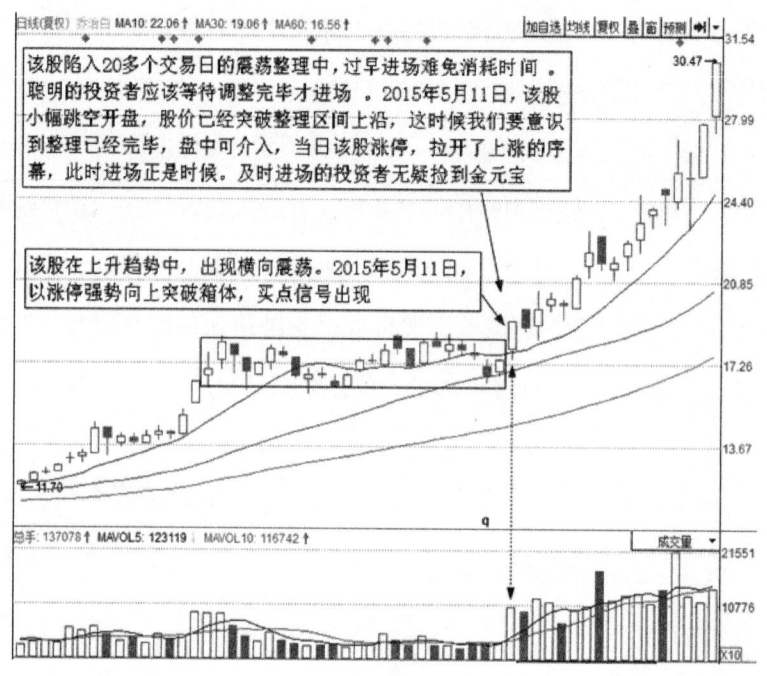

图5-23

图5-24是大智慧（601519）的走势图，该股在一波连续上涨后横盘震荡，震荡的上下区间比较小，形成一个箱体格局。在整个箱体震荡过程中，我们可以看到成交量总体有所萎缩，如果要细致对比，我们可以发现箱体里上涨的量能要略微大于下跌的量能，这说明在震荡过程中资金还是进多出少。这就说明该股在蓄势，值得特别关注，很可能该股后市还有凌厉的涨势。2020年7月2日，该股发起强攻，拉出一根长阳线突破箱体，投资者应该勇敢追进，机会不容错过。此后该股果然连连上涨，涨幅惊人。

如图5-25所示，浙江世宝（002703）在2015年3月18日前走势很有规律，规律体现在股价在一个箱体里震荡，上档有压力，下档有支撑。在箱体震荡过程中，一旦向上突破应该有很大空间，值得关注。在箱体里，能把握行情的投资者也可以逢低吸纳，也可以选择观望，静待突破。最后该股在3月18日以大阳线突破箱体上沿，上升空间打开，投资者可以在盘中择机跟进。这个箱体震荡时间比较长，蓄势非常充分，突破时投资者适当追高也无妨，此后该股走势也证明了这一点。

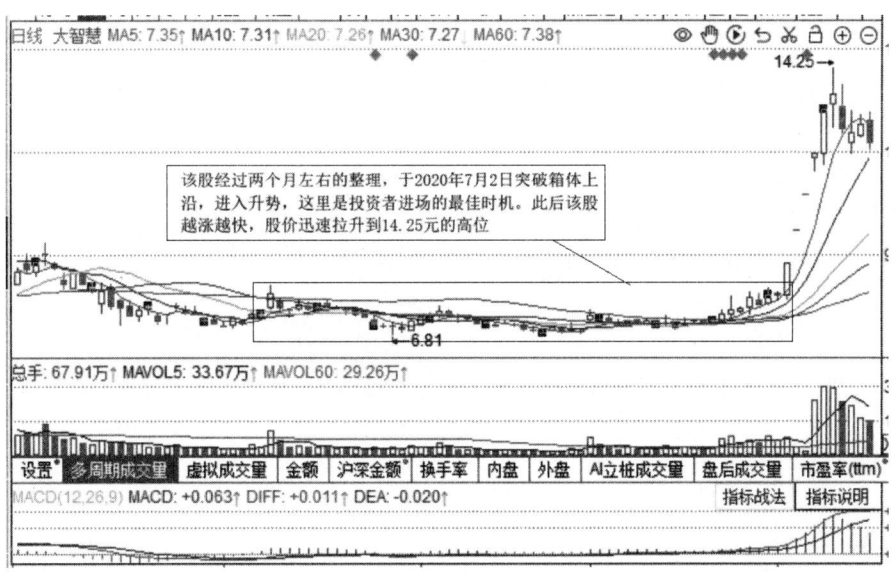

图5-24

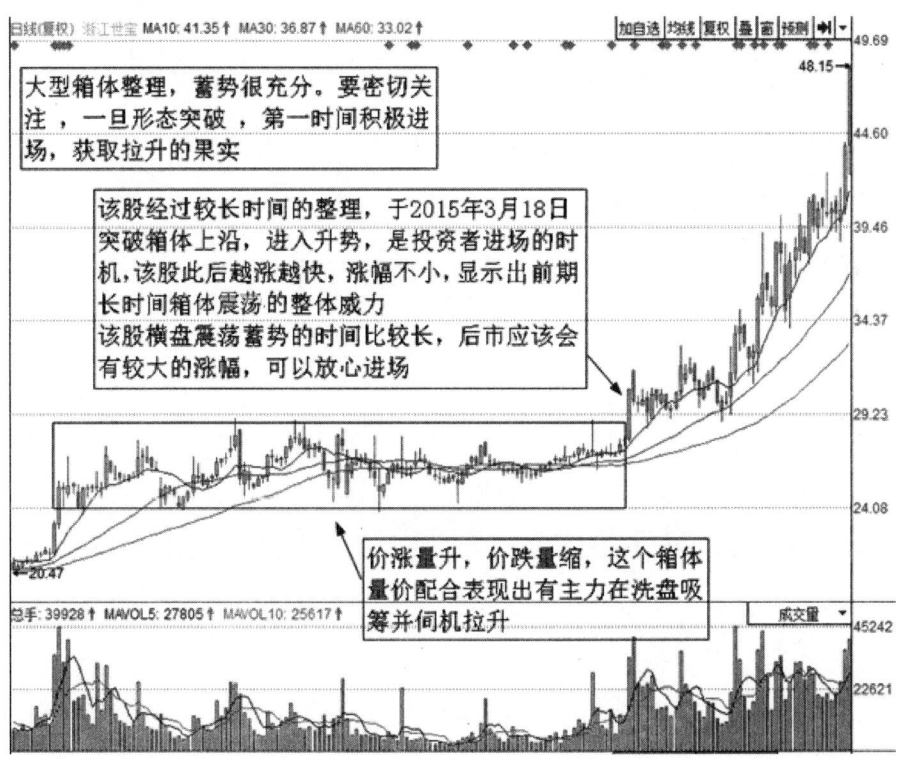

图5-25

图5-26是摩托车行业龙头宗申动力（001696）的日K线走势图，该股于7.75元的位置反弹，一波上涨后受制于前高的压力而止步。不过此后该股并没有同位见顶，而是横盘震荡，震荡的区间高度不大，形成一个箱体。这种走势有点异常，因为前高压力之下不能突破的话很可能会回落，而该股只是横盘，也就是拒绝下跌。由于该股盘整的下面有30日和60日均线支撑，向上突破变盘的可能性极大。2015年3月13日，该股果然涨停放量拉起，成功突破箱体区域，也顺势消解了前高的压力，进入新的上升走势，此时是投资者进场的极佳时机。

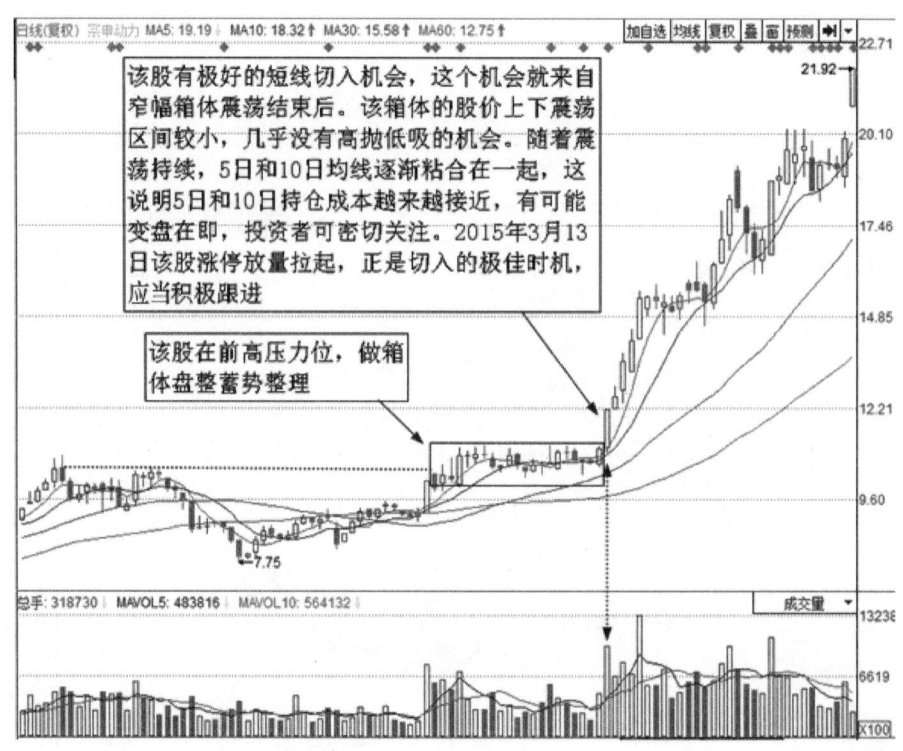

图5-26

如图5-27所示，金隅集团（601992）在第一个箭头处涨停大阳线上涨，成功突破前期高点的压力，看似打开了上升空间。不过此后该股并没有如想象的那样快速拉升，而是陷入横盘箱体震荡。这种走势可能会对普通的投资者造成困扰,去留难定。其实只要我们耐心地思考一下,就明白这种横盘震荡极有价值。由于该股前面是快速涨停拉高突破前高压力位,短期获利盘必定很多,如果再继续拉升,主力的压力必定很大,而经过一段时间的横盘,则可以清理浮筹,化解后市上涨的压力。此后该股果然突破箱体,拉升开始,短线投资者可以快速进场。该股此后短线涨幅可观,也来自前期窄幅震荡蓄势,可见这是不可忽略的步骤。

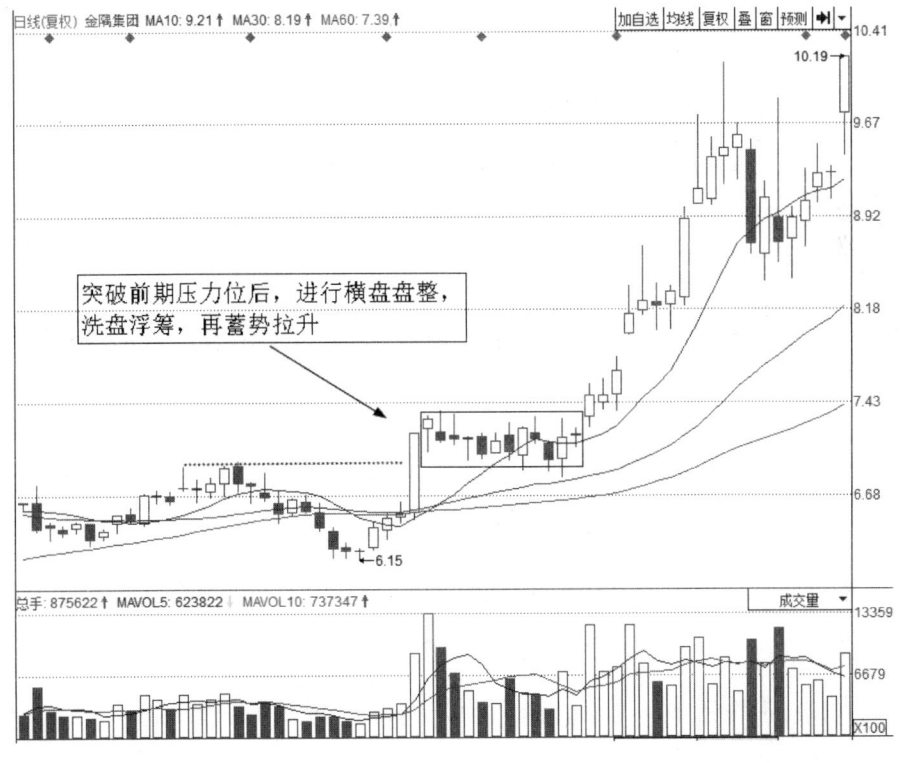

图5-27

图5-28是生物医药龙头股长春高新(000661)的日K线走势图,该股是一只高价股,下跌至75.88元后,做空动能逐渐衰竭,此后该股横盘震荡反弹,走出一个箱体雏形。图中箭头处该股股价大涨,强势突破箱体上沿,出现拉长长阳,突破非常真实,投资者应该抓住机会第一时间进场,后市该股连续飙升,不及时进场就错过了一波好行情。

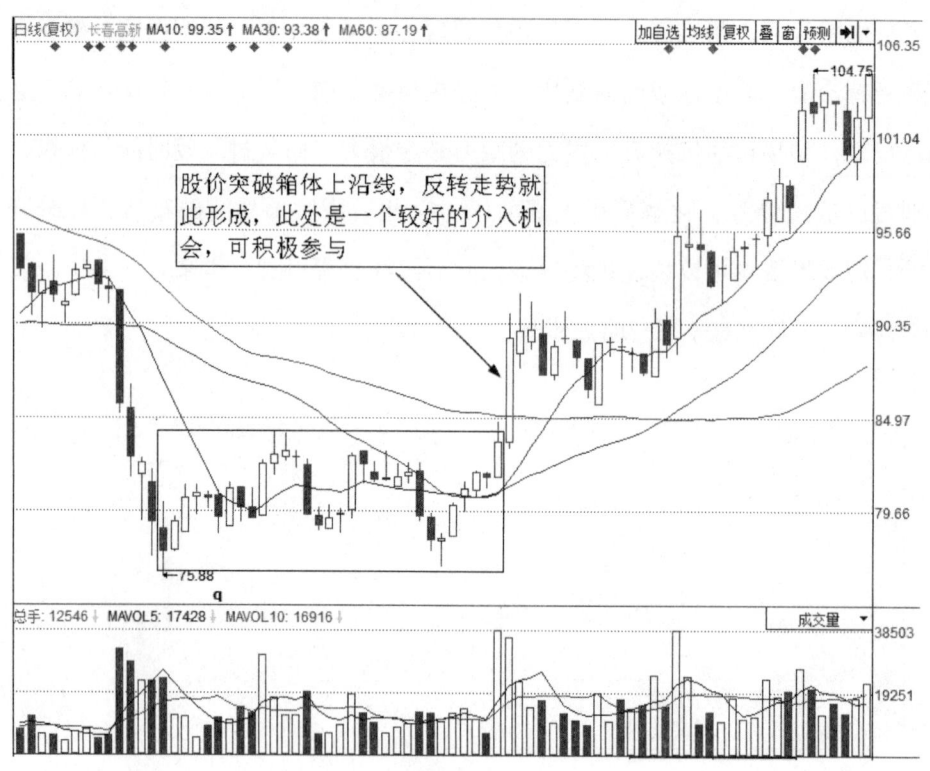

图5-28

图5-29是包装印刷的龙头企业紫江企业（600210）的走势图。股语有云：横有多长，竖有多高，意指股价蓄势时间越长，其后市爆发力度越强。该股股价放量突破箱体上沿线，可能是主力机构准备进攻的信号，预示着股价可能会加速上行，这是投资者介入的良机。明显放大的成交量说明突破概率较大，可靠性较强，值得信赖。如果突破时，成交量并没有随之放大，则可靠性就会大打折扣，投资者介入时要保持谨慎。

图5-30是华工科技（000988）的日K线走势图，该股前期上涨幅度大，后经过一段时间的横盘震荡，形成箱体。此后阳线放量拉起有效突破箱体，投资者可果断进场。

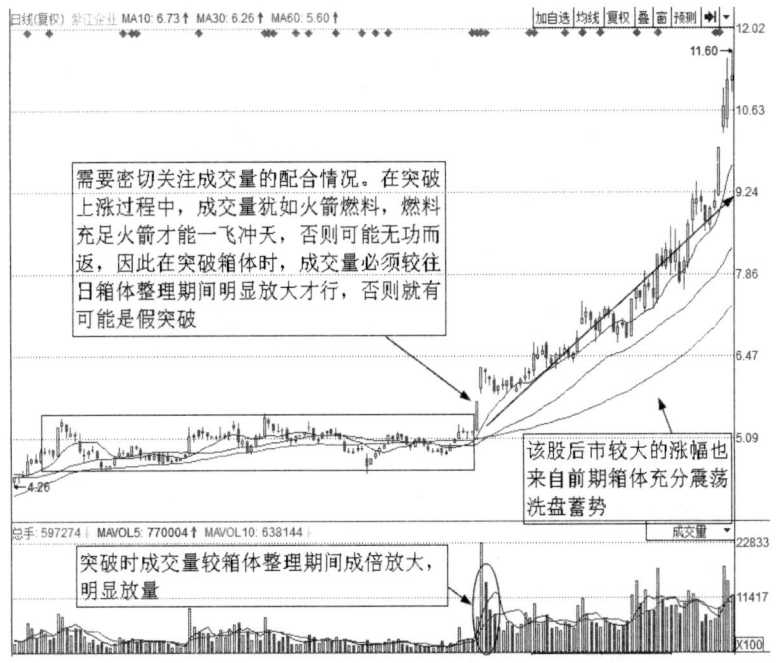

图5-29

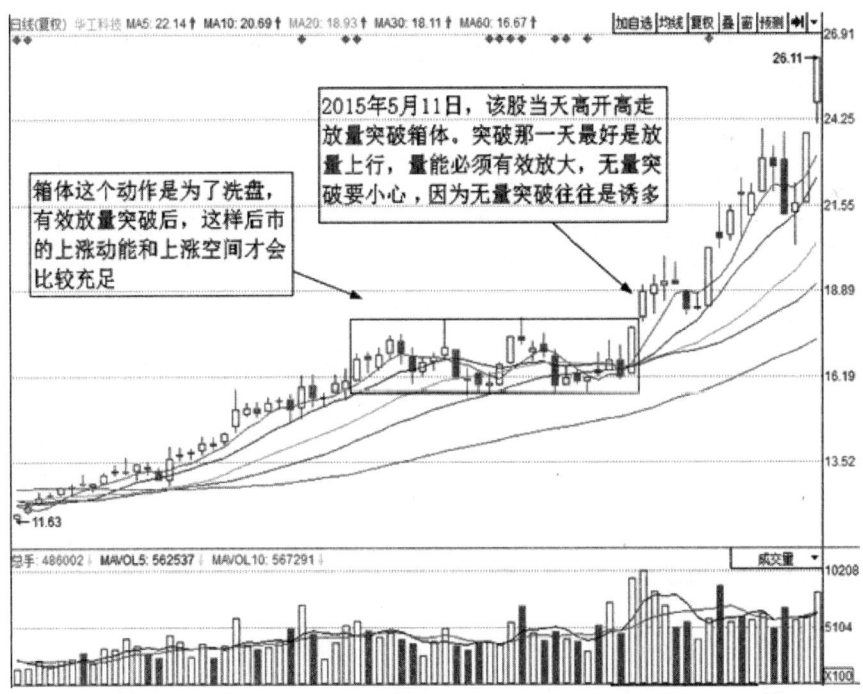

图5-30

第四节　突破买入技法要点

通过上面多个不同的龙头股突破买入技法实例图解，相信读者对突破买入法有了一个比较清晰的了解。突破买入作为股市投资常用的操作方法，这里归纳总结一下其操作要点。

一、技术信号共振点

技术信号共振的买点需要加倍关注。多个常用技术指标如MACD、RSI、KDJ、VOL指标低位同时金叉，股价也向上突破；不同周期级别同时发出突破买入信号，如周线、日线、60分钟线、30分钟线、15分钟线和5分钟线同时发出买入信号。这些多重不同技术信号的共振突破，往往威力巨大，及时把握好买点，将收益颇丰。

二、均线系统的突破

个股演变成短线、中线和长线龙头股，均线系统往往保持良好朝上或多头排列，应多关注此类个股。

三、个股的选择

主要挑选那些阶段或中期、长期走势强于大盘的个股，其次挑选短期强势股。优先选择前期在跟随大盘阶段调整过程中提前见底、抗跌或能够逆市领先持续上涨，且最好上涨时能形成板块、热点效应的股票。

四、识别真假突破

一般股票突破后会有回抽确认的常见走势，以确认下面对股价的支撑作用及确认突破的有效性，并同时清洗浮筹，让持股不稳的获利盘与解套盘兑现出来，缩量回调往往至前期压力位附近便企稳回升。突破后回调也给我们提供了较好的低吸买入机会。

在实际操作中，首次突破即为真突破还是很少的，所以，突破后下跌走势也给许多喜欢突破买入的投资者带来一些困惑，刚买入就被套，如果追买仓位重或下跌幅度过深会影响持股心态，刚止损股价又开始企稳上升，操作节奏容易乱。要解决这个难题只能在仓位控制和操作策略上去把握。这些都需要投资者积累经验，判断是否会出现下跌，并识别真假突破。

真突破的表现，首先是日K线收盘价放量突破并站上前压力位，一般在真突破后呈现连续日K线突破，高、低点抬高，量价配合理想而且远离突破前压力位，即便有下跌也较浅，下跌到突破前压力位附近即回升。从市场含义来说，真突破是实际买入力量大于卖出力量所致。假突破虽然在形式上和真突破一模一样，本质上却大相径庭，它只是价格上的突破，并不是股价在市场中真正的供求反映。假突破的目的在于吸引投资者跟进，令买入者被套。

第六章

龙头股回调买入技法

前一章介绍了龙头股突破操作技法，还有一种常见的买入方法是回调买入。一般而言，在龙头股操作中，尤其是启动上涨初、中期，采用突破操作技法效果较好，而在上升趋势的中、后期，龙头股呈台阶式上涨过程中，龙头股上升途中折返回调较多以及在大盘弱势震荡时，采用回调买入技法就显得更合适了。如果对回调买入时机把握得比较好，收益不一定比突破买入的获益低。而对于散户投资者而言，能在龙头股上涨途中出现的回调低点买进股票，也是一个好选择。

第一节　突破回调的含义

股价冲高回调是股市中的一种自然现象，也是股价变化的必然过程，每只股票都会按自己的规律上下运行，分析股价回调，对判断股价的走势有一定的意义。

股票不会永远一直上涨或下跌，总是呈现阶段性的涨跌循环往复式波动。股价在上涨一段或突破前高点和创新高后，一般都会出现规模大小不一的回调走势。一方面，需要对因短线上涨过快而超买的短期技术指标进行修复，就是所说的乖离率过大；另一方面，也有必要对原来套牢盘与跟风盘进行适当的清洗，洗出不坚定的持股者，很多主力往往借助大盘调整或利空消息而趁机展开洗盘，更主要的原因是主力通过回调洗盘抬高市场的平均持股成本，为后期拉升减轻抛压做好准备。既然股价有阶段性大小不一的回调走势，就给我们提供了较低买入的机会。即使龙头股处于连续大涨的拉升阶段，除极少数连续开盘涨停无法参与外，大多数龙头股在盘中或分时也会提供小级别震荡回调买入的机会。把握龙头股的回调买入点是投资者平常需要做的重要功课之一。

在这一章中介绍的回调买入技法，主要是指在创新高突破、重要压力位突破、形态的突破、K线突破之后的回调买入。这就要求对回调的性质、回调的级别有准确的判断，通常这一点在实战操作时是比较难的一个问题。

大家都知道，没有一直涨的股票，不论多强，都会有下跌的时候，尤其这类前期龙头股，回调后必有反弹，我们如果能把握好回调时的买入点，就能够抓住反弹时的利润。那么这类股应该什么时候买入呢？

用图例大家更容易直观理解，那么下面我们看看以下案例，如图6-1和图6-2所示。

主力在股价拉升到一定高度后展开回调整理，不再进行拉升，清洗跟风盘，导致跟风盘对股价回落整理后的走势方向、持续时间无法判断，于是有获利的先落袋为安，抛出股票，没有获利的也因失去了耐心而抛出筹码。这正中了主力的下怀，即让要跟风盘在拉升途中下车。

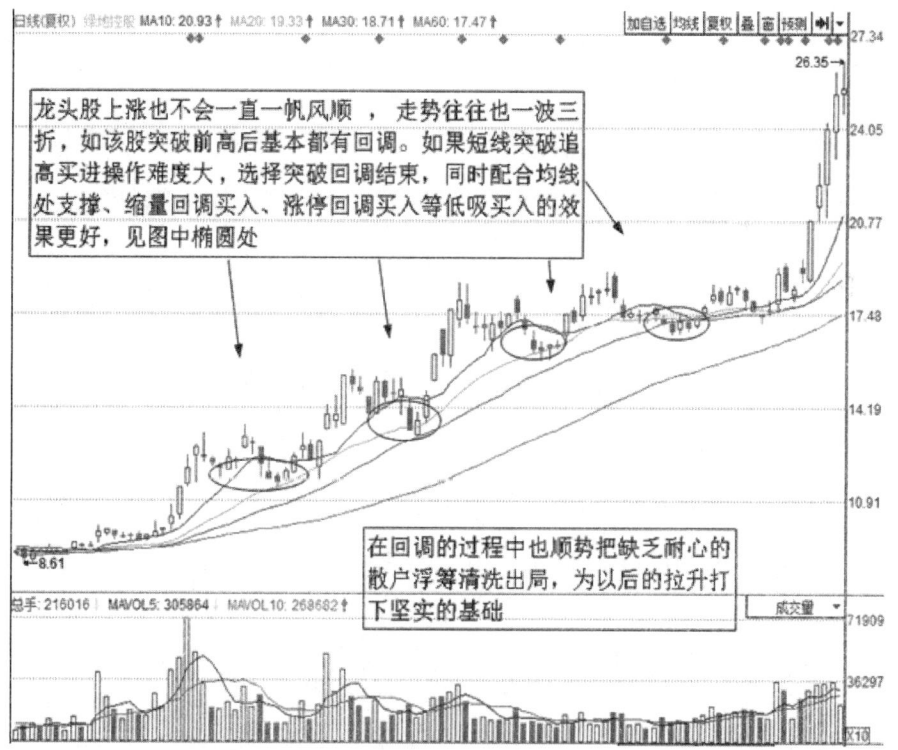

图6-1

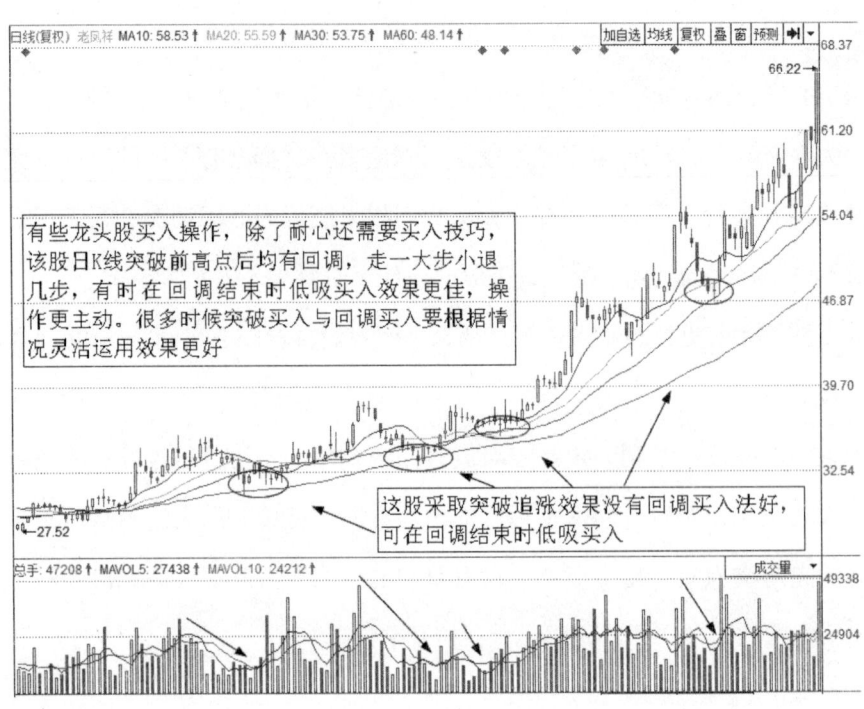

图6-2

主力把个股的拉升和洗盘回调的过程一起操作,在拉升到一定涨幅后又打压一定的幅度,在此期间不断地调节筹码的比例和股价的高低幅度,并且反复使用,以使散户不停地买进和卖出,最终产生怀疑和失去耐心,不敢轻易跟进。在走势形态上就是股价的低点不断升高,高点也不断抬高,呈现震荡上扬的趋势。通过这种方式,清理掉意志不坚定和没耐性的散户,从而达到目的。

个股为什么要回调?其实不难理解。在低位回调是主力建仓的标志,通过反复震荡,主力隐蔽吸筹,达到建仓目的。在拉升的过程中,也经常回调,这是因为在拉升过程中积累了不少的获利盘。主力需要清洗浮筹,回调也就在所难免。

回调是为了后市拉升,回调越充分,后市的拉升越强劲。进入回调状态的个股,我们应特别关注,一旦启动就可以积极跟进。

下面我们介绍更多的回调买入法。

第二节 涨停回调买入技法

每个主力必然有他的操盘计划和策略,涨停板就是主力积极举旗、真金白银做多的象征。就涨停板阳线而言,主力操盘策略的弱点,就是他全力以赴拉涨停的那条阳K线。主力如果还要做行情,一般不会轻易砸破这个涨停阳K线。涨停板支撑作用就在于此,我们可以根据这个原理,做涨停板支撑回调买入。

涨停板一般是大资金运作的结果,涨停板的出现反映了主力积极做多的意愿,然而其中也有不少的短线跟风资金,在涨停后短线获利退出,制约了主力的后续拉升,所以主力如果还想拉升,必在涨停后对短线进行洗盘,洗掉那些跟风盘,此时我们就可以在这回调的低点及时地买进,跟随着主力做后续的拉升。投资者可在每天收盘后,选出股票涨停以后出现洗盘走势的股票,然后在洗盘结束位置附近买入,轻松跟随主力拉升获利,如图6-3所示。

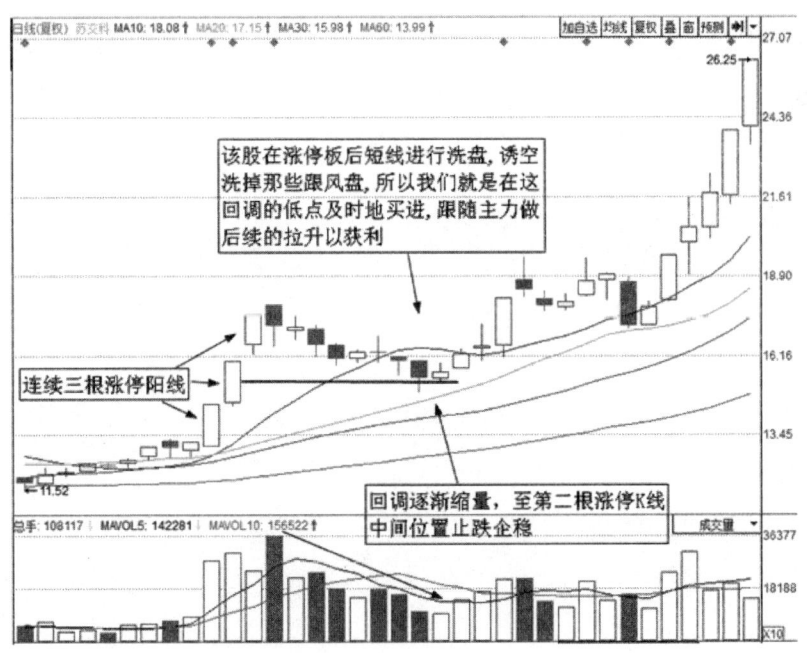

图6-3

大家在实际操作中,经常会发现一种现象,就是当天涨停的股票,次日出现冲高回落或者直接低开低走,遇到这种情况,我们要仔细分析一下这根涨停K线后面的文章,是主力出货还是主力洗盘。让我们通过一些实例,来更加直观地说明涨停缩量回调买入法,如图6-4至图6-9所示。

涨停回调买入法要点:

(1)回调应该是缩量回调走势。

(2)选择此法,应在大盘止跌时介入,如果大盘继续向下,那么成功率将降低。选择走势强于大盘的股票,成功率要高一些。

(3)回调的价格是不能跌破开盘价的,如果跌破,走势视为不好。

(4)回调MACD指标最好是在0轴上方。

(5)股价回调有均线和市场成本支撑为好。

(6)看长做短,日线和周线相互配合,周线决定日线,日线的买入点刚好在周线的支撑位,就是最佳的买入点。关注的股票必须是均线向上发散的,简单方法就是20日线和周线都是弯头向上的,呈一定角度上行,这是前提。

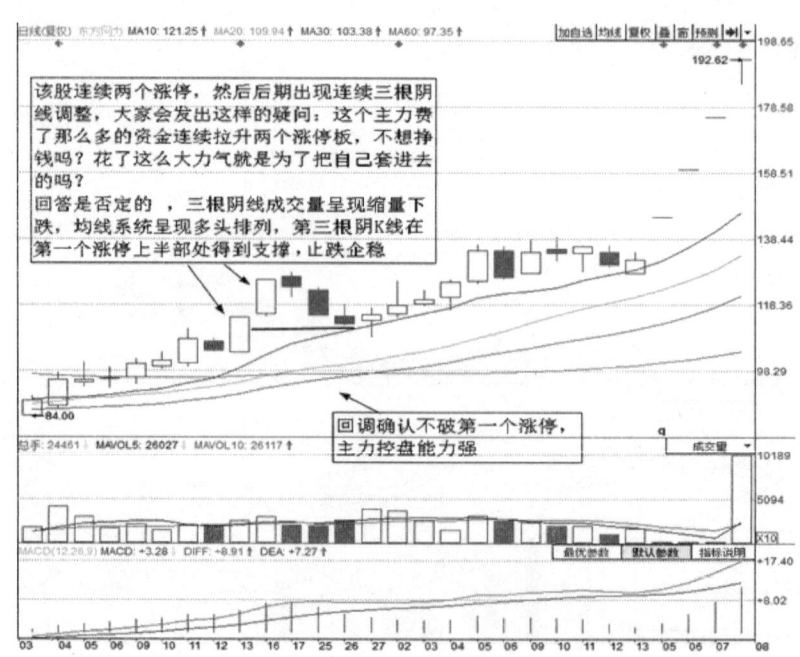

图6-4

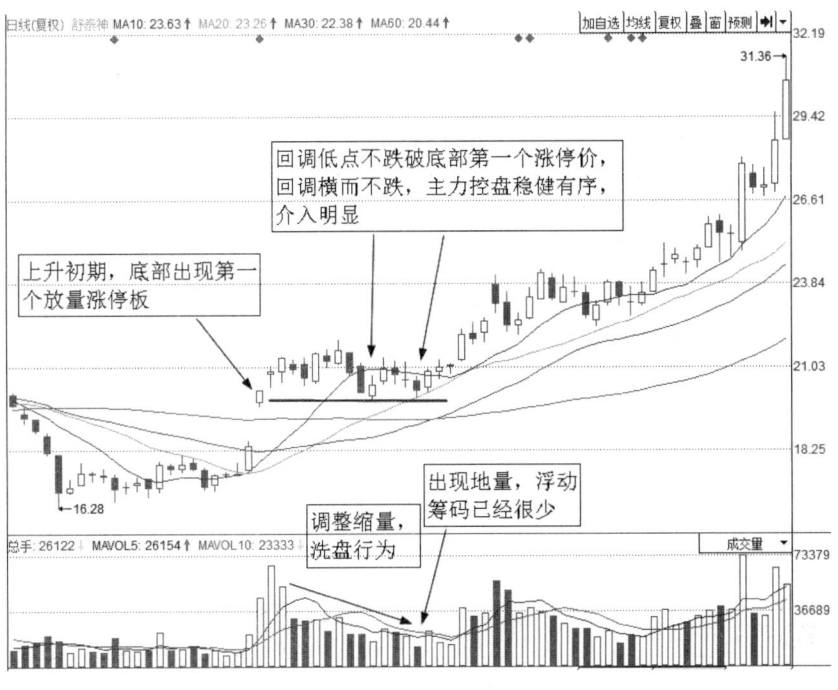

图6-5

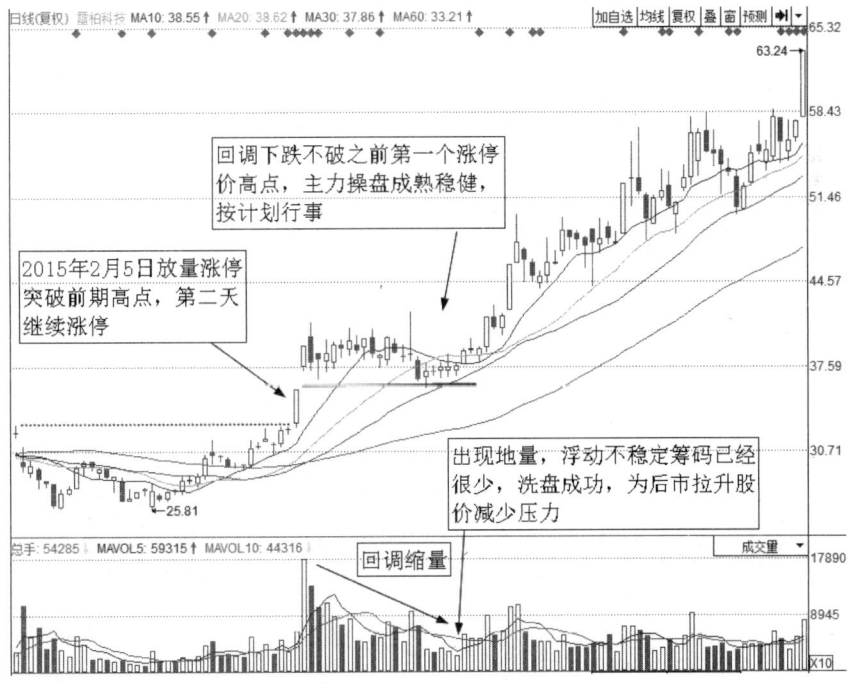

图6-6

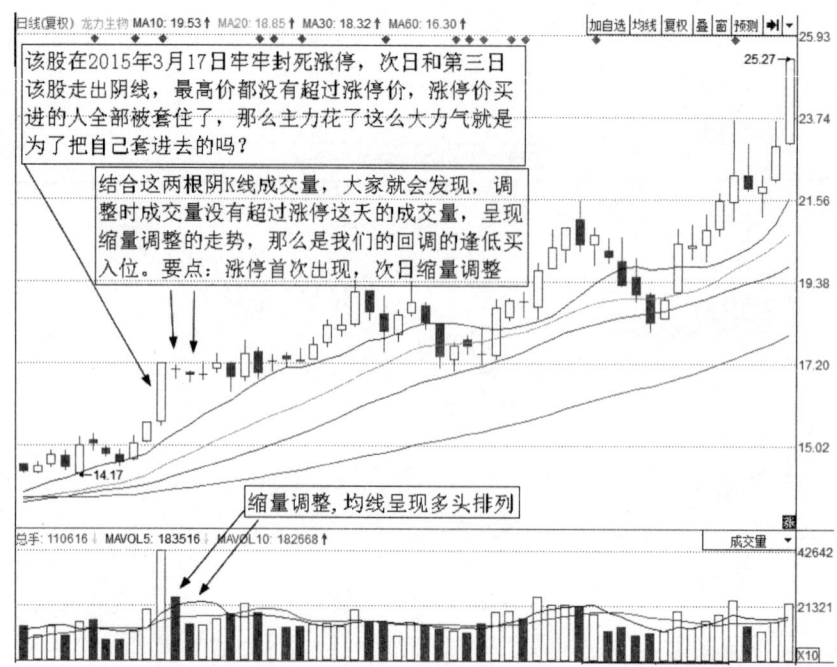

图6-7

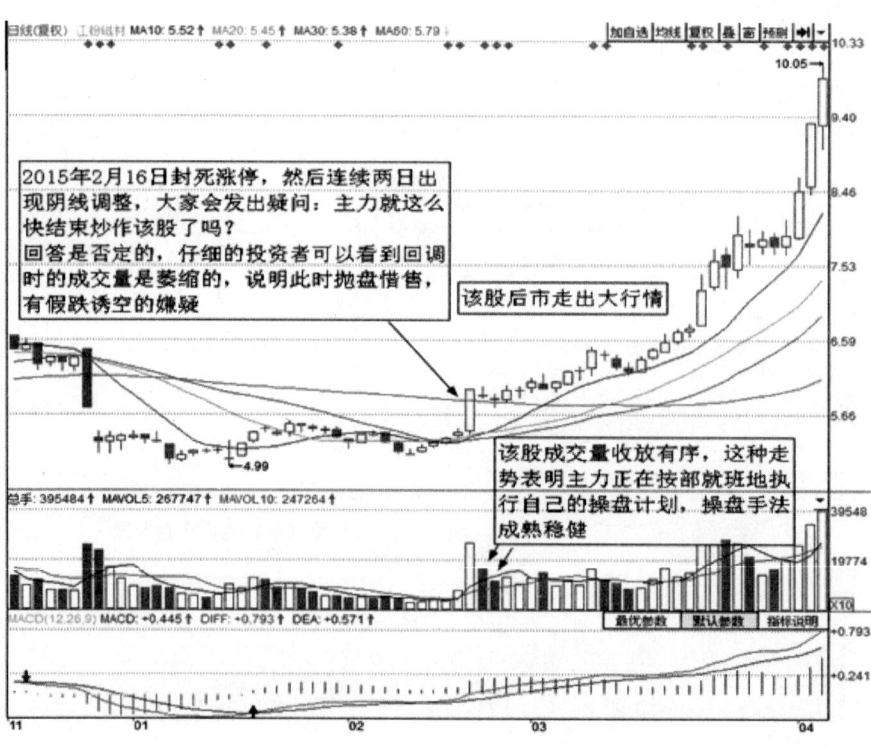

图6-8

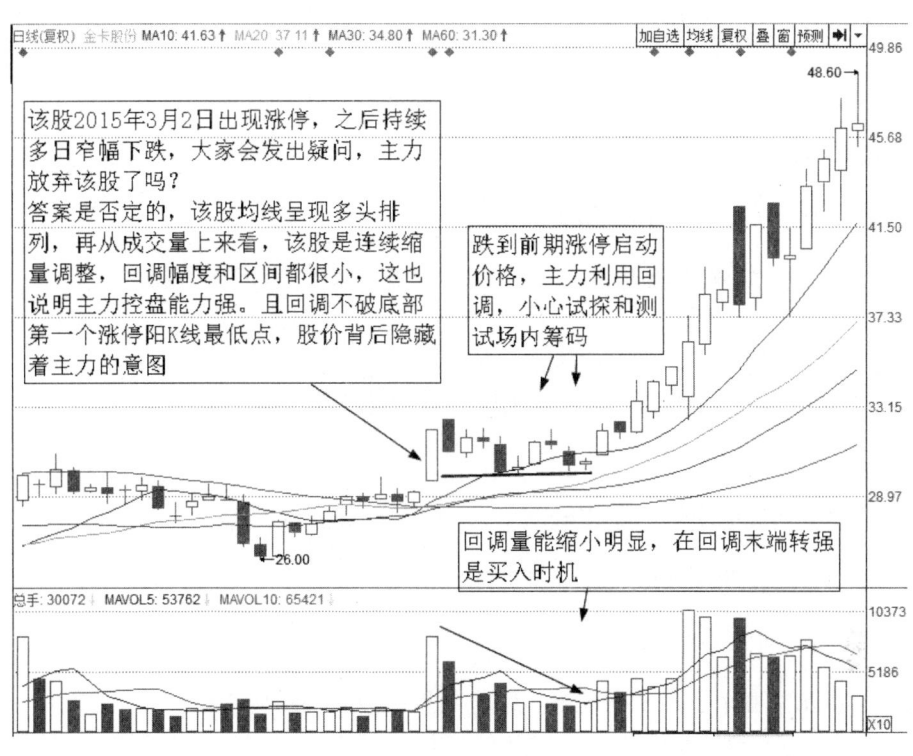

图6-9

第三节 均线回调买入技法

在这一节中,我们所有的股票实战操作,都是在个股上升趋势的过程中进行的。也就是说,只做处于上升状态的股票,这是回调均线买入技法展开的前提条件。

处在上升趋势中的股票有时并不是沿着上升通道上涨,而是沿着均线上涨。均线是一段时期内收盘价的算术平均值,反映了市场在这段时期内的成本。根据时期的长短不同,均线分为短期均线、中期均线和长期均线。短期均线可设定为5日或10日参数,中期均线可设定为20日、30日或60日参数,长期均线可设定为120日、200日或240日参数等。

在股价上涨一段时间后，出现回落走势，K线越来越短，成交量越来越小，如果股价能在均线处强势止跌，一旦某日股价出现放量阳包阴，则是回调操作的最佳买入点。

1. 回调均线买入法应用法则

（1）前期强势拉升过一波，现在回调至均线附近，获得一定的支撑止跌。

（2）股价回落缓慢，K线逐渐缩小甚至是十字星走势，且在均线附近基本企稳。

（3）回调成交量相应萎缩。

（4）中长期均线依然处于多头排列，向上发散。

2. 关键词

回调K线变短、成交量萎缩、阳包阴且放量、均线处止跌。

3. 原理

股价从底部启动，主力已经明确展开上升行情，在经过拉升后，已经引起市场注意，主力为了减少跟风盘，主动将股价回调，一方面清洗跟风盘，一方面做出反弹结束的假象，诱使前期套牢盘斩仓出局。一旦股价出现放量阳包阴走势，说明洗盘已经结束，股价将展开新的上涨走势。

顺便说一句，如果前面的行情涨幅过大，再出现回落幅度大的走势，大家首先想到的不应该是机会，而应该是风险。除非大盘上涨状态较好或者个股题材较好。否则，在一轮行情涨幅过大以后再出现调整走势。投资者应该尽量谨慎小心，控制好仓位和风险。

4. 总结

在股价上涨一段时间后，出现回落走势，K线越来越短，成交量越来越小，但能在均线处强势止跌企稳。一旦某日股价出现阳包阴放量突破，则是回调均线操作的最佳买入点。具体如图6-10至图6-20所示。

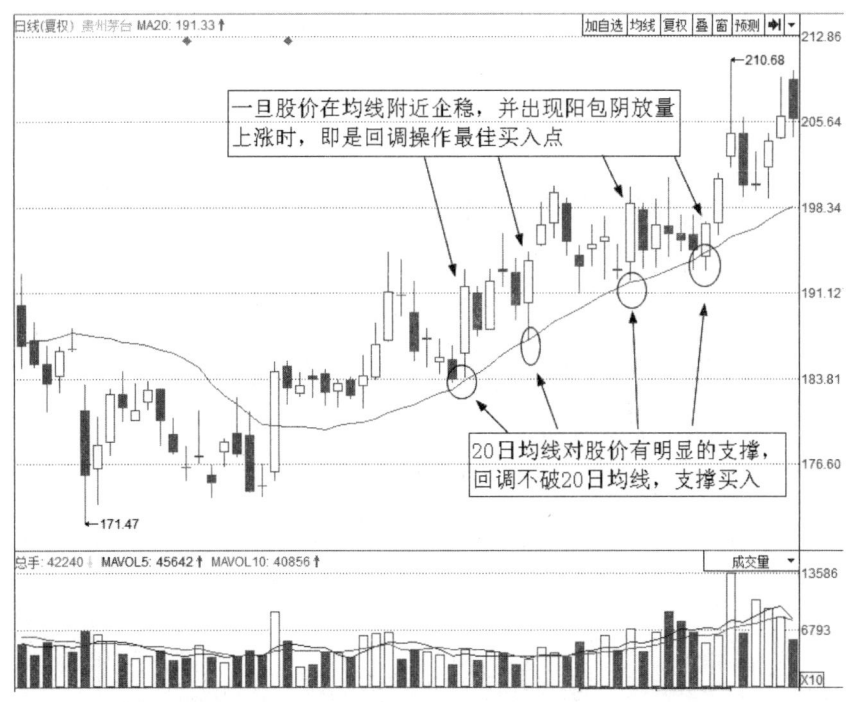

图6-10

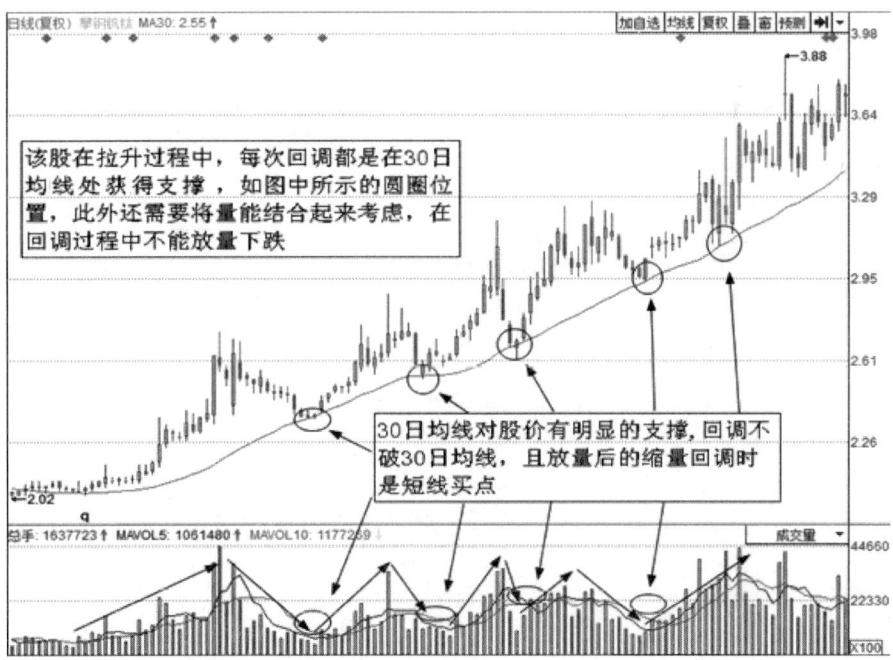

图6-11

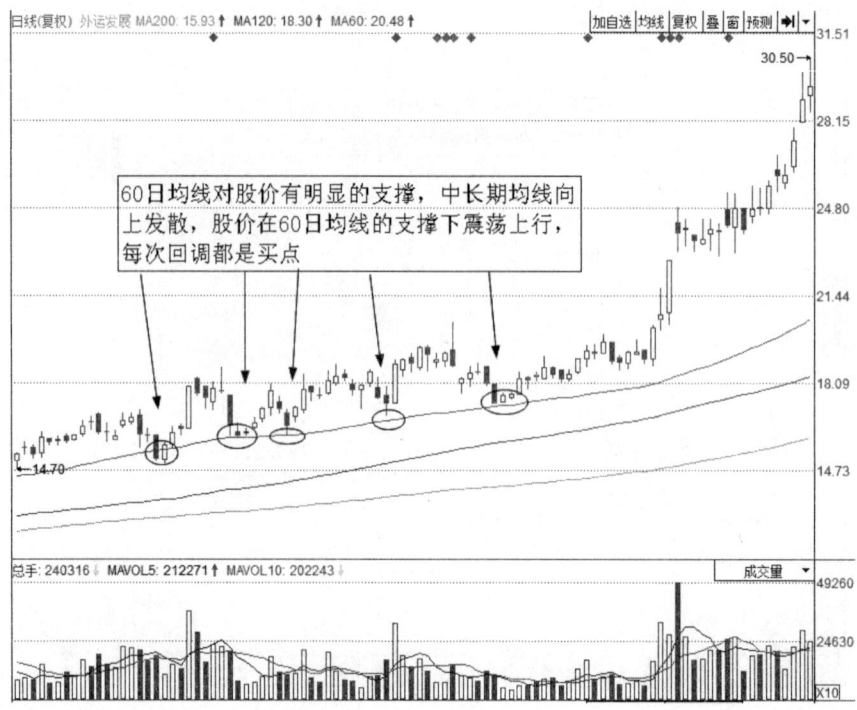

图6-12

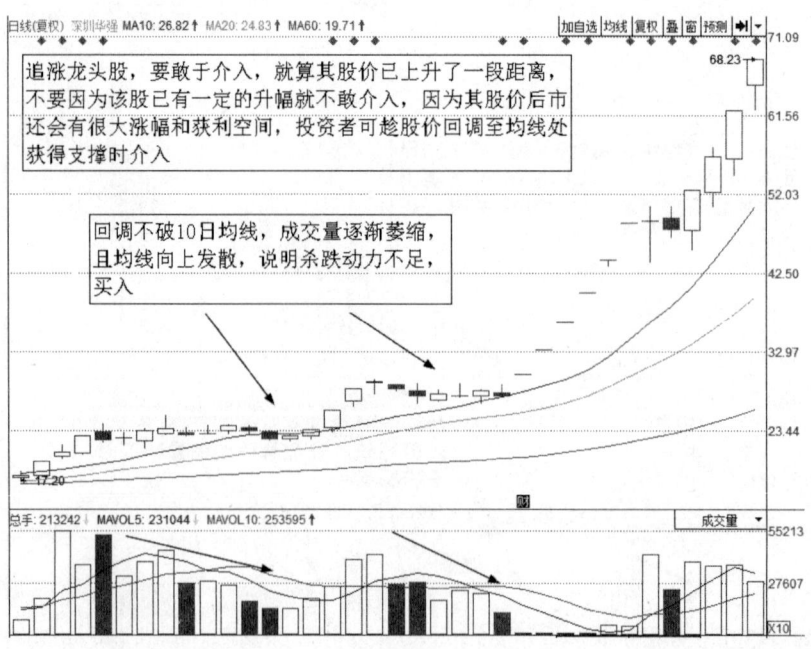

图6-13

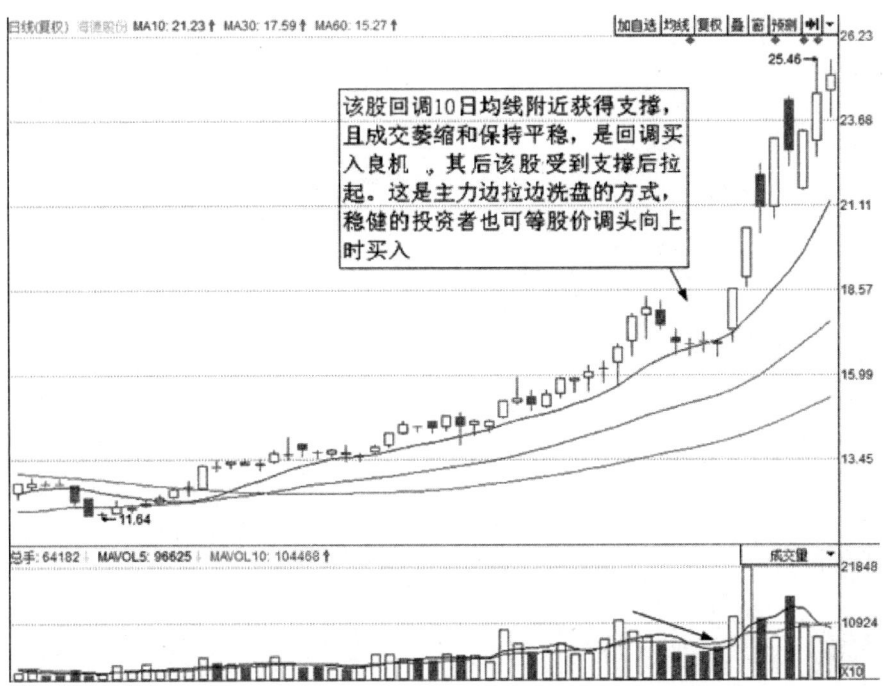

图6-14

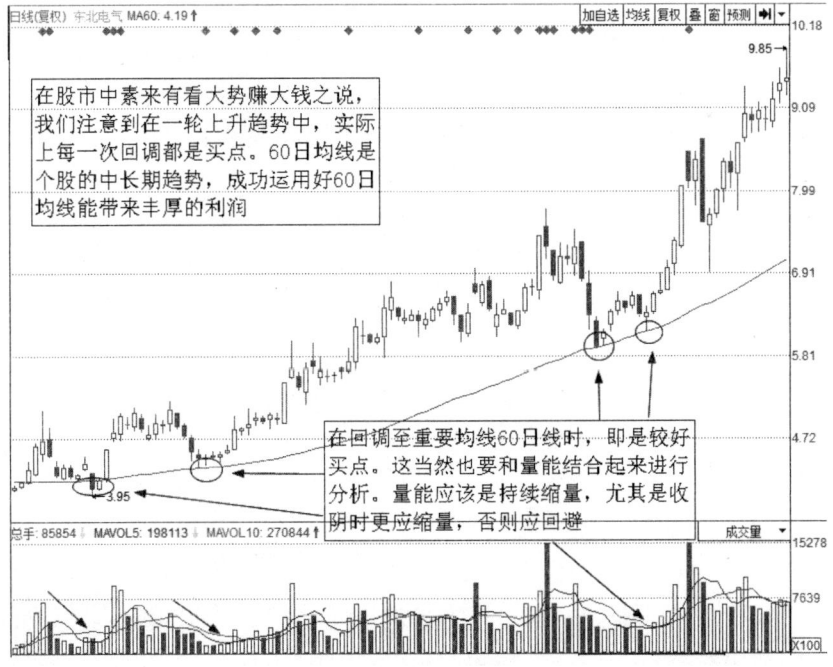

图6-15

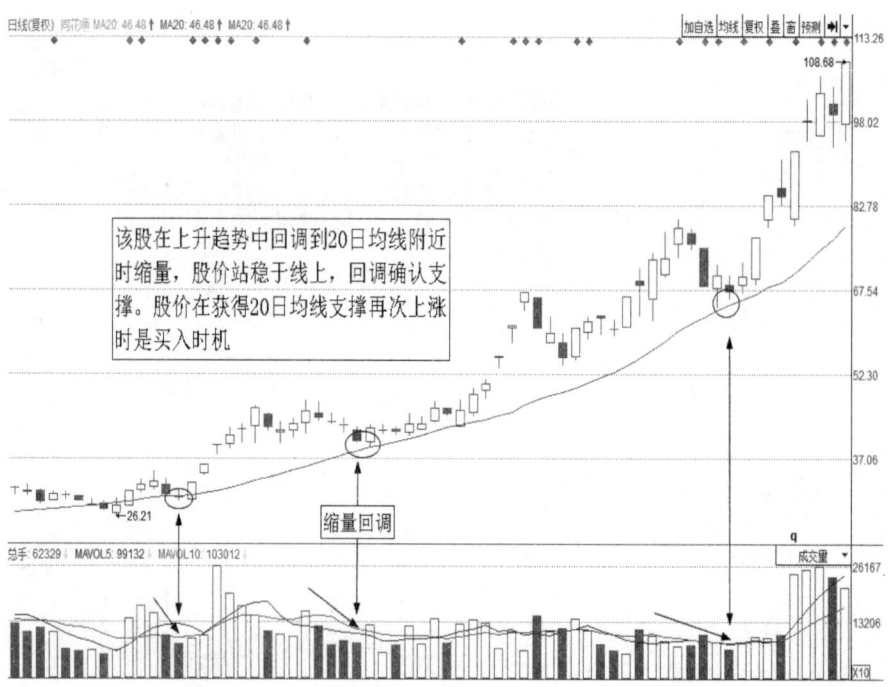

图6-16

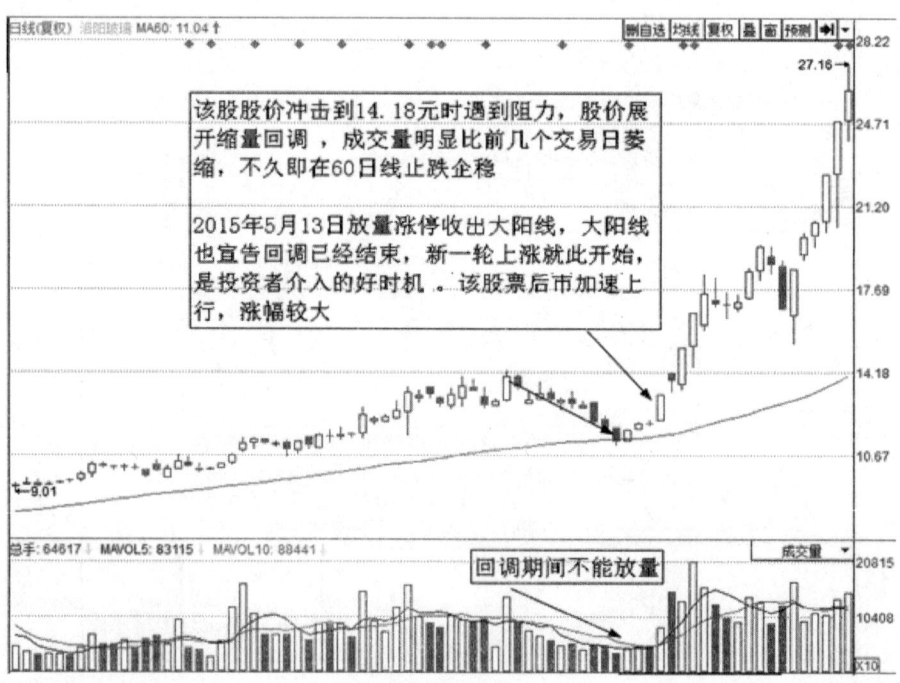

图6-17

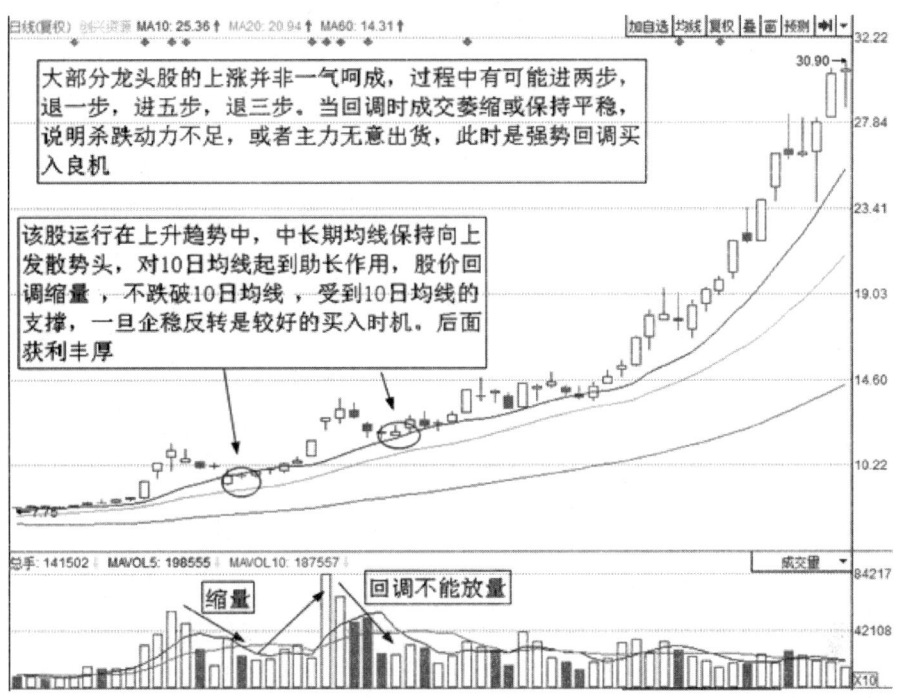

图6-18

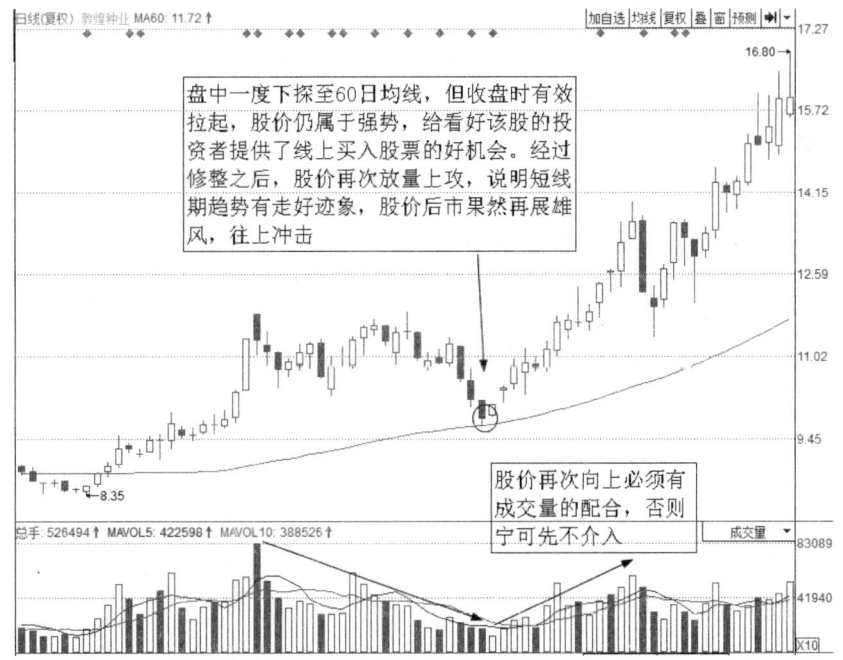

图6-19

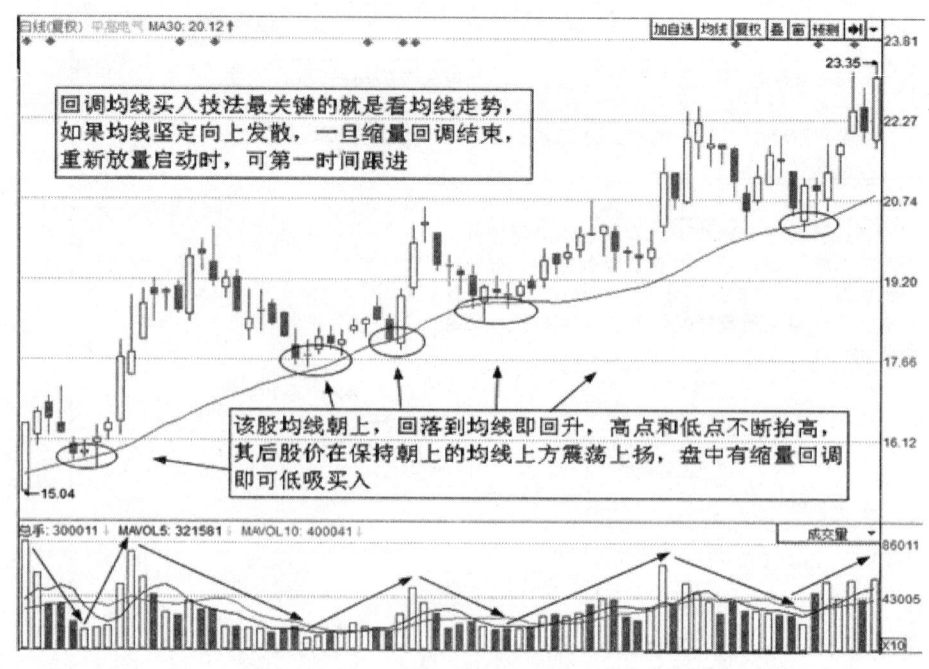

图6-20

图6-21是标准股份（600302）2015年3月至5月的走势。经过一段连续上涨之后，进入回调。此时，我们可以运用均线回调买入法。首先，要找出此时的均线，很明显，在图中，标准股份的股价在当天盘中正好回调到30天日均线的位置，即图中箭头处所处的位置，前期也有一个小缺口支撑位，买点出现。

如图6-22所示，朗姿股份（002612）就是一个典型的横盘平量的例子，从图上可以看到，股价经过一段时间的上涨后，进入了横盘调整的阶段，成交量和平日一样。当股价向上涨，突破调整平台，并且再次站上10日均线时，意味着股价即将完成调整，进入继续上涨的阶段。此时，投资者可以果断进场操作，如图6-22中箭头所示，图6-23的道理也是如此。

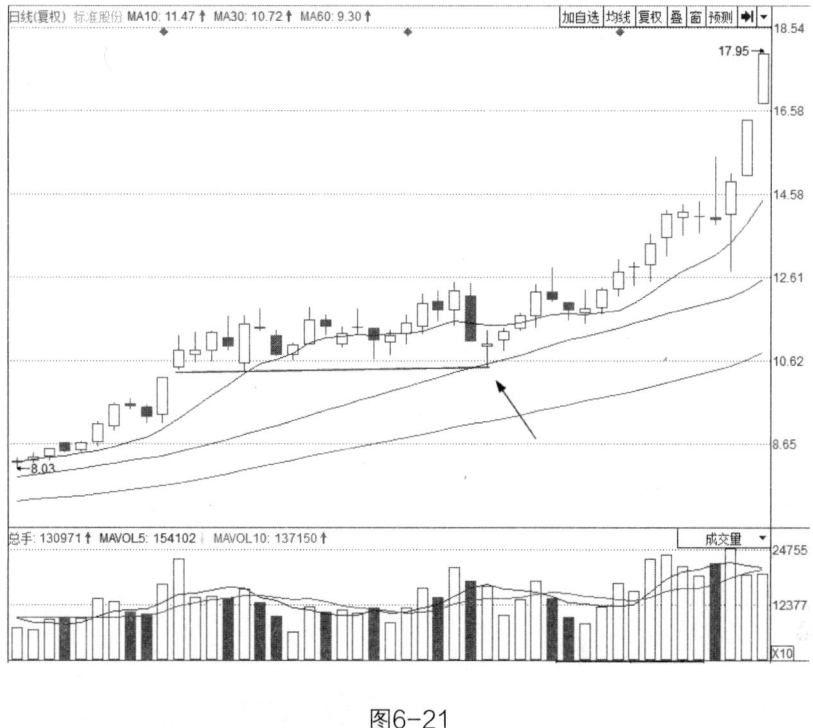

图6-21

图6-22

图6-23

第四节 缩量回调买入技法

让我们再看一些其他方式的缩量回调的买入方法。

图6-24是农业板块龙头股莫高股份（600543）的日K线走势图，随着股价的上升，该股突破前期高点构成的压力线后，股价并没有延续升势，而是回调整理，成交量也萎缩了，稳健的投资者可等5日均线金叉10日时买入。

有些股票突破后并不直接拉升，而是回调，测试回调有效后再拉升，这个回调的动作就给了投资者切入的极佳机会。

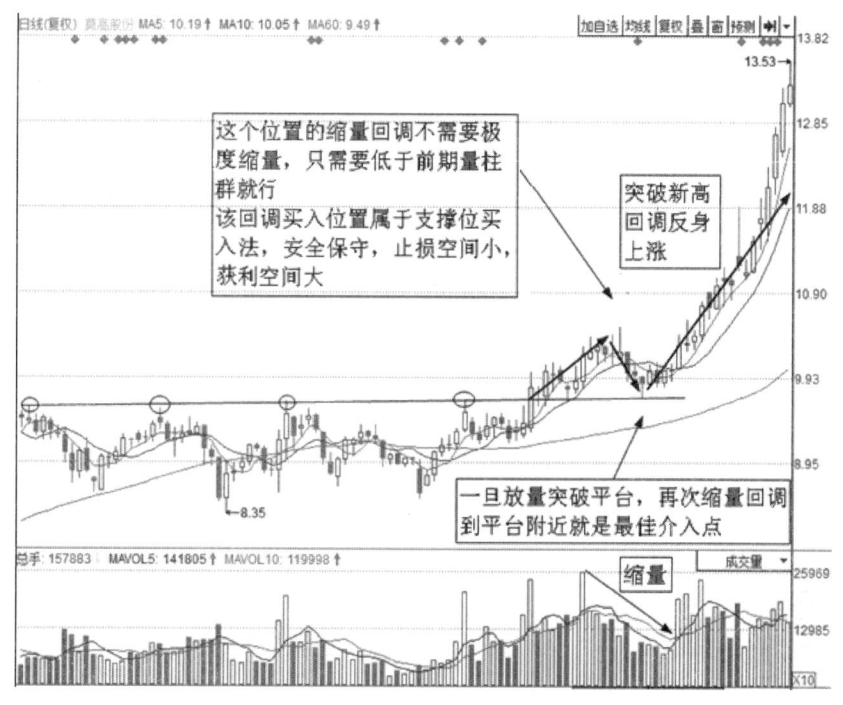

图6-24

如图6-25所示,京投发展(600683)的股价突破前高压力线时,该股此后并没有延续升势,反而回调整理,大家可清楚地看到回调的低点就在支撑线上,没有完全破位,支撑有效且中长期均线向上,投资者可抓住机会吸纳。另外该股小幅回调的过程中,成交量是明显缩量的,这说明筹码稳定,后市无忧,更增添了吸纳的安全性,是买入信号。

图6-26是油气改革概念龙头股上海石化(600688)的日K线走势图,该股突破前期高点构成的压力线之后,股价回落,重新回调到突破前压力线的位置,对突破位置进行确认,说明主力操盘比较谨慎,目的是试探市场抛压盘和承接盘,来确认突破后的有效性。该股回调缩量,稳健的投资者可等5日均线金叉10均线时买入。

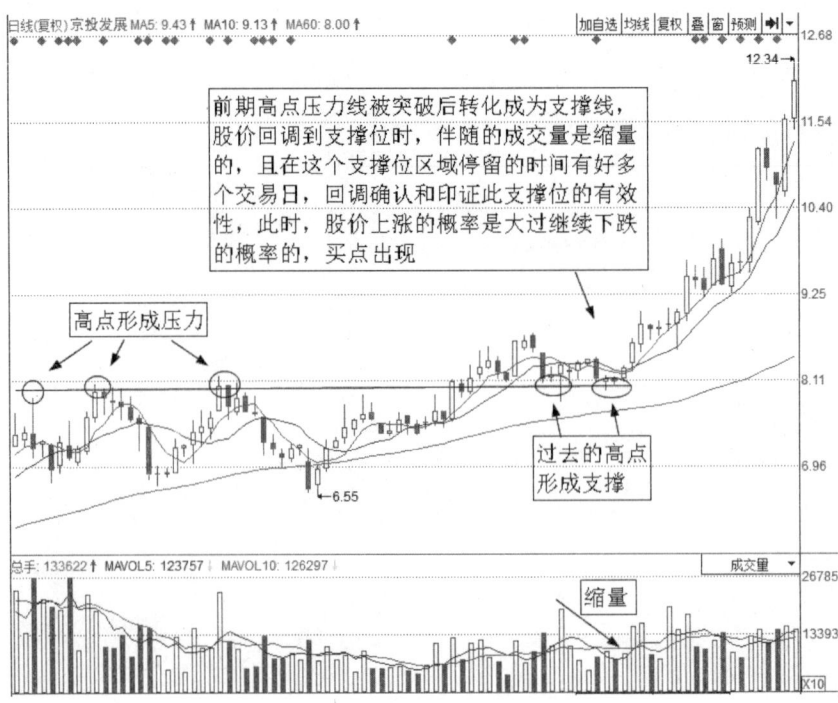

图6-25

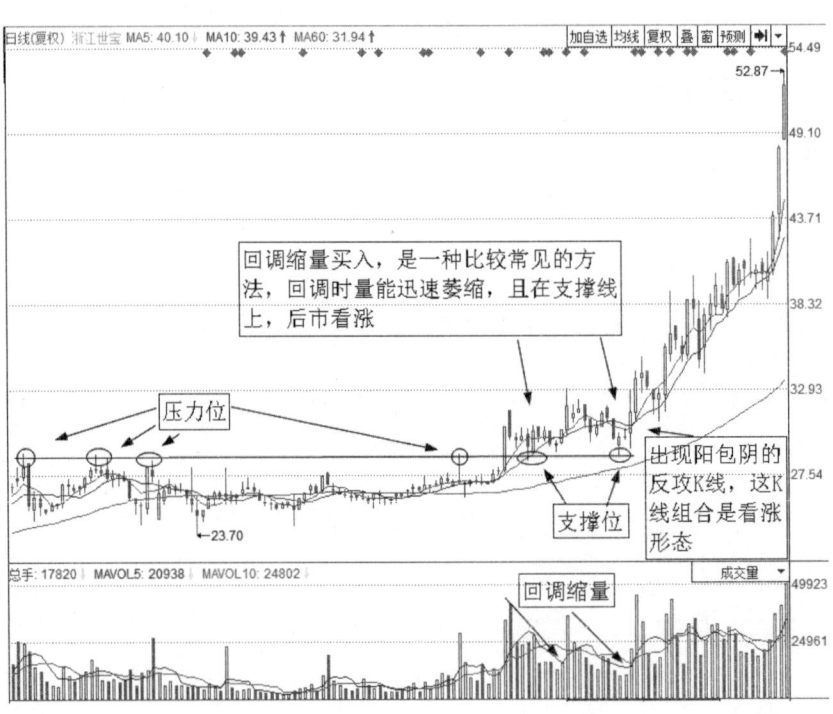

图6-26

图6-27是风能龙头股湘电股份（600416）的走势图，该股冲高之后，股价展开调整，在回调到前期的高点时，获得有效的支撑，这是较好的买点，随后股价继续上涨。

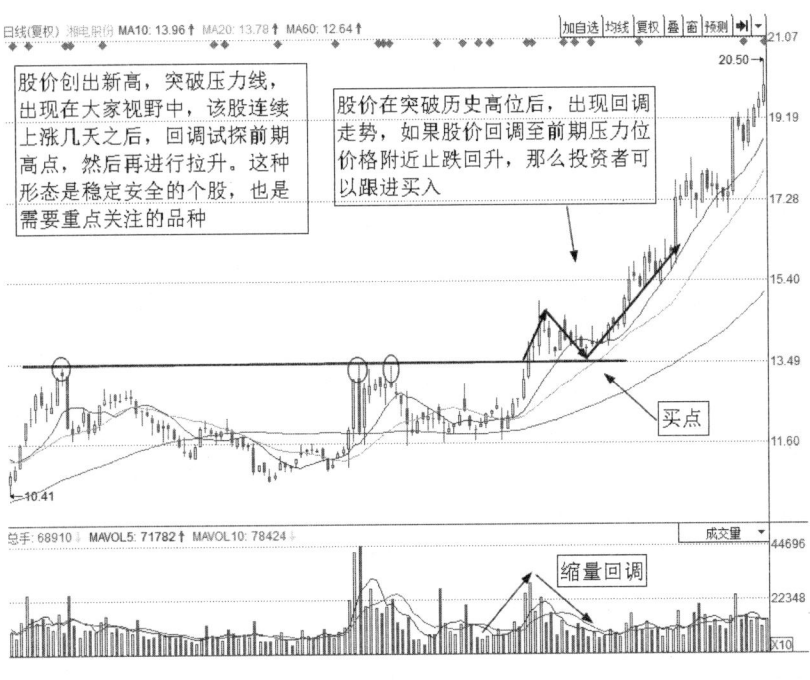

图6-27

图6-28是宝利国际（300135）的日K线走势图，从图中可以看出，缩量回调买入法的好处是对上涨回来的确认，这对投资者来说，其安全系数就能得到大幅度的提高，止损空间也小，其后市上涨动能和空间都比较大，这是一种比较常见，也是重点推荐的一种买入技法。

还有一些其他的缩量回调买入法，比如，波段回调买入法，我们来看下面几个例子。

图6-29是电力设备龙头股平高电气（600312）的日K线走势图，该股经历了多次波段上涨之后，出现缩量回落的走势。在连续收出阳K线的上涨过程中，堆积了不少成交量，从这一点可以看出进场的资金比较积极。遇到这种情况，投资者要注意三点：首先，连续收出阳线上攻；其次，在连续上涨的过程

中必须有量的配合；最后，在回落的过程中必须是缩量的。满足以上三个条件，投资者可买入。

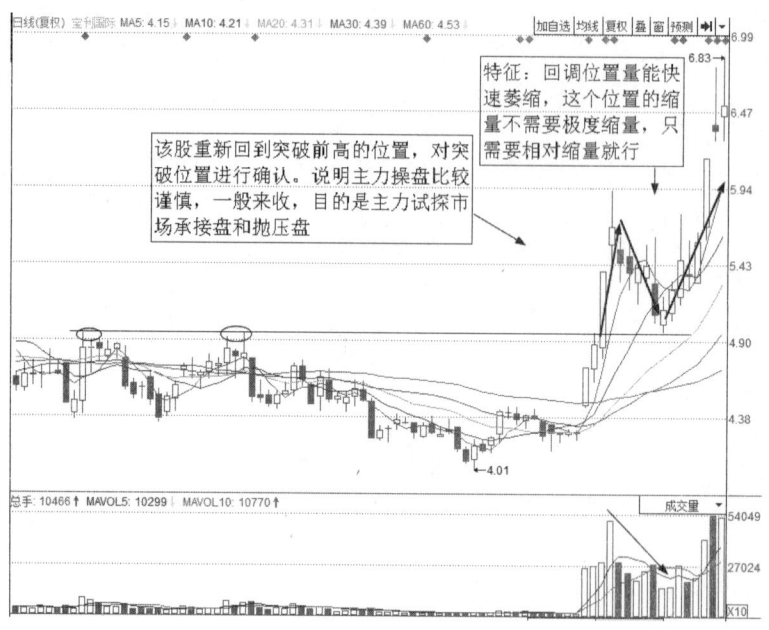

图6-28

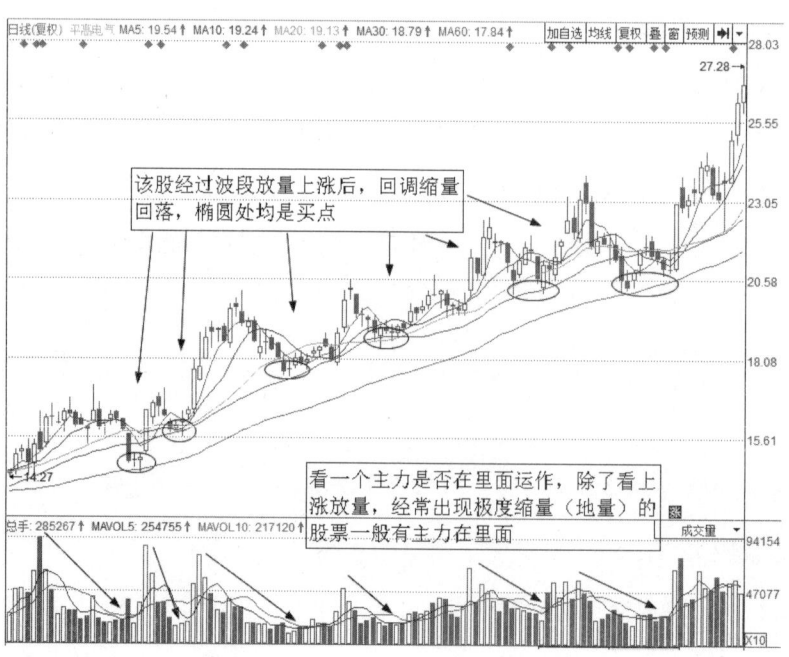

图6-29

有的股票在上涨过程中，会反复出现这种波段放量上涨后，缩量回调的走势，其原因之一是主力在洗盘，把浮动筹码清理出去。在实战过程中遇到这种情况，在每次缩量回落时，均是买入的时机。

如图6-30所示，永贵电器（300351）在放量上涨的过程中，出现了连续的阳线，这说明，股价处于强烈的上涨攻势。经过放量上涨后，股价受到了上方的压力，开始缩量回调。此时的回调是缩量的，所以投资者可以趁机进场，把握这个机会，后市会有上涨行情。

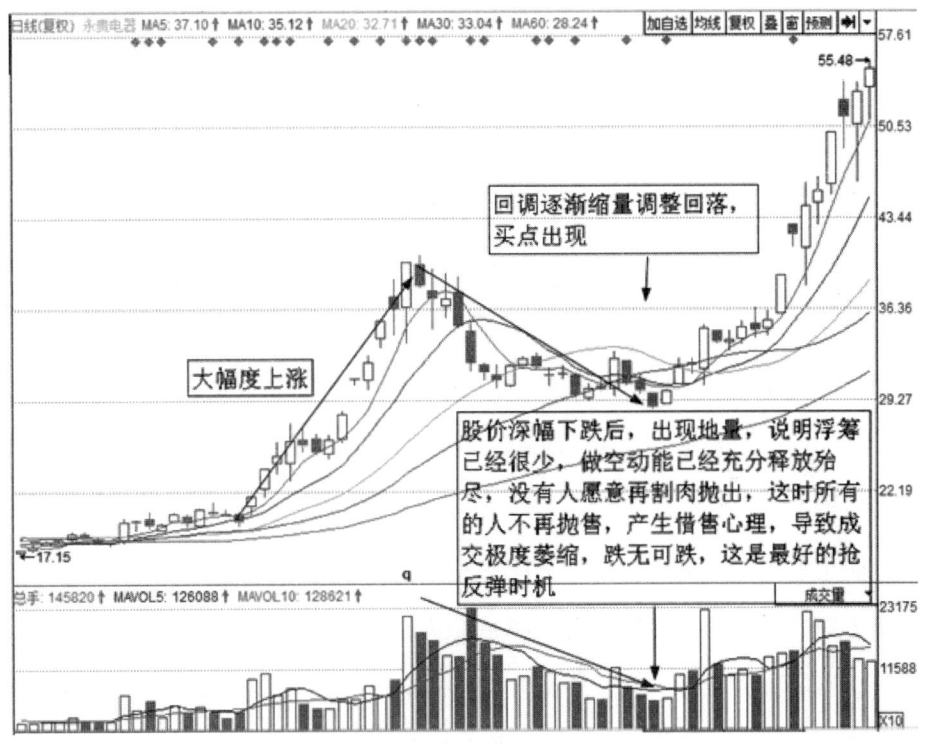

图6-30

图6-31是工业4.0概念股龙头股宜安科技（300328）的日K线走势图，当股价经过一波涨幅时，获利盘涌出，使股价继续上升受阻，需先经过一段调整才能继续上升，此时成交量逐步萎缩到一个较低的位置，股价也下跌至一个相对低点，这时应是明确的买入时机。当成交量重新开始放大，后市将展开又一浪升势。

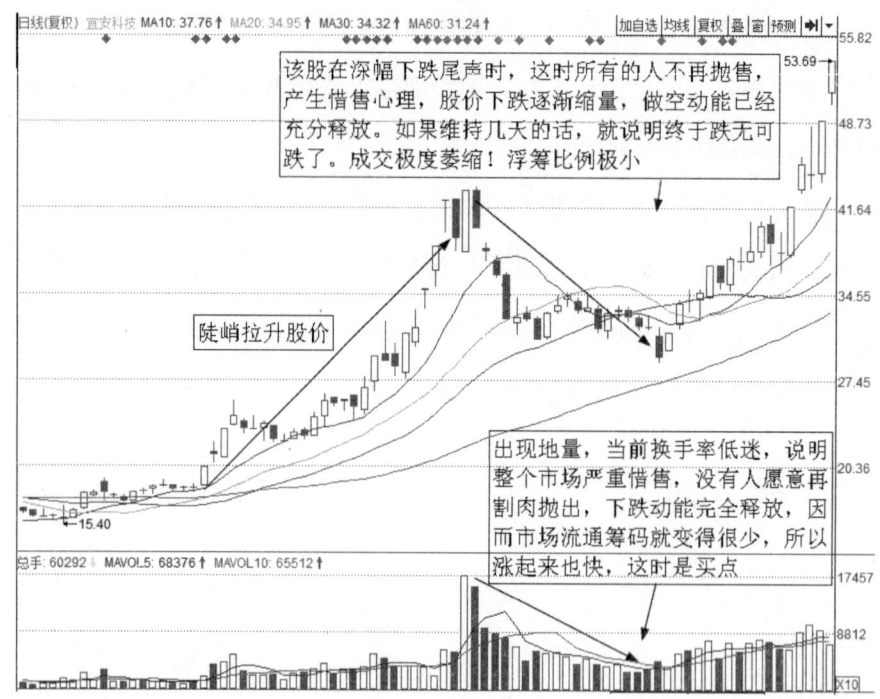

图6-31

图6-32是智能+钢琴教育概念龙头股海伦钢琴（300329）的日K线走势图，从图中可以看出，主力洗盘震仓时的回调低点，对投资者来说也是一个很好的买入点。

使用缩量回调买入技法时，特别是在股价快速上涨后，调整阶段成交量显著萎缩时，更应该大胆买入。这一般是主力洗盘的表现，要不了多久，主力就会再度拉升股价。通常来说，在股价第一次快速上涨后的调整中，成交量明显萎缩时买入非常可靠，之后再被拉升调整缩量时是不是买入时机，要视主力的行为和股价形态而定。

利用此方法时应注意：在上升趋势中，股价上涨必须有成交量配合，回调时成交量明显缩小，这样后市才会继续上涨。如果只见放量不见上涨，或上涨无量、下跌有量或看似调整但成交量却无明显萎缩，就不能排除主力出货的嫌疑，或多空双方的较量在向空方倾斜。

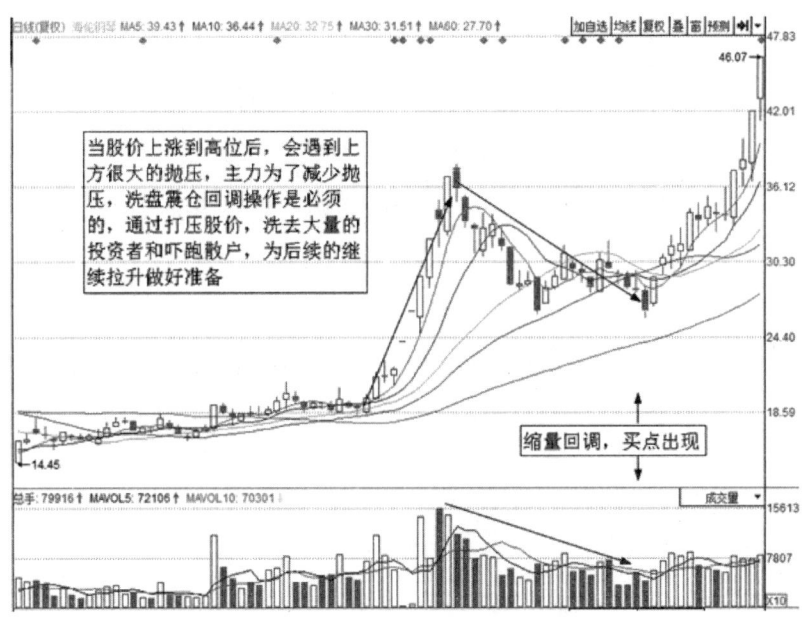

图6-32

第五节　均价线回调买入技法

上面所说的都是日K线的回调买入技法，其实也可以在级别更小的分时图均价线上运用。

分时图均价线也称成本均线，有了这条均价线，我们就可以在盘面做一些简单的推理：

（1）股价持续在均价线上方运行，表明买盘踊跃，当天介入的大部分投资者都能赚钱，这是盘口强势特征。

（2）股价持续在均价线下方运行，表明市场预期较差，卖盘踊跃，当天介入的大部分投资者都亏钱，这是弱势特征。

（3）均价线从低位持续上扬，表明市场预期提高，投资者纷纷入场推动股价上涨，综合持仓成本不断抬高，对股价形成支撑。

（4）均价线从高位持续下挫，表明市场预期较差，投资者纷纷离场导致股价下跌，综合持仓成本不断下降，对股价形成压制。

图6-33是食品板块龙头股海欣食品（002702）的走势图，从分时图中可以看出，该股开盘经过一波上涨后，股价回调至分时均价线附近，投资者可在此时买入股票。

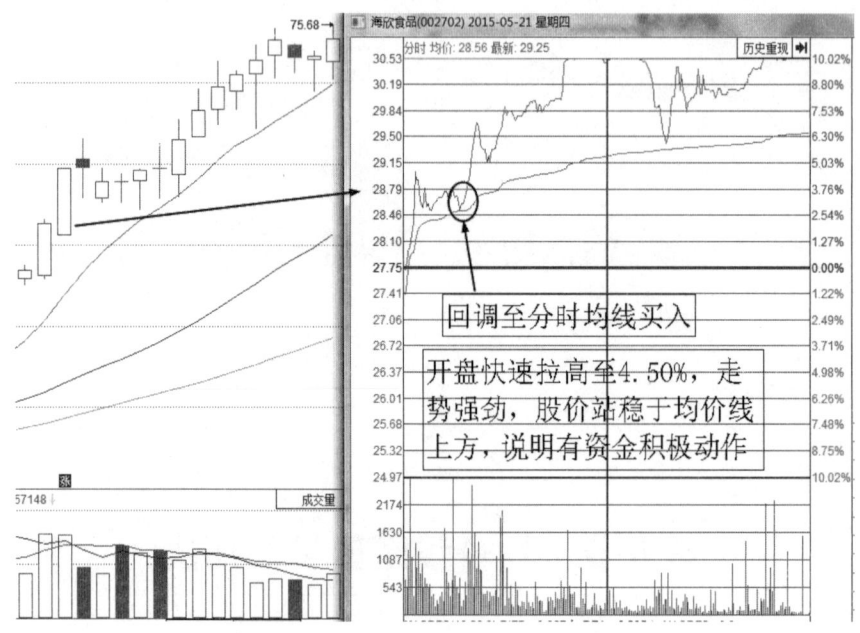

图6-33

图6-34是登云股份（002715）的走势图，该股开盘以2.78%高开后，经历一波小幅上升，股价回落至分时均价线企稳上升，第一买点形成。第二波强力拉升，股价回落至分时均价线上方，成交量萎缩，第二买点出现，随后股价不断上涨，并迅速牢牢封住涨停板。

回调至均价线买入法有以下特点：

（1）均价线呈向上运行趋势，是股价回调的支撑位。

（2）上涨有量，回调缩量是健康的量价关系。

（3）股价每次受到均价线的支撑，放量上涨均可创新高。

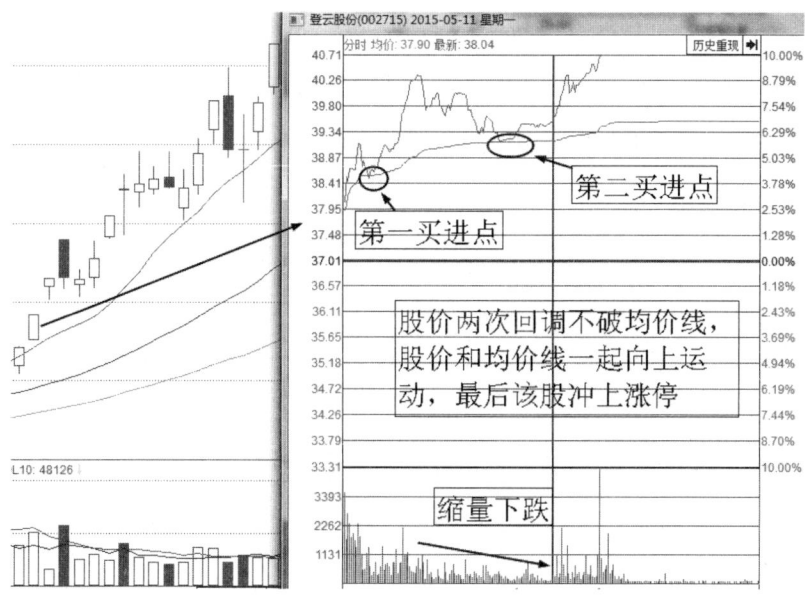

图6-34

回调至均价线买入法，跟进买入越早越好，跟进时最好结合大盘和板块，如果和大盘、板块形成合力，成功获利的概率更大，如图6-35所示。

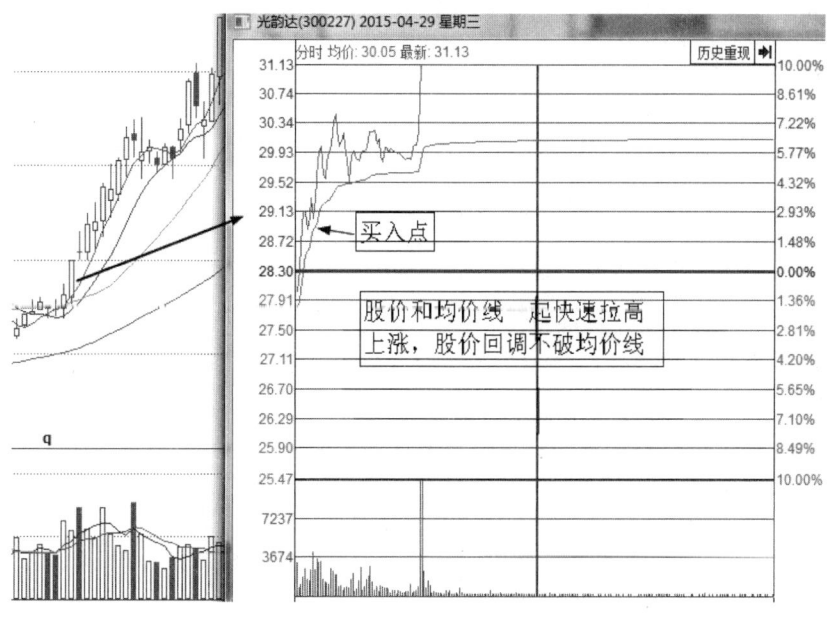

图6-35

图6-36是军工板块龙头股中国重工（601989）的走势图，该股分时图第一波上涨见顶回落后，回调幅度很浅，说明上升动力充沛，做多意愿强烈，投资者可以在股价刚刚拐头向上时及时买入。

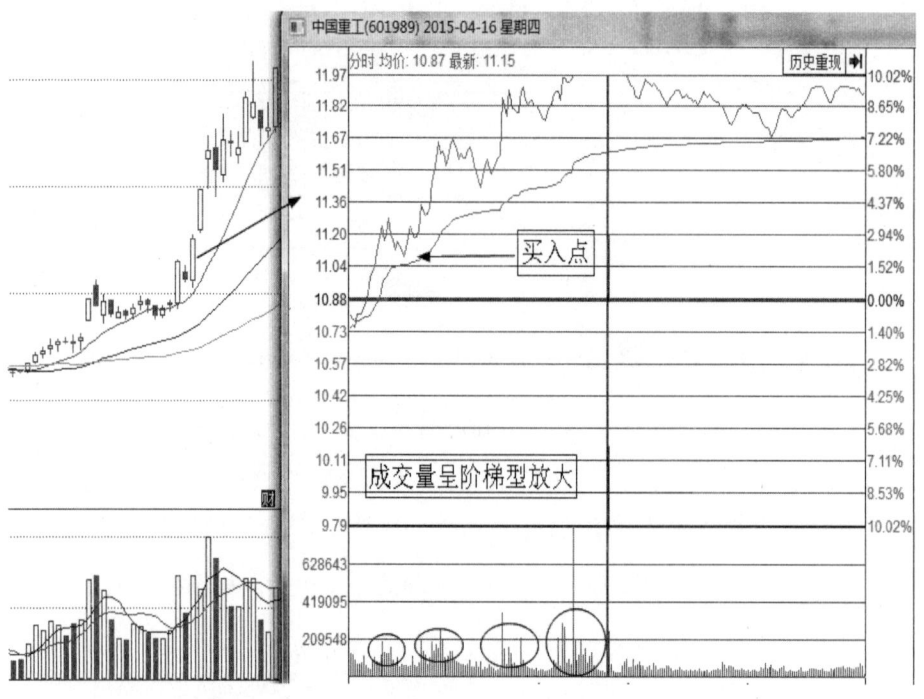

图6-36

选股要选龙头股，分时图也一样，走势越强越好。分时图中的股价和均价线一起上涨，且分时线在回调过程中轻易不穿均价线，基本上是一碰到均价线就快速拉起，再创新高。这种图形在实战中非常有用，一只股票要成为龙头股，基本上都要具备这种的特征，即使这类股票不能涨停，当天也会有不错的表现。

图6-37是我国摩托车行业龙头宗申动力（001696）的走势图，在开盘后不久，投资者可在第一、第二波冲高浅幅回调结束，股价回调至均价线，刚刚向上拐头时买进。

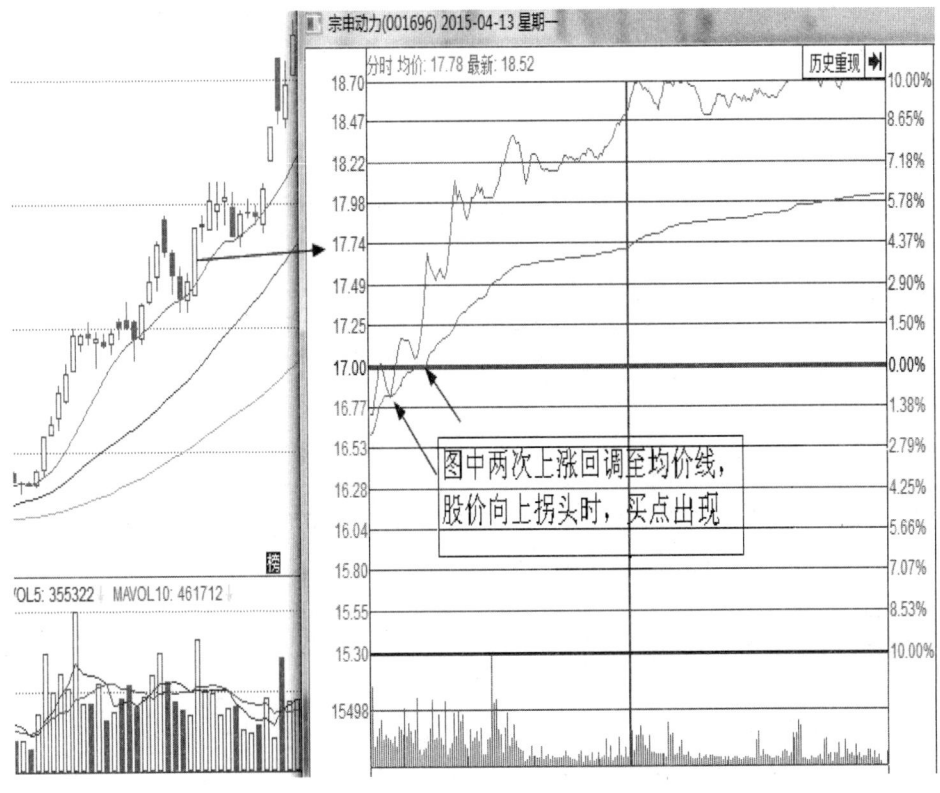

图6-37

图6-38是飞力达（300240）的走势图，分时图中的股价和均价线一同上涨，且股价在回调过程中不穿均价线，这是龙头股的主要特征之一，也是捉涨停盘面语言中必须掌握的要诀。该股是一只非常强势的股票，投资者可在第一次和第二次回调结束，股价刚刚拐头向上时积极介入。

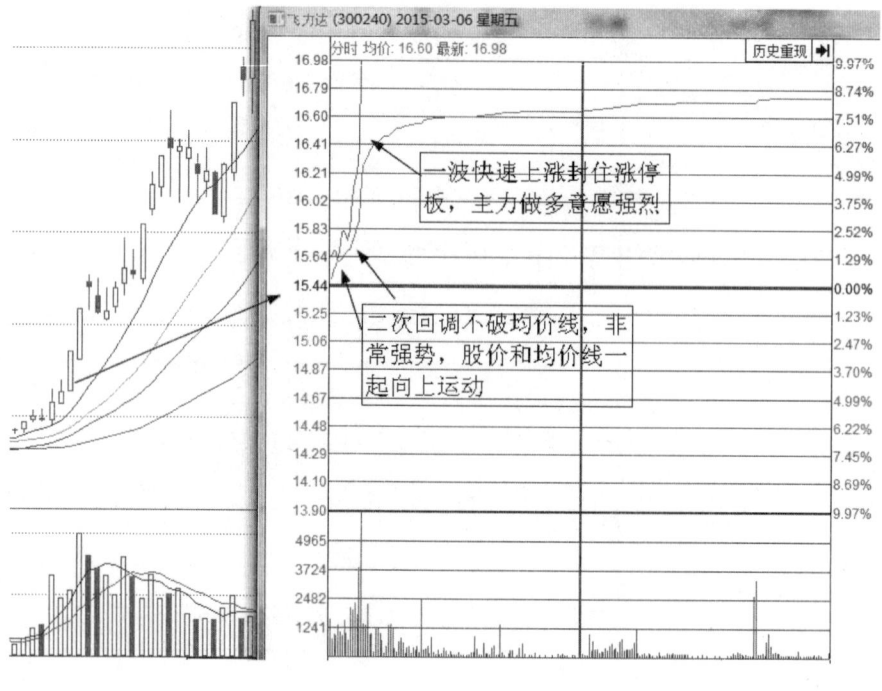

图6-38

第六节 回调买入技法要点

回调买入技法有以下几个要点:

（1）股市中没有只涨不跌的龙头股，也没有只跌不涨的股票，也就是说，股市里没有永远的强者，龙头股总有补跌的时候，尤其是在大盘阶段性回调中，很多时候我们都会看到前期的龙头股有一个补跌的过程。究其原因，一方面，龙头股短期涨升已大，其他的股票在当前更具有吸引力，资金就会向着吸引力高的股票流动，造成补跌。另一方面，在大盘持续震荡、回调时，投资者持股的心态通常容易动摇，对涨幅已大的龙头股有获利兑现的冲动，如果卖出兑现的人增多，自然会造成补跌的走势。还有市场热点切换与形成通常容易引发市场的震荡，导致前期龙头股补跌，因为场内资金、热钱总是往短期收益高的地方流动。一旦前期领涨热点板块中的龙头股出现回调或补跌，通常同板块与同概念的个股也会纷纷回调或补跌，甚至跌势比龙头股更快更大。

（2）观察回调的幅度。如果龙头股回调幅度小且浅，就要重点关注；如果回调低点与前高点或支撑位刚好重叠即回升，也要重点关注。

龙头股处于拉升阶段时，回调幅度一般很小。龙头股进入快速拉升阶段即常说的主升浪，龙头股呈现大角度、持续放量中长阳K线快速拉升阶段时，K线连续不断向上突破，股价回落的幅度往往很浅。短线龙头股拉升一般不会有效跌破5日均线，即使出现回调的话，也不会跌破10日均线。也就是说，均线多头不会轻易被破坏，即使出现了短线的下探，也会在短时间内快速涨回来。这些是龙头股拉升阶段在均线系统上体现出来的重要技术特征，所以，投资者如果不能在拉升启动之初及时介入，则可以在回调到均线处买入，或者结合在小级别如分时图、30分钟线或60分钟线回调结束时买入。